Dorothy C. Wilson

... darum werden wir nicht mutlos

Ein tragischer Unfall verändert das Leben eines Spitzensportlers

R. Brockhaus Verlag Wuppertal

Originaltitel: "Handicap Race"
Verlag McGraw-Hill Book Company, Inc., New York N. Y.

Übersetzt von Ruth Rostock

4. Taschenbuchauflage 2000

Lizenzausgabe mit freundlicher Genehmigung
Umschlag: Ursula Stephan, Wetzlar
Satz: Breklumer Druckerei Manfred Siegel KG
Druck und Bindung: AIT Trondheim, Norwegen
ISBN 3-417-21922-1
Bestell-Nr. 221 922

1

Fünf . . . sechs . . . sieben . . .

Trainer Lloyd Olds sah aufmerksam zu, wie sein bester Langstreckenläufer auf der kleinen Hallenbahn Runde um Runde lief. Zweiundzwanzig Runden gehörten zu einer Meile. Obwohl acht oder zehn andere Läufer über die Bretter der alten Turnhalle stampften, konzentrierte sich sein geübtes Auge nur auf einen.

Olds schaute am Ende jeder Runde auf seine Stoppuhr und nickte beifällig. Potter hatte beinahe seine Bestzeit erreicht. Er lief, als befinde er sich auf dem Sportplatz statt bei der routinemäßigen Übung.

Dreizehn . . . vierzehn . . .

Plötzlich weitete sich der Blick des Trainers: Hinter der einen Gestalt, deren Bewegungen völlig koordiniert und rhythmisch waren, sah er eine andere, schlaksig, unbeholfen, ungeübt, die ihr wie ein Schatten folgte!

Olds ging mit langen Schritten zum Trainer der Neulinge hinüber.

»Hör mal, Marshall, wer ist denn der Grünschnabel dort, der ständig hinter Potter herläuft?«

Marshall grinste. »Ja, ich habe ihn auch schon beobachtet. Einer von den Burschen von Turnriege 105. Sein Name fällt mir gerade nicht ein.«

Zwanzig . . . einundzwanzig . . . zweiundzwanzig . . .

Der schlaksige Läufer strebte eilig auf den Umkleideraum zu. Da trat ihm Trainer Olds in den Weg.

»He, Sie, kommen Sie doch mal her!«

Der junge Mann gehorchte nur zögernd. Es war fünf Uhr, und er hatte es offensichtlich eilig, fortzukommen.

»Ja?«

Der Trainer musterte den etwa 1,80 m großen Studenten von oben bis unten, nahm nur ganz nebenbei Kenntnis von dem welligen braunen Haarschopf, den offen blickenden blauen Augen und dem hageren Gesicht und richtete dann seine Aufmerksamkeit besonders auf die langen, sehnigen Beine und übergroßen Füße und die breite Brust, die bei einer so hageren Gestalt überraschte. Der Bursche war die Meile gerade in einer selbst für einen »alten Hasen« ausgezeichneten Zeit gelaufen und atmete nicht einmal schwer!

»Wie heißen Sie, mein Sohn?«

»Arnett, Roger Arnett.«

»Wissen Sie eigentlich, hinter wem Sie hergelaufen sind?«

»Nein.«

»Das war LeRoy Potter.«

Die blauen Augen sahen ihn höflich, aber unbeeindruckt an.

»Du lieber Himmel, sagt Ihnen der Name gar nichts?«

»Leider nicht. Sollte er mir bekannt sein?«

»Mein lieber Arnett, Potter ist nicht weniger als unser bester Langstreckenläufer. Er hat in Michigan viele Rekorde aufgestellt und ist beinahe Zweiter im USA-Wettkampf gewesen.« Der Tainer lächelte schief. »Wahrscheinlich wissen Sie auch nicht, wer ich bin. Also, ich bin Olds, Trainer der Universitäts-Läufermannschaft.«

»Oh, es tut mir leid, daß ich das nicht wußte, Mr. Olds. Aber – ich habe eben noch keine Zeit gehabt für Sport.«

»Nun, von jetzt an werden Sie Zeit finden.«

Der Trainer bohrte ihm einen Finger in die breite Brust. »Hören Sie, Arnett, ich wünsche, daß Sie jeden Abend herkommen und laufen. Marshall sagt Ihnen, wieviel Runden, und gibt Ihnen Unterricht in der Technik. Sie werden Läufer, verstanden?«

»J – ja. Aber – ich habe ziemlich viel zu tun. Ich weiß nicht genau –«

»Hören Sie zu, mein Junge!« Der Trainer war es gewöhnt, Befehle zu geben und sie befolgt zu sehen. »Sie sind so ungeübt und linkisch wie nur möglich. Sie sind größer als ein Durchschnittsläufer, und Ihre Füße sind zu groß. Aber hier haben Sie etwas mitbekommen!« Er bohrte seinen Finger tiefer in den breiten Brustkorb. »Vielleicht ein besonders gutes Herz oder besonders gute Muskeln. Vielleicht ist es nur Schneid. Ich möchte gern wissen, ob Sie auch sonst noch etwas mitbekommen haben: den Willen zu siegen. Wie steht es damit?«

»Ich – ich weiß nicht, Mr. Olds.«

»Sagen Sie mir das eine, mein Sohn!« Die scharfen Augen des Trainers hielten den unsicheren Blick des jungen Mannes fest. »Würde es Ihnen nicht mächtig Spaß machen, jemanden wie LeRoy Potter zu schlagen?«

Als die blauen Augen aufblitzten, nickte Olds befriedigt.

»Sie werden Zeit finden«, sagte er zuversichtlich.

Roger Arnett stürzte in den Umkleideraum, duschte schnell und zog sich an. So kurz das Gespräch gewesen war, sein vollbesetzter Stundenplan war dadurch gefährlich in Unordnung geraten.

Als Roger an diesem Tag Ende Februar 1929 die alte Turnhalle verließ, war es fünf Uhr fünfzehn nachmittags. Von den vier Stunden Schlaf, die er sich gestattete, fehlte bereits eine Viertelstunde. Aber die kalte Winterluft war noch belebender als die warme und kalte Dusche. Tief einatmend machte er sich auf den Weg, vorbei an dem großen, runden Wasserturm, dem steinernen Wahrzeichen von Ypsilanti, und rannte bis zum Gasthaus McDougall an der Normal Street, wo er für vierzig Cents eine einfache, aber herzhafte Mahlzeit aus Roastbeef, Kartoffeln, Gemüse und Pudding hinunterschlang, das größte Drittel seiner täglichen Ein-Dollar-Ration.

Obwohl er sich sehr beeilte, war es fünf Uhr fünfzig, ehe er seine Pension in der Pearl Street erreichte und die Treppen hinaufraste. Die beiden Zimmer, die er mit drei anderen

Studenten zusammen bewohnte, waren leer, da seine Kameraden zum Abendessen gegangen waren. Er stellte seinen Wekker auf neun Uhr fünfundvierzig abends und sank ins Bett. Sein Zimmergenosse Dick Schoenbaum versuchte, ganz leise zu sein, als er vom Essen zurückkam, und achtete darauf, daß der Schein seiner Tischlampe nicht auf den Schläfer fiel. Norman Hagen und August Peters verhielten sich ebenso rücksichtsvoll, indem sie ihre Zimmertür auf der anderen Seite des Flurs so leise wie möglich schlossen. Aber sie hätten unbesorgt sein können. Ein gesunder junger Mann, der zwanzig Stunden ununterbrochen zu tun gehabt hatte, war, wenn er erst einmal schlief, gegen die meisten Störungen immun.

Doch als der Wecker schrillte, sprang er sofort aus dem Bett.

»Wie bringst du das nur fertig?« fragte Dick gähnend. »Ich habe vergangene Nacht gut acht Stunden geschlafen und bin schon wieder todmüde.«

»Not macht nicht nur erfinderisch, sie bringt auch sonst noch einiges zuwege«, erwiderte Roger munter, während er seine khakifarbenen Jeans anzog.

Er bewilligte sich nur zehn Minuten Zeit für den Weg bis zu der eine Meile entfernten Standard-Tankstelle, wo er siebenmal in der Woche von zehn Uhr abends bis sieben Uhr morgens für 40 Cents Stundenlohn arbeitete. Nur gelegentlich erhielt er ein freies Wochenende, um nach Hause fahren zu können. Bis Mitternacht kamen ziemlich viele Kunden. Aber die folgenden sieben Stunden waren vorzüglich zum Lernen geeignet, da er dann gerade nur so oft durch die schneidendkalte Winternacht zu den Tanksäulen hinauslaufen mußte, daß er wieder einen klaren Kopf bekam. Sein Herbstzeugnis mit zwei Einsen und drei Zweien wollte er während dieses Wintersemesters noch verbessern. Er war entschlossen, das Studium in drei Jahren zu schaffen. Auch wenn ihm die elf Semesterstunden von seinem vorigen Jahr an der Northwestern angerechnet wurden, mußte er während der meisten Semester fünf statt vier Fächer belegen und sich außerdem verpflichten, eine bestimmte Anzahl von Stunden Sport zu treiben. Diese Stunden hatte er an den Anfang seines Studiums gelegt, weil er sie hinter sich haben wollte und nicht, weil er auch nur das geringste Interesse am Sport gehabt hätte.

Den Hallenlauf hatte er für die anspruchsloseste Sportart gehalten. In der Turnhalle hatte man ihm Rennschuhe ohne Spikes, einen kurzärmligen Pullover und eine lange Hose ausgehändigt und gesagt, er solle laufen. Und jetzt befahl ihm dieser Olds, statt zweieinhalb Stunden in der Woche fünf bis sechs Stunden zu laufen. Ein resoluter Kerl, wie er noch keinen kennengelernt hatte!

Aber Roger wußte ebenfalls, was er wollte. Er war nur deshalb hier im Michigan State Normal College, um sich so schnell wie möglich und ohne Schulden auf den Lehrerberuf vorzubereiten. Er wollte nicht die gleichen Fehler begehen, durch die vor einem Jahr seine Collegelaufbahn so schnell beendet worden war.

Im September 1927 hatte er sein Elternhaus in Owosso, Michigan, verlassen, um auf den Rat seines Musiklehrers, Mr. Champion, zur Northwestern University zu gehen und Musik zu studieren. Die Aktivposten, die er dorthin mitnahm, waren ein Darlehen von zweihundert Dollar aus einem Stipendium, der Verdienst eines arbeitsreichen Sommers in einer Eisengießerei, eine billige Geige und der Name einer Studentinnenvereinigung, bei der sich Mr. Champion sein Essen durch Tellerwaschen verdient hatte. Die Passiva waren sehr viel eindrucksvoller: Sein Benehmen war ungeschliffen und seine Kenntnis kulturellen Lebens mehr als bescheiden.

Die Ausgaben für Klavier- und Geigenstunden sowie für das Zimmer in Chicago ließen sein Geld erstaunlich schnell dahinschwinden, obwohl auch er durch Tellerwaschen etwas hinzuverdiente. Und als der Bauernjunge aus Michigan sich mit wirklichen Musikern messen mußte, merkte er bald, daß er ihnen weit unterlegen war.

»Du kannst jederzeit nach Hause kommen«, schrieben die Eltern, als er ihnen seine Mutlosigkeit und sein Heimweh gestand. »Solange Du für eine Ausbildung lernst und arbeitest, kannst Du immer bei uns sein. Das ist alles, was wir für Dich tun können.«

Nur seiner Beharrlichkeit war es zu verdanken, daß er das Semester beenden konnte. Dann war er nach Hause zurückgekehrt, ohne Geld, ein wenig klüger und – nicht mehr ganz so ungeschliffen. Die Fortschritte hatte er seinem Zimmergenossen Gunnar Malmin zu verdanken, der viel älter war als er und an der St. Paul's University studiert hatte. Obwohl Gunnar bestimmt oft an Rogers musikalischen Fähigkeiten zweifeln mußte, hatte er ihm niemals den Mut genommen. Vorsichtig brachte er seinem linkischen Stubenkameraden gute Umgangsformen bei und redete ihm gut zu, ein anderes Fach zu studieren. Wieder in Owosso, hatte Roger zwei Jobs in der Eisengießerei übernommen und dank der Unterstützung seiner Eltern genügend Geld gespart, um ein Jahr aufs College gehen zu können, wenn er noch etwas dazuverdiente. Sein Ziel war, Lehrer für Mathematik und Naturwissenschaften zu werden, und er war entschlossen, sein Studium diesmal nicht wieder abzubrechen. Der Job bei der Tankstelle half ihm, das sicherzustellen.

Als Roger die Tankstelle um sieben Uhr morgens verließ, hatte er gerade noch Zeit, in einem kleinen Restaurant zu frühstücken, in sein Zimmer zu gehen und sich für den Unterricht, der um acht Uhr begann, fertig zu machen. Seine drei Hausgenossen, die wie gewöhnlich spät aufgestanden waren, gingen gerade zum Frühstück. Ihre Tageseinteilung war völlig anders als die seine, so daß er sich wie ein Außenseiter unter ihnen vorkam. Dick, seinen Stubenkameraden, sah er kaum. Aber Norman Hagen, ein hübscher, freundlicher junger Mann mit krausem, blondem Haar, war mit in seiner Französischklasse, und Roger bedauerte es, daß sie nicht mehr Zeit hatten, sich näher kennenzulernen. Als Norman auf der

Treppe an Roger vorbeiging, klopfte er ihm auf die Schulter.

»Bon jour, camerade! Il fait froid, n'est-ce pas? Mon dieu, wie kannst du so hellwach aussehen?!«

Roger wusch sich die öligen Hände und reinigte dann sorgfältig das Waschbecken. Dabei mußte er daran denken, wie unbeholfen und nachlässig er auf der Northwestern gewesen war. Von zu Hause kannte er kein fließendes Wasser. Ein junger Klassenordner hatte ihm zeigen müssen, wie man ein Waschbecken nach dem Gebrauch sauber macht. Während er seine Hefte für das College zusammenpackte, fiel ihm plötzlich das Gespräch mit Trainer Olds wieder ein.

Was sollte er tun? Brachte er nicht sein ganzes Programm in Unordnung, wenn er jeden Abend in der Turnhalle trainierte? Seine Zeit und sein Geld waren auf die Minute und auf den Cent eingeteilt. Würden die wenigen Stunden Schlaf, die er sich gönnte, durch das Training nicht noch verkürzt werden? Und gesetzt den Fall, er mußte an Leichtathletikveranstaltungen teilnehmen, würde er dann nicht weniger verdienen? Die Ungewißheit quälte ihn den ganzen Tag, und er fühlte sich ungewöhnlich müde. Auch als er um vier Uhr nachmittags aus seiner letzten Unterrichtsstunde kam, hatte er noch keinen Entschluß gefaßt. Froh, die Entscheidung hinausschieben zu können, machte er sich auf den Weg zu seiner Pension, um an diesem Abend einmal fünf Stunden zu schlafen.

Ein frischer Wind blies ihm entgegen und vertrieb seine Müdigkeit. Er straffte die Schultern und hob den Kopf. Am Himmel über den verwitterten Steinen des Wasserturms jagten leichte Wolken dahin. Rogers Herz klopfte, seine Muskeln spannten sich. Fast ohne es zu wollen, drehte er sich um und lief zur Turnhalle.

Er war etwa zwei Wochen lang jeden Abend gelaufen und hatte offenbar nichts anderes erreicht, als daß er Schlaf eingebüßt und Muskelkater bekommen hatte. Trainer Olds hatte ihn anscheinend vergessen, und Marshalls Instruktionen beschränkten sich, abgesehen von ein paar grundlegenden Hinweisen, auf ein knappes: »Immer weiterlaufen, Junge!«

Bisher hatte er geglaubt, mit Sport befasse man sich nur, weil es Spaß machte. Welch ein Irrtum! Zugegeben, es hatte ihm damals Spaß gemacht, hinter LeRoy Potter herzujagen. Aber das Training während dieser beiden Wochen hatte wenig mit Wettkampf zu tun gehabt. Es war Arbeit gewesen, schwere, eintönige Arbeit.

Doch nachdem er einmal angefangen hatte, kam er gar nicht auf den Gedanken, wieder aufzuhören. Das war nicht seine Art. Außerdem war er an schwere, eintönige und zermürbende Arbeit gewöhnt. Ganz bestimmt war dies noch leichter, als in einer Gießerei heiße Gußstücke aus der Sandform zu schütteln.

Roger hatte den Verdacht, daß Marshall an ihm zweifelte. »Sie laufen, als hätten Sie Plattfüße«, sagte er einmal abfällig. Aber ein andermal betrachtete er den jungen Anfänger mit Achtung, fast mit Bewunderung.

»Ich habe mir den Bericht über Ihre körperliche Leistungsfähigkeit angesehen, Arnett. Der Arzt erwähnt besonders, daß Sie zu den Studenten unseres College gehören, die die größte Lungenkapazität besitzen.«

Das habe ich diesen eisernen Gußstücken zu verdanken, dachte Roger: die Lunge und die Plattfüße!

Seine erste Bewährungsprobe kam am Schluß der zwei Wochen bei einem Laufwettbewerb der Klassen. Daran konnten alle jungen Männer des College teilnehmen, nicht nur die der Leichtathletikmannschaft. Da die Turnhalle in Ypsilanti zu klein war, fand die Veranstaltung in Ann Arbor in der Turnhalle der Universität von Michigan statt.

»Wir teilen Sie den Zweimeilenläufern zu«, sagte man zu Roger. Ohne weitere Instruktionen wurde er mit einer Gruppe anderer Studenten des ersten Semesters in ein Auto gestopft und zu der acht Meilen entfernten Waterman-Sporthalle gefahren. Die Bahn dort kam ihm im Vergleich zu der, auf der er jetzt immer geübt hatte, riesengroß vor. Soviel er sich erinnerte, hatte er noch nie zwei Meilen hintereinander laufen müssen. Aber er war nicht aufgeregt. Es ging schließlich nur um Laufen, und das hatte er ja reichlich geübt.

Von den Läufern, mit denen er sich messen sollte, kannte er keinen. Er hatte auch keine Ahnung, daß einer von ihnen Merlin Wolfe, der beste Zweimeilenläufer der Schule, war. Er sah nur, daß nach den ersten paar Runden sich ein Läufer, dem er vielleicht gut folgen konnte, von den anderen trennte. So blieb er ihm hartnäckig auf den Fersen. Nach zehn Runden, die in dieser Halle eine Meile ergaben, schienen seine Lungen platzen zu wollen. Die Füße kamen ihm bleischwer vor, und die Beinmuskeln schmerzten. Aber irgendwie lief er weiter. Und nach den nächsten zwei oder drei Runden ging sein Atem wieder leichter. Es fiel ihm auch nicht mehr so schwer, sich dem Tempo seines Vordermanns anzupassen, vielleicht weil dieser langsamer wurde. Seltsamerweise dachte er nicht einen Augenblick daran, ihn zu überholen. Außerdem war es auch zweifelhaft, ob es ihm gelungen wäre; denn Merlin Wolfe war darauf aus zu gewinnen. Am Ziel war Roger als Zweiter nicht weit hinter ihm.

Erst auf dem Heimweg nach Ypsilanti merkte er, daß er damit etwas Ungewöhnliches geleistet hatte. Auf dem Rücksitz eines Autos eingezwängt, hörte er seine Kameraden über den unbekannten Kometen sprechen, der plötzlich im Kielwasser des besten Zweimeilenläufers von Normal aufgetaucht war. Wußte jemand, wie er hieß? Vielleicht ein Anfänger? Ganz sicher aber keiner von der Leichtathletikmannschaft. Den hätten sie doch bestimmt erkannt!

»Er hat den Wolfe ganz schön gejagt«, meinte einer, in sich hineinlachend. »Ich hätte Merl sehen mögen, wenn er gewonnen hätte.«

»Ich dachte schon, er würde es schaffen«, warf ein anderer ein. »Linkischer Knabe! Erinnert an einen Weberknecht; aber laufen kann der! Wer mag das nur gewesen sein?«

Roger verriet es ihnen nicht. Er lächelte nur im Dunkeln vor sich hin. Nach dieser ersten Bewährungsprobe begann er ernstlich zu trainieren. Er ging jeden Abend nach dem Unterricht in die Halle, wo Marshall sein Training überwachte. Gelegentlich beobachtete ihn auch Olds mit zusammengekniffenen Augen oder rief ihn zu sich herüber, um ihn mit barschen Worten zu kritisieren, die durch einen ermutigenden Klaps auf die Schulter gemildert wurden.

Für Roger, obwohl durch seinen Job in der Gießerei an körperliche Anstrengung gewöhnt, war das Laufen die schwerste Arbeit, die er je getan hatte. Muskeln, die vorher selten benutzt worden waren, protestierten durch heftige Schmerzen. Jeder Schritt wurde zur Qual. Er mußte fast auf allen Vieren kriechen, um zu seiner Wohnung und zu den Klassenräumen hinaufzugelangen; und hinunter war es ebenso qualvoll. Wenn er nach seinen vier Stunden Schlaf am frühen Abend wieder aufstand, mußte er sich gewaltig anstrengen, um aus dem Bett zu kommen. Bei den ersten Schritten hatte er das Gefühl, als laufe er über glühende Kohlen.

»Da lobe ich mir das Tennisspielen!« meinte Norman Hagen, der seit seinem Training im Frühjahr an heftigen Schmerzen in einem Arm litt. »Ich möchte lieber verkrüppelte Arme haben als verkrüppelte Beine.«

»Auch angesichts der Tatsache, daß du dich dieses Wochenende mit Jo triffst?« fragte Roger neckend.

Als Roger eines Nachmittags trainierte, bemerkte er, daß Marshall und Olds ihm aufmerksam zusahen. Nachdem er seine zweiundzwanzig Runden gelaufen war, riefen sie ihn zu sich herüber.

»Wir schicken Sie nächste Woche nach Detroit«, verkündete Marshall, »zur A.A.U.« – »A.A.U.?«

Sie lächelten mitleidig über seine Unwissenheit. »Amateur Athletic Union! Es werden Läufer aus ganz Amerika kommen, ein paar auch aus dem Ausland. Wir haben beschlossen, Sie beim Hindernislauf einzusetzen.«

»Hindernislauf?« wiederholte Roger fragend.

Diesmal lächelte Marshall nicht. Er explodierte.

»Du meine Güte, Mann, wissen Sie denn gar nichts? Wie wollen Sie in einer Läufermannschaft etwas erreichen, wenn Sie nicht mal die einfachsten ...«

»Er kann laufen«, warf Olds trocken ein.

Die A.A.U.-Veranstaltung fand Ende März im Olympia-Stadion von Detroit statt, einem gewaltigen, scheunenartigen Gebäude, in dem es an jenem Dienstagabend außerordentlich kalt war. Roger fror nicht nur äußerlich, sondern auch innerlich. Befangen stand er abseits von der übrigen Mannschaft, mit der er in einem Nebenraum auf weitere Anweisungen wartete. Dies war sein erstes Auftreten als Mitglied der Läufermannschaft, und er spürte ihre neugierigen, abschätzenden Blicke. Seit Jahren hatte er sich nicht so allein, so als Außenseiter gefühlt. Die anderen waren alle gepflegt, kräftig gebaut, gut proportioniert und hatten schlanke, nicht zu große Füße. Wenn sie Knie und Ellenbogen beugten und die Muskeln lockerten, waren ihre Bewegungen weich und geschmeidig. Nur er war anders, eine Vogelscheuche unter griechischen Statuen. Wie ein dünnes, hochaufgeschossenes Rohr überragte er die meisten von ihnen um einen halben Kopf, und seine Rennschuhe, Größe 11, sahen aus wie die Flossen eines Sporttauchers.

Da kam Trainer Olds herein. Mit lauter Stimme gab er seine Anweisungen, inspizierte alles peinlich genau und schien jedes Teammitglied mit jener Energie zu laden, die seine Hallenmannschaft acht Jahre hintereinander hatte unbesiegt bleiben lassen.

Plötzlich erblickte er Roger.

»Da sind Sie ja, Arnett! Kennen Sie schon die andern von der Gang? Hier ist unser neuster Rekrut, Jungens! Marshall hat schon einen guten Namen für ihn gefunden: Abe Lincoln!« Einer vom Team lachte schallend, und bald waren von allen Seiten beifällige Zurufe zu hören.

»Nicht schlecht, Trainer!« »So sieht er auch aus!« »Hallo, Abe, willkommen in unserer Mitte!«

Das Lachen klang gutmütig, und der Vergleich war nicht kränkend. Aber Roger merkte, wie er rot wurde. Trainer Olds gab ihm seiner Unerfahrenheit wegen genauere Anweisungen. Er sagte ihm, wann er anfangen müsse, sich bereitzumachen, wieviel Runden er, noch im Trainingsanzug, zu laufen habe, um die anfänglichen Muskelschmerzen zu überwinden. Bei einem Hindernislauf – so erfuhr er – wurden viele unterschiedlich qualifizierte Läufer zugelassen. Zwei von diesen Männern hier hatten irgendwann einmal Weltrekorde gehalten. Um den Wettkampf fairer zu gestalten, stellte man die Läufer nicht nebeneinander auf, wie es beim Start sonst üblich war, sondern über eine Strecke von etwa hundert Metern verteilt.

»Und denken Sie daran, daß Sie diesmal gewinnen wollen!« schnauzte Olds. »Es ist kein Spiel, bei dem man hinter dem Anführer herzulaufen hat. Überholen Sie alle Ihre Vordermänner, und wagen Sie nicht, sich von Ihren Hintermännern überholen zu lassen!«

Als Roger dann in dem riesigen, runden Stadion stand, bekam er plötzlich heftiges Lampenfieber. Die Zuschauerreihen zogen sich in erstickenden Spiralen über ihm zusammen. Er kam sich wie ein Opfer in einer römischen Arena vor. Sogar die Löwen waren da: die übrigen Läufer, von denen fünf in unterschiedlichen Entfernungen vor ihm und zwei hinter ihm aufgestellt waren, der eine etwa zehn, der andere etwa fünfundzwanzig Meter von ihm entfernt. Der letzte war ein bekannter Läufer aus Skandinavien, der einmal den Weltrekord gehalten hatte.

Roger sah, wie die anderen Läufer ihre Trainingsanzüge auszogen, und tat es auch – mit ungeschickten Händen. Die Halle war ein Eiskeller, aber er war in Schweiß gebadet. Er hatte das Gefühl, als säße ihm ein Kloß im Halse und als sei sein Magen zusammengepreßt. Wie er so dastand, in Unterhemd und Shorts, kam er sich lächerlich nackt vor. Sicherlich waren Hunderte von Augen spöttisch auf seine hagere Gestalt und übermäßig großen Füße gerichtet!

Die anderen Läufer machten Kniebeugen und hüpften wie Taucher, die im nächsten Augenblick ins Wasser springen wollen. Nur er stand wie angewurzelt da.

»Fertig machen!« rief Trainer Olds von der Seite herüber. Wie? Was? dachte Roger in panischem Schrecken. Ein kleiner Mann erschien und schrie:

»Auf die Plätze . . . fertig . . .«

Ein Schuß ertönte.

»Lauf!« brüllte Olds.

Roger lief. Er lief an seinem ersten Vordermann vorbei, dann am zweiten. Es war ganz leicht. Er hatte das Gefühl, als brauche er sich überhaupt nicht oder nur wenig anzustrengen. Ungestüme Freude packte ihn. Er konnte diesen Wettlauf ohne große Anstrengung gewinnen. Da überholte ihn jemand. Sofort stürmte Roger hinter ihm her. Gleich darauf überholten die beiden einen anderen Läufer. Roger versuchte die Runden zu zählen. Einmal . . . zweimal . . . dreimal war er schon über die Startlinie und am Schiedsrichter vorbeigelaufen. Sechzehn Runden gehörten zu einer Meile. Während der fünften Runde überholten er und sein Vordermann wieder einen anderen Läufer. Dann verzählte er sich. Die Zuschauerreihen verschwammen vor seinen Augen. Ermunternde Zurufe und Beifall, Füßetrampeln und Händeklatschen, alles ertrank in dem wilden Rauschen des Blutes in seinen Ohren. Es gab nur eine Realität: die Gestalt, die vor ihm herrannte.

War es wirklich leicht? Arme und Schultern wurden bleischwer, die Beine rotglühende Kolbenstangen. Er konnte kaum Atem holen. Seine Lungen lechzten nach Sauerstoff. Aber irgendwie gelang es ihm, weiterzulaufen. Es kam ihm kaum zum Bewußtsein, daß er und der Mann, dem er folgte, an einem anderen vorübergelaufen waren. Er sah sie wie durch einen roten Nebel. Nahm es denn niemals ein Ende? Noch eine Runde und seine Adern platzten! Es war weder Kraft noch Wille, was ihn weiterlaufen ließ; er lief mechanisch wie ein Triebwerk.

Endlich kam das Signal für die letzte Runde. Er bemerkte jemanden hinter sich, und gleich darauf rannte eine Gestalt an ihm und an dem Läufer, dem er folgte, vorbei. Dann sah er die beiden davonrasen. Er machte eine letzte, übermenschliche Anstrengung, aber es war zu spät. Als er durchs Ziel lief, war der zweite Läufer direkt vor ihm. Fast zur Bewußtlosigkeit erschöpft, stolperte Roger von der Bahn. Er hatte nur den einen Wunsch, sich hinzuwerfen und das Bewußtsein zu verlieren. Aber ein paar eiserne Arme hielten ihn aufrecht.

»Laufen Sie weiter!« schrie Olds ihn an. »Nicht stehenbleiben, weiterlaufen!«

Auch als Roger etwas zu Atem gekommen war und wieder sicher gehen konnte, ließ ihn der Trainer noch nicht los.

»Gut gemacht, Junge!« sagte er. »Ich bin stolz auf Sie. Der erste, der durchs Ziel ging, ist der Weltmeister, und der zweite ein bekannter amerikanischer Läufer. Sie haben zwar keine Rekorde gebrochen, Arnett, Ihre Zeit war genau fünfzehn Sekunden unter Potters Höchstleistung. Aber Sie haben einen ausgezeichneten Anfang gemacht. Ich erwarte Großes von Ihnen.«

Roger zog seinen Trainingsanzug über und wankte auf den Umkleideraum zu. Das war also ein Hindernislauf! Man lief und lief, bis man einfach nicht mehr weiterkonnte, und dann lief man doch noch ein Stück . . .

Roger stellte im Sommersemester zwar keine sensationellen Rekorde auf, verhalf aber dem Anfängerteam bei wenigstens drei Wettkämpfen zum Sieg. Doch diese Erfolge waren ihm unwichtig, verglichen mit den zehn Einsen und acht Zweien in seinem ersten Jahreszeugnis. Die nächtlichen Arbeitsstunden in der Tankstelle hatten sich gelohnt – zumal noch etwas Geld übriggeblieben war. Ich sollte mir ein Auto dafür kaufen, dachte er. Damit konnte er zum Wochenende die siebzig Meilen nach Hause fahren und sparte auch Zeit, wenn er die zwei Meilen bis zu seinem Arbeitsplatz nicht mehr zu Fuß gehen mußte. Er kaufte sich in Detroit für 75 Dollar einen 1926er Ford mit Klappsitz. Da nur wenige Collegestudenten ein Auto besaßen, war er unermeßlich stolz, als er spät abends zu seinen Eltern nach Owosso aufbrach.

In diesem Sommer gönnte er sich wieder keinen Urlaub, sondern nahm wie immer während der Semesterferien einen Job – eigentlich zwei! – in der Eisengießerei an, in der sein Vater seit Jahren arbeitete. Er stand um vier Uhr dreißig auf und »schnitt den Sand« für die Gießer. Dann ging er in die Formerei.

2

Im Herbst kehrte Roger ins College zurück, wo er sein volles Tagesprogramm von achtzehn Stunden wieder auf sich nahm. Bald darauf – im Oktober 1929 – machten die Erfolge des Lauf-Stars Schlagzeilen in den Nachrichtenblättern Michigans. »ROGER ARNETT GELÄNDELAUF-STAR DES STATE NORMAL TEAMS ...«

»ARNETT STELLT NEUEN VIERMEILEN-REKORD FÜR YPSILANTI AUF. Der Star verbessert seine eigene Bestleistung, die er vorige Woche gegen Detroit aufgestellt hatte ...«

»ARNETT FÜHRT SEIN TEAM ZUM DRITTENMAL ZUM SIEG ... Arnett, der für die Huronen lief, stellte einen neuen Bezirks-Rekord von 23 Minuten und 50 Sekunden für den 4,5-Meilen-Hindernislauf auf. Mit seiner Leistung unterbot er den alten Rekord von 25 Minuten und 3 Sekunden um mehr als eine volle Minute ... Ein Teampreis, eine goldene Statue und sechs Medaillen wurden verliehen ... Arnett, der Sieger des Wettlaufs, erhielt die goldene Statue und eine Goldmedaille.«

Nachdem Roger den ersten Platz bei einem Wettkampf mit dem Ohio Wesleyan College errungen hatte, indem er die vier Meilen in 21 Minuten und 18 Sekunden lief, frohlockten die *Normal College News:*

»Es wird Großes von diesem hoch aufgeschossenen Jungen aus Owosso erwartet, der größten ›Entdeckung‹, die Trainer Olds seit Jahren gemacht hat.« Und die *Argus Press* von Owosso drückte ihren Stolz in einer dicken Schlagzeile aus: »FRÜHERER OBERSCHÜLER VON OWOSSO ÜBERRASCHT DURCH LEISTUNG AUF DER ASCHENBAHN.«

Keiner war erstaunter als Roger selbst. Im vergangenen

Jahr war er noch eine Null und, wenn überhaupt, nur durch sein linkisches Wesen aufgefallen. Jetzt plötzlich, über Nacht, war er ein As, eine Berühmtheit. Die Studentinnen warfen ihm mit einmal bewundernde Blicke zu. Höhere Semester klopften ihm auf die Schulter und beglückwünschten ihn. Sogar seine Professoren sahen ihn mit einem Interesse und einem Respekt an, die ihnen seine Zensuren nicht entlockt hatten. Trainer Olds' Siege waren so beständig gewesen – sein Team hatte sechs Jahre hintereinander die Geländelauf-Wettkämpfe zwischen den College-Mannschaften im ganzen Land gewonnen –, daß die Begeisterung im College an die Leidenschaft der alten Griechen für ihre Olympiaden erinnerte.

Aber Roger hatte zu viel zu tun, um sich von seinen Erfolgen den Kopf verdrehen zu lassen. Seine vier bis fünf Stunden Schlaf wurden durch sein Training derartig beschnitten – von den tatsächlichen Sportveranstaltungen ganz zu schweigen –, daß sie fast nicht mehr existierten. Er gab die Nachtarbeit in der Tankstelle auf und nahm im »Graystone« eine Stelle als Tellerwäscher an, die ihm sein Abendessen und einen geringen Lohn einbrachte. Trainer Olds vermittelte ihm ebenfalls einen kleinen Job, indem er ihn für dreißig Dollar im Monat im Umkleideraum der Turnhalle Trainingsanzüge ausgeben und andere leichte Arbeit verrichten ließ. All das konnte ihn aber nicht von seinem Studium abhalten.

»Arnett ist ein ruhiger, fleißiger Bursche«, hieß es in den *Normal College News*. »Vor neun Monaten hatte er noch nie einen Rennschuh angehabt. Jetzt ist er Landes- und Bezirkssieger. Aber er nimmt die Wettkämpfe, wie sie kommen, und stiehlt sich unbemerkt davon, da er sich nichts aus Scheinwerferlicht macht. Persönliche Ehren bedeuten ihm nichts. Er ist der Schrittmacher bei jedem Lauf, und die anderen drei Mitglieder der ›Four Horsemen‹ sind dicht hinter ihm.«

Die »Four Horsemen«, Arnett, Morcombe, O'Connor und Bauer, gehörten zu der Sechsermannschaft, die Olds im November zu der letzten und wichtigsten Leichtathletikveranstaltung mit nach Cincinnati nahm. Es ging um die USA-Meisterschaft der A.A.U.-Juniorenmannschaft im Geländelauf. Roger wußte, daß sich begeisterte Anhänger in ganz Michigan fest darauf verließen, daß er diesen nationalen Sieg für die Huronen gewann. Als er zu dem anstrengenden Sechsmeilenlauf an den Start ging, gellten ihm die Ohren von Hochrufen, Beifallklatschen und Trainer Olds' strengen Kommandos.

»Hallo, Ypsi! Hallo, Arnett! Vorwärts Radscha! Wir verlassen uns auf dich!«

»Übernimm die Führung, Junge, und gib sie nicht her! Aber nichts erzwingen! Spar deine Kraft bis zum Endspurt! Dann gib alles her, was du hast!«

Roger hörte dem allen verwirrt und ungläubig zu. Es war doch lächerlich, zu denken, daß er, der schwerfällige Bauernjunge, gegen Experten gewinnen könnte! Es bedurfte jedesmal wieder der ermutigenden Worte und aufmunternden Reden Norman Hagens, seines neuen Zimmergenossen, ihn einen Wettkampf auch nur versuchen zu lassen, so gering war sein Selbstvertrauen.

»Hast du denn gar kein Rückgrat, Mann? Vorwärts! Lauf! Will es nicht in deinen dicken Schädel rein, daß du es bestimmt schaffen wirst?«

Aber Norman hielt nicht nur ermunternde Reden. Obwohl er Wettrennen haßte, schloß er sich jedesmal der Gruppe der Beifallrufer an, in deren Mannschaft sein Zimmergenosse lief. Roger wußte, daß er auch heute da war, ein Ansporn für sein immer wieder sinkendes Selbstvertrauen.

Aber sobald der Startschuß fiel und der Lauf begann, brauchte er keinen Ansporn mehr. In die hochaufgeschossene, magere Gestalt kam Bewegung. Die langen, muskulösen Beine begannen rhythmisch den Boden zu stampfen. Energie durchströmte ihn. So sehr er Hallen- und Sportplatzrennen liebte, der Geländelauf war sein Element. Hier roch es nicht nach muffigen Brettern, kein stickiger Staub benahm ihm den Atem oder vernebelte ihm die Sicht. Die Novemberluft war klar und scharf. Sie feuerte ihn an wie eine Peitsche. Die Bahn war nicht glatt und eben wie in der Turnhalle oder auf dem Sportplatz. Sie führte bergauf und bergab, über Hindernisse jeder Art, und forderte fast übermenschliche Ausdauer von einem Läufer.

Nach einem Anfangsspurt von etwa einer Meile schlug Roger ein etwas ruhigeres Tempo ein, um seine Kraft aufzusparen. Seine Kameraden, Morcombe und Bauer, hatten ihm diesen Tip gegeben. Sie kämpften an diesem Tage gegen starke Mannschaften wie die Detroit Y, die Indiana University, Ohio State, Pittsburgh und Penn State. Absichtlich widerstand Roger dem Wunsch, sich schneller vorwärtszuarbeiten, wenn andere an ihm vorbeiliefen. Lange bevor er die Mitte der Laufstrecke erreicht hatte, war der freudige Schwung dahin. Er war nur noch ein Automat, der ohne menschliches Zutun lief. Die Bewegung seiner Beine war nur ein unbewußter Reflex seines Körpers, ebenso wie sein hämmerndes Herz, seine schwitzende Haut, seine tränenden Augen, seine pochenden Schläfen, seine fast berstenden Lungen. Nach vier Meilen wurde die Luft zu einem Schmelzofen und der Erdboden zu einem Rost voll glühender Kohlen, den er durch einen roten Schleier von Schweiß und Tränen sah. Er bemerkte weder die anderen Läufer noch die Zuschauer, nur das ungestüme, sture Stampfen seiner Beine. Schließlich nicht einmal mehr das. Es beeindruckte ihn gar nicht, daß er die Fünfmeilen-Markierung passierte. Irgendwie lief er immer weiter.

Dann war es plötzlich vorbei. Das Dröhnen in seinen Ohren wurde zu Hochrufen. Der rote Nebel löste sich in Gesichter auf. Trainer Olds stützte ihn und rief ihm scharf zu: »Weiterlaufen, Junge! Bleib um Himmels willen in Bewegung!«

Hände klopften ihm auf die Schultern.

»Du hast es geschafft, Radscha, alter Junge! Wir haben es gewußt! Bravo!«

Der Bericht im College-Jahrbuch lautete:

»Roger Arnett lief bewundernswert. Er bewältigte die sehr schwierige Sechsmeilenstrecke in 31 Minuten und 33 Sekunden und erzielte die höchste Punktzahl seines Teams.«

Dadurch gewann Ypsilanti die USA-Meisterschaft. Das Team erhielt eine große Silberplakette und jeder einzelne Läufer eine Medaille. Roger hatte während des Wettlaufs fast sechs Pfund verloren. Aber er fand, daß der Gewinn den Verlust aufwog. Eine der schönsten Belohnungen dieser Geländelauf-Saison war aber das Vertrauen seiner Kameraden.

Während Rogers zweitem Collegejahr wurde auch die Freundschaft zwischen ihm und Norman Hagen immer enger.

In den Jahren, in denen sie gemeinsam in einem Zimmer wohnten, fuhren sie oft zum Wochenende in Rogers Ford entweder zu Normans Eltern nach East Detroit oder zu Rogers Eltern nach Owosso. Da beide nur ein mageres Einkommen und wenig zu essen hatten, nahmen sie sich dann von zu Hause Kuchen und Kekse mit, die ihnen die Mütter gebacken hatten, genug, um eine Woche lang ihren Küchenzettel zu ergänzen.

Gelegentlich gehörte es zu Rogers Pflichten im »Graystone«, Gäste zu bedienen oder Tische abzuräumen. Eines Abends im Herbst gab es im Lokal so viel zu tun, daß er nach dem Tellerwaschen noch dablieb, um beim Tischabdecken zu helfen. Da sah er Normans Freundin Josephine Daisher sitzen und ging auf sie zu.

»Ach, ist das nicht die schöne Josephine?« rief er neckend. »Und wo ist, wenn ich fragen darf, Napoleon?«

»Er arbeitet hoffentlich«, erwiderte Jo. »Obwohl es mich nicht überraschen würde, wenn er noch auf dem Tennisplatz wäre. Du weißt, ich kann mit seiner ersten Liebe nicht konkurrieren.«

»Nein, so etwas!« Roger schüttelte den Kopf in gespieltem Erstaunen. »Wie kann man nur . . .« Er schwieg plötzlich, da er merkte, daß ein sehr hübsches, sehr gut angezogenes jun-

um ihn laufen zu sehen. Vielleicht feuerte ihn das noch an; denn er erreichte an diesem Tag eine seiner besten Leistungen. Sein Hauptkonkurrent war Lauren Brown von Michigan State, der Zweimeilen-Star der vorhergehenden Saison. Mit seinem Sieg über Brown stellte er für die Universitätsmannschaft einen neuen Rekord auf.

»Arnett, der als erster Lauren Brown besiegte, ist das As von State Normal«, hieß es in der Owossoer *Argus Press*. »Roger Arnett, Student im zweiten Jahr in Michigan Normal, hat sich dort als einer der hervorragendsten Langstreckenläufer aller Zeiten erwiesen.«

Obwohl Roger im März in Notre Dame University den ersten Platz Brown überlassen mußte, mehrten sich seine Triumphe während der Hallen- und Sportplatzsaison ständig. Im April gewann er einen Zweimeilenlauf und kurz darauf lief er seinen schnellsten Zweimeilenlauf überhaupt. Im Mai wurde er Erster beim Ein- und Zweimeilenlauf im Wettkampf mit dem Detroit City College. Etwas später setzte man ihn in East Lansing beim Ein- und Zweimeilenlauf ein. Beim Einmeilenlauf lief er unter den ersten, und obwohl er ganz am Schluß von Ray Swartz überholt wurde, brachen beide den Rekord der Hochschulmannschaften von State Michigan. Dann kam der Zweimeilenlauf, bei dem er selbst nur sechs Sekunden unter dem Weltrekord blieb. Hier hatte er zwei Landesrekorde gebrochen, sich selbst jedoch nur als Zweiter plaziert.

Eine Woche später nahm der Trainer ein paar seiner besten Läufer zu den Hochschulmeisterschaften der USA in der Universität von Chicago mit, und hier brach Roger wieder den USA-Hochschulrekord, belegte aber selbst nur den sechsten Platz. Das war zumindest enttäuschend!

Neben all seiner sportlichen Betätigung vergaß Roger nie, warum er im College war, und seine schulischen Leistungen ließen nichts zu wünschen übrig. Auch mit Alice traf er sich immer häufiger. Daß man ihn bei einer Studentenverbindung aufnahm, in die nur etwa fünfzig von den 1500 Studenten des College gewählt wurden, war nicht nur eine Ehre für ihn, sondern gab ihm auch die Möglichkeit, Alice öfters zu sehen. Aber solche Begegnungen im größeren Kreis und bei Wochenendverabredungen genügten ihnen bald nicht mehr. Sie suchten Gelegenheiten, um zwangloser beisammen zu sein.

Roger nahm in diesem Jahr in Physik an einem Foto-Kurs teil. Er mußte dafür nicht nur Aufnahmen machen, sondern hatte auch viele Stunden im Labor zu tun, um sie zu entwikkeln. Alice sah ihm häufig dabei zu, und in diesen gemeinsam verbrachten Stunden kamen sie einander bedeutend näher. Eines Abends fanden sie, als sie fortgehen wollten, die Tür des Gebäudes, in dem sich das Fotolabor befand, verschlossen. Es war eine peinliche Situation. Roger wußte sehr wohl, daß ihr guter Ruf und der des College auf dem Spiel stand, wenn sie entdeckt wurden, verbarg aber seine Bestürzung hinter gespielter Leichtfertigkeit.

»Oh, der Hausmeister wird schon hier vorbeikommen, ehe der Unterricht beginnt. Ich mache dir ein Bett auf einer Laborbank zurecht.«

Alice war der Verzweiflung nahe.

»Wie kannst du so dumme Späße machen! Hast du dir schon überlegt, was das für mich bedeuten würde? Ich — ich würde ausgeschlossen oder wenigstens zum Gespött des ganzen College werden. Bitte, unternimm etwas!«

»Keine Sorge!« versicherte Roger. Daß die selbständige, tüchtige Alice so offensichtlich von ihm abhängig war, tat ihm ungeheuer wohl. »Wir kommen schon raus.«

Er entdeckte hinten im Gebäude, nicht hoch über dem Erdboden, ein Fenster, aus dem er hinauskletterte. Nach einigem guten Zureden ließ sie sich in seine Arme gleiten. Dann zog er sich am Sims hoch und schloß das Fenster. Eine einfache Lösung. Aber er hatte das erhebende Gefühl eines Ritters, der die Dame seines Herzens gerettet hat.

Kurz vor Schluß des Jahres gab Roger Alice den winzigen

goldenen Schuh, den er mit seinem Zeugnis zusammen als Belohnung erhalten hatte, eine armselige Nachbildung seiner Rennschuhe Größe elf, die aber symbolisch für seine Triumphe war. Damit waren sie zwar nicht öffentlich verlobt, wußten aber, daß sie aufeinander warten wollten. Roger konnte noch nicht an Heiraten denken. Er mußte mindestens noch anderthalb Jahre studieren. Aber er erlebte es mit, wie Alice promovierte, eine glänzende Abschiedsrede hielt und im Herbst eine Lehrerstelle annahm – alles im festen Vertrauen auf eine gemeinsame Zukunft.

Den Sommer des Jahres 1930 verbrachte er ganz ähnlich wie den vorhergehenden, indem er von vier Uhr dreißig morgens bis acht Uhr abends in der Gießerei arbeitete.

Etwas war jedoch diesmal anders. Er war eine Berühmtheit in Owosso. Kleine Jungen sahen ihn mit strahlenden Augen an, wenn er an ihnen vorüberging. Die Mädchen blickten ihm interessiert nach. Oberschüler baten ihn respektvoll um ein Autogramm. Sogar Rogers Mutter zeigte einen unverkennbaren Stolz, wenn sie es auch nicht zugeben wollte.

»Ich möchte nur hoffen und wünschen, daß dir all dieser Starrummel nicht noch den Kopf verdreht«, sagte sie zwar zu ihm, schnitt aber heimlich jeden Artikel über ihn aus den *College News* und den Lokalblättern aus und hob sie auf.

Die *Normal College News* hatten Mühe, mit Rogers Siegen Schritt zu halten.

9. Oktober. »Captain Arnett und seine Teamgenossen gewannen im zweiten Wettkampf mit der Ohio Northern University: 15 zu 45.«

23. Oktober. »Arnett in großer Form, als Normal unerwartet Miami University schlägt.«

30. Oktober. »Arnett schlägt Pack in der University of Michigan. Arnett gewann mit fünf Meter Vorsprung vor Austin, dem Michigan-As.«

6. November. »Ypsilanti gewann den Meisterschaftstitel beim Hochschulgeländelauf Michigans in Kalamazoo. Arnett war Ray Swartz von der Hilltopper-Mannschaft mit einer Viertelmeile Vorsprung weit überlegen. Er unterbot den alten Rekord um zwei Minuten und rächte sich so für die Niederlage, die er im vergangenen Frühjahr beim Meilenlauf in East Lansing durch Swartz erlitten hatte.«

13. November. »Das Team bringt Oberlin zu Fall. Wieder war Arnett führend.«

20. November. »College-Geländeläufer besiegen Seventh State Crown. Captain Arnett schlug vergangenen Samstag beim Hochschulwettlauf ein gewaltiges Tempo an und unterbot den Rekord, der von Lauren Brown gehalten wurde, um eine Minute und 13 Sekunden.«

Trainer Olds jubelte. Für Roger Arnett gab es keine Grenzen.

»Du gehst zu den Olympischen Spielen«, sagte Norman Hagen zuversichtlich und zugleich ermunternd zu ihm. »Du wirst diesen Wettlauf gewinnen.«

»Ich zu den Olympischen Spielen? Das ist doch nicht dein Ernst!«

Roger tat, als mache er sich über den Gedanken lustig. Aber sein Erröten verriet ihn. »Glaubst du das wirklich?«

»Natürlich!«

»Dann bist du verrückt.« Roger stieß seine Bücher beiseite, stand auf und öffnete das Fenster. Er war immer noch rot, als er zum Tisch zurückkam, an dem sie beide arbeiteten. Seine blauen Augen leuchteten. »Wie kommst du dazu, das zu denken?«

Norman hatte die Hände hinter dem Kopf gefaltet und sah seinen Freund kritisch musternd an: die ruhigen, tiefliegenden blauen Augen unter den dichten Brauen, die starken Backenknochen, die Haartolle, die immer aussah, als habe der Wind sie ein wenig zerzaust ...

»Weil ich dich habe wachsen sehen, deshalb habe ich gesagt, daß du zu den Olympischen Spielen gehen wirst! Weil du bewiesen hast, daß du das, was du wirklich willst, auch kannst. Und du möchtest doch gern hingehen, nicht wahr?«

Roger antwortete nicht. Aber er fühlte, wie sein Herz schneller pochte. Ja, er wollte nur zu gern zu den Olympischen Spielen!

Ende November war der große Geländelauf, an dem die besten Collegemannschaften des Mittelwestens teilnahmen.

Die Strecke begann und endete im Stadion. Nach der ersten Viertelmeile führte sie querfeldein durch Wälder, Felder, über schmale Wildpfade, bergauf und bergab – ein erstaunlich vielseitiges Gelände. Etwa eine halbe Meile nach dem Start verengte sie sich zu einem ungefähr eineinviertel Meter breiten Pfad. Roger war allen anderen etwa um fünf Meter voraus. Plötzlich sah er eine ganze Anzahl Holzschindeln auf dem Weg verstreut liegen. Er konnte nicht mehr ausweichen und rannte hinein. Dabei bohrten sich die spitzen Dornen seiner Schuhe so tief in ein Brett hinein, daß er es nicht abschütteln konnte. Er mußte stehenbleiben und es herunterziehen. Dadurch konnte ihn Chamberlain nicht nur überholen, sondern war auch vor der Gefahr gewarnt. Als Roger wieder weiterlaufen konnte, hatte sein Gegner fast zehn Meter Vorsprung. So sehr er sich bemühte, er konnte den Abstand nicht verringern, zumal er sein Knie stark verrenkt hatte. Er wurde aber trotzdem Zweiter, ein ganzes Stück vor dem dritten Mann.

Offenbar war Chamberlain der einzige, der gesehen hatte, was geschehen war, und natürlich erzählte er niemandem etwas davon.

Roger beschwerte sich auch nicht, nicht einmal seinem Trainer gegenüber. Die Verletzung war nicht so ernsthaft, daß er ins Krankenhaus gemußt hätte; aber wenn sie ihn auch beim Gehen nicht hinderte, so verursachte sie ihm doch beim Laufen Schmerzen.

»Ich will nur hoffen . . .« Trainer Olds war besorgt.

»Keine Angst«, beruhigte ihn Roger. »Es sind ja noch zwei Wochen bis dahin.«

Der letzte und wichtigste Wettkampf der Saison kam heran, der A.A.U.-Geländelauf in Jersey City. Im vergangenen Jahr waren die Huronen mit dem Junioren-Meistertitel von Cincinnati nach Hause gekommen. Dieses Jahr sollten sie sich an die Lorbeeren der Senioren-Abteilung heranwagen, und ihre größte Hoffnung und die des ganzen mittleren Westens ruhte auf Roger Arnett. Eine der großen Tageszeitungen gab dieser Hoffnung offen Ausdruck:

»Moore, der amerikanische Zehnmeilen-Champion, wird vielleicht seinen stärksten Gegner in Roger Arnett finden, dem Captain des College Teams von Michigan State Normal. Arnett gilt in seiner Gruppe als potentieller USA-Punktsieger bei der Olympiade in Los Angeles.«

Roger nahm seine Verletzung nicht ernst. Er mußte den Wettlauf in Jersey City mitmachen! Chamberlain würde bestimmt bei der Senioren-Veranstaltung eingesetzt sein, und Roger hatte dann eine Chance, seine Niederlage von neulich in einen Sieg zu verwandeln. Außerdem stärkte die Zeitungspropaganda, die immer wieder von seinen Aussichten auf die Teilnahme an der Olympiade sprach, sein Selbstbewußtsein und reizte sein Verlangen nach Erfolg. Welche Möglichkeiten boten sich einem in diesen Jahren der Depression, wo selbst eine College-Ausbildung keine Lehrerstelle garantierte, vielleicht durch eine Goldmedaille von der Olympiade!

Roger ging nach Jersey City. Er wurde für den Sechsmeilenlauf ausgewählt. Es war ein bitterkalter Tag Anfang Dezember, und die Strecke war ihm völlig fremd. Aber während der ersten fünf Meilen lief er gut, immer Seite an Seite mit Zepp, einem der vordersten Läufer. Dann bekam er plötzlich Muskelkrämpfe in seinem verletzten Bein und blieb weit zurück, so daß er als zwanzigster durchs Ziel ging. Eine Niederlage war schlimm genug; daß er aber so gewaltig geschlagen wurde, war trotz einer stichhaltigen Entschuldigung sowohl niederschmetternd als auch erniedrigend. Die Huronen, die mit so großen Hoffnungen nach dem Osten gekommen waren, erhielten nur den siebenten Platz. Roger konnte Trainer Olds kaum ins Gesicht sehen.

Roger brütete vor sich hin. Das Schicksal hatte ihm einen bösen Streich gespielt. Konnte die ganze Karriere eines Menschen durch ein Holzbrettchen über den Haufen geworfen werden? Furchtbarer Gedanke! Dann war das Leben nicht das, was der Mensch daraus machte, wie er in seiner Einfalt geglaubt hatte, sondern, was blinder Zufall aus dem Menschen machte!

»Da geht also alle Hoffnung für die Olympischen Spiele hin«, machte er sich Norman gegenüber Luft. »Wenn überhaupt jemals eine bestanden hat.«

»Unsinn!« rief Norman. »Menschenskind, bis Los Angeles sind es noch zwei Jahre!«

Aber nicht bis zum Ende meiner Collegezeit, dachte Roger im stillen. Sowohl um Trainer Olds' als um seiner selbst willen wollte er in guter Form sein. Jeder Trainer träumte davon, daß einer seiner Sportler in die Olympia-Mannschaft kam. Roger ärgerte sich über die aufgezwungene Ruhepause. Die Hallensaison begann und schritt fort, aber seine Verletzung blieb. Als er das erste Mal wieder zu laufen versuchte, wurde sie nur schlimmer, und er mußte wieder aufhören. Im Februar verlor Ypsilanti gegen Ohio Wesleyan College, die erste Niederlage seit acht Jahren.

Nach zwei weiteren Wochen der Ruhe lief dann Roger bei einer Veranstaltung in Ann Arbor ein achtbares Rennen, und sein Bein schien völlig geheilt zu sein. Trainer Olds war vorsichtig, Roger zuversichtlich. Am 7. März sollten die Hochschulwettkämpfe in der Notre Dame University in South Bend stattfinden. Roger, der bei den acht Mannschaftsmitgliedern, die Olds dorthin mitnehmen wollte, nicht eingeplant war, beschloß, sich nicht länger schonen zu lassen. Seine Zeit als College-Sportler war nun bald zu Ende!

Es gab noch einen anderen Grund, warum Roger gern nach Notre Dame wollte. Alice war Lehrerin in St. Joseph, nur vierzig Meilen von South Bend entfernt. Die Veranstaltung würde ihnen eine der seltenen Gelegenheiten geben, zusammen zu sein. Er konnte am Abend vorher nach St. Joseph fahren, sie am andern Morgen mit nach South Bend nehmen und dann einen Teil des Sonntags mit ihr verbringen.

Vorläufige Pläne für diese Reise hatten sie schon gemacht, als Alice Ende Februar ein Wochenende in Ypsilanti verbrachte. Roger hatte ein Treffen zu viert mit Elizabeth Willmann, einer Krankenschwester von Notre Dame und einem ihrer Freunde, einem jungen Mediziner, arrangiert. Die beiden jungen Männer trafen sich zum erstenmal. Aber wenn Roger früher vor Verlegenheit kein Wort hätte sagen können, so war das heute ganz und gar nicht mehr der Fall.

»Erinnerst du dich, wie du mir den ersten Tanzunterricht gegeben hast?« konnte er sich nicht versagen zu fragen, als er Elizabeth sicher über das Parkett führte.

»Aber ja! Heute dagegen!« In ihrem Blick lag warme Freude und Bewunderung.

Roger fuhr, wie geplant, am 6. März nach St. Joseph. Am nächsten Morgen sah das Wetter nicht gut aus. Es war Schnee angesagt. Aber er beruhigte Alice und ihre Freundin Gladys Greenhoe, die sie nach South Bend begleitete.

»Angsthase!« schalt er seine Verlobte liebevoll. »Es ist keine Schneeflocke in der Luft. Und wenn wir in South Bend in einen Schneesturm geraten, verspreche ich dir, euch über Nacht in einem Hotel unterzubringen.«

Sie waren noch nicht weit gekommen, als der Schneesturm sie erreichte. Erst waren es ein paar vereinzelte Flokken, dann sacht wirbelnde Wehen, die immer dichter wurden und sich schnell zu einem heulenden Blizzard entwickelten.

»Meinst du – meinst du nicht, wir sollten lieber umkehren?« brachte Alice nervös hervor.

»Das würde uns nichts helfen«, erwiderte Roger. »Wir haben schon den halben Weg hinter uns.«

»Aber – es scheint, als ob wir direkt in den Blizzard hineinführen!«

»Mag sein. Aber es ist sicher nur ein Schneeschauer. So kann es nicht lange herunterkommen!«

Er hatte sich geirrt. Der Sturm hielt an, und, von Windstößen gepeitscht, schlug der Schnee gegen die Windschutzscheibe, hüllte die große abgerundete Motorhaube ein und häufte sich in unebenen Wellen längst der schmalen Straße. Die losen Seitenteile des Klappverdecks konnten den Schnee nicht abhalten. Unter Decken neben Roger auf dem Vordersitz zusammengekauert, machten die beiden Mädchen lahme Scherze über die vorteilhafte Wirkung von Eispackungen für die Gesichtshaut und wetteiferten miteinander, wer am lautesten mit den Zähnen klappern konnte. Aber Roger, der Alices schmale Schulter eng an die seine gepreßt spürte, wußte, daß sie nicht nur vor Kälte zitterten. Er nahm einen Augenblick die Hand vom Steuer, um ihre kalten Finger zu drükken. »Hab keine Angst! Ich werde euch schon heil nach Hause bringen.«

Das Fahren erforderte seine äußerste Aufmerksamkeit. Die kurvenreiche Straße war zum Teil vereist und schon dadurch gefährlich, daß sie von Neuschnee bedeckt war. Dazu kam, daß die Flockenwirbel seine Sicht behinderten. Der Wagen kroch dahin – scheinbar stundenlang. Aber in Wirklichkeit waren es wahrscheinlich nur wenige Minuten. Roger meinte, in der Nähe von Niles zu sein, und beschloß, dort Halt zu machen, wenn der Sturm nicht aufhörte. Hin und wieder ließ der Schneefall etwas nach, so daß er manchmal sogar dreißig Meilen fahren konnte. Da geschah es.

Die leichte Kurve der Straße schien völlig eisfrei zu sein. Nichts deutete darauf hin, daß sich unter den Schneewehen eine dünne Eisschicht verbarg. Als der Wagen ins Rutschen kam, glaubte Roger, ihn schnell wieder in seine Gewalt bringen zu können. Aber das Auto wurde nach der Straßenseite hinübergeschleudert und stieß hier an ein Hindernis – war es ein Stein, ein Erdklumpen oder ein Eisbrocken? –, das es seitlich traf. Der Aufschrei der Mädchen mischte sich mit dem Quietschen der Räder. In dem Bruchteil der Sekunde, in der der Wagen noch aufrecht stand, packte Roger fast unbewußt Alice und ihre Freundin und drückte sie unter das Armaturenbrett. Dann wurde er über den Sitz zurückgeschleudert. Der Wagen überschlug sich, und sein leichtes Verdeck wurde zertrümmert. Eine Sekunde lang spürte Roger einen scharfen, schneidenden Schmerz. Dann hüllte ihn barmherzige Ohnmacht ein.

Ein Zeitungsartikel vom gleichen Tag brachte einen knappen Bericht des Unfalls:

»YPSILANTI-SPORTLER LEBENSGEFÄHRLICH VERLETZT! Roger Arnett erlitt doppelten Wirbelsäulenbruch, als sich sein Wagen überschlug.«

Niles, Mich. 7. März
Roger Arnett, der in ganz Amerika bekannte Sportler vom Michigan State Normal College in Ypsilanti, wurde heute morgen hier in der Nähe lebensgefährlich verletzt, als der Wagen, in dem er zu den Hochschulwettkämpfen nach South Bend fahren wollte, sich überschlug und er einen doppelten Wirbelsäulenbruch erlitt. Bei Arnett waren zur Zeit des Unfalls Miß Gladys Greenhoe und Miß Alice Barber, Lehrerinnen der St. Josephsschule. Miß Greenhoe ist ernstlich verletzt, wird sich aber nach Meinung der Ärzte wahrscheinlich wieder erholen. Miß Barber ist, abgesehen von einigen kleineren Quetschungen am Kopf, nicht verletzt.

Arnett hat das Bewußtsein wiedererlangt, aber die Ärzte bezweifeln, daß er wieder gesund wird.

Arnett und seine Begleiterinnen fuhren durch einen heftigen Schneesturm, der wahrscheinlich den Unfall verursacht hat.

3

Kurz nach dem Unfall kam ein Auto vorbei, dessen Insassen halfen, so gut sie konnten. Sie zogen die Opfer aus dem zertrümmerten Wagen und brachten sie in ihren eigenen. Den bewußtlosen Roger setzten sie aufrecht in eine Ecke und fuhren, so schnell es möglich war, zu dem wenige Meilen entfernten Krankenhaus in Niles. Wenn die beiden zertrümmerten Wirbel das Rückenmark nicht schon durchtrennt hatten, geschah das bestimmt während dieser Autofahrt.

Der Arzt, der Roger geröntgt hatte, empfahl, ihn in die Universitätsklinik in Ann Arbor zu bringen. Da die Straßen zu sehr vom Schnee blockiert waren, um ihn einem Ambulanzwagen anzuvertrauen, wurde er noch spät an diesem Abend im Gepäckwagen eines Personenzuges die hundert Meilen nach Ann Arbor gefahren.

Valden Criger, ein Mitglied des Läuferteams, begleitete Roger im Gepäckwagen. Val war ein guter Freund, in dessen Haus in Ypsilanti Roger oft zu Gast gewesen war. Roger hätte sich über Vals Gegenwart gefreut, wenn er etwas davon bemerkt hätte. Aber nur ein einziges Mal wurde er sich, ganz unbestimmt, eines Eindrucks bewußt, einer stoßenden, rüttelnden Bewegung, eines so furchtbaren Schmerzes, daß er sofort wieder das Bewußtsein verlor. Als er das nächste Mal wieder für einen kurzen Augenblick zu sich kam, spürte er, daß er auf etwas sehr Hartem lag, wahrscheinlich auf einem Röntgentisch. Später hörte er eine Stimme aus weiter Ferne:

»Wir werden eine Operation vornehmen, mein Sohn. Wir müssen den Druck auf die Wirbelsäule beheben. Wir können Ihnen keine gewöhnliche Narkose geben, weil Sie dazu zu schwach sind. Wir narkotisieren Sie auf eine neue Art.«

Es war für Tage das letzte Mal, daß er fast bei Bewußtsein war.

»Klemmen ... Skalpell ... Wundhaken ... Naht ...«

Mechanisch gehorchte Len, ein junger Assistenzarzt, den knappen Befehlen. Während er mit ruhiger Hand den Wundhaken hielt, beobachtete er, wie die geschickten Finger des Chirurgen das Netzwerk der Blutgefäße bloßlegten und vorsichtig die verletzte Stelle immer tiefer sondierten. Len spürte die Spannung des Chirurgen, als der kritische Augenblick immer näher kam. Jetzt! Nur ganz flüchtig sah Len den unheilvoll verengten Wirbelsäulenkanal, das Rückenmark, dessen zerrissene Enden deutlich bloßlagen. Dann hob der Chirurg den Kopf und sagte resigniert:

»Es hat keinen Zweck. Der Nervenstrang ist fast vollständig durchschnitten.«

Len spürte, wie sich seine Finger, die den Wundhaken umschlossen, taub und kalt anfühlten. Wie furchtbar mußte es für diesen jungen, kräftigen Menschen sein, wenn er erfuhr, daß mehr als die Hälfte seines Körpers für immer gelähmt war!

Mechanisch tat er seine Pflicht bis zum Ende der Operation, sah, wie die Wunde geschlossen und genäht und der Patient schließlich umgedreht wurde, um auf die Bahre gelegt zu werden.

Er blickte in das nach oben gerichtete Gesicht – und schrie entsetzt auf. Es war Roger Arnett, mit dem und dessen Braut er und Elizabeth Willmann vor ein paar Tagen zusammengewesen waren.

Len erzählte Elisabeth sein Erlebnis so schonend wie möglich. Elizabeth war so erschrocken und erschüttert, daß sie kaum sprechen konnte.

»Ich – ich kann es nicht glauben. Roger – niemals wieder laufen!« Sie schluchzte. »Len, seine Eltern werden das nicht überleben. Sie sind so stolz auf ihn. Und es sind so wundervolle Menschen.«

»Ich habe auf einer Station gearbeitet, wo sechs Querschnittsgelähmte waren, alles junge Leute, die sich bei einem Motorradunfall die Wirbelsäule gebrochen hatten. Man kann nichts, absolut nichts für sie tun.«

Zwei Tage später kam Roger wieder für ein paar Augenblicke zu sich. Er spürte plötzlich einen Druck auf der Brust und nahm wie durch einen Nebel wahr, daß es Alices Kopf war und daß sie weinte. Er wollte den Arm ausstrecken und sie trösten, aber die Anstrengung war zu groß. Er wurde wieder bewußtlos. Etwas später hörte er irgendwo Bewegung, Menschen, Stimmen. Einige klangen vertraut: ah, die Jungens von seiner Mannschaft! Mußte er nicht irgendwohin zu einem Wettlauf? Was tat er dann hier? Lag auf dem Rücken – im Bett? Er mußte doch aufstehen und zu ihnen gehen. Diesmal brachte er es fertig, den Kopf zu heben und sich auf die Ellenbogen zu stützen. Aber kräftige Hände drückten ihn wieder nieder.

»Bitte, Sie müssen still liegen! Versuchen Sie nicht, sich zu bewegen!«

Er starrte in das fremde Gesicht einer Krankenschwester.

»Was – wo –?«

»Sie sind in der Universitätsklinik in Ann Arbor. Sie hatten auf dem Weg nach South Bend einen Unfall. Erinnern Sie sich?«

Erinnern ... Es kam langsam, wie kleine Wellen, die den Sand hinaufkriechen, wieder zurückfluten und jedesmal ein bißchen weiter vordringen ...

Nein, wie Schneeflocken . . . wirbelnd, peitschend, zerschmetternd ... Ja, er erinnerte sich!

Hin und wieder sah er im Halbbewußtsein andere Gesichter. Manche waren ihm fremd, manche vertraut. Das seiner Mutter, Norman Hagens, Elizabeth Willmanns, die Gesichter unzähliger Schwestern, Ärzte. Gewöhnlich waren auch Stimmen zu hören, wenn sie erschienen, und manchmal verstand er sie auch.

»Vater mußte nach Hause, mein Junge. Aber ich bleibe bei dir. Ich habe Vater versprochen, ihn zu benachrichtigen, wenn es schlimmer werden sollte.« »Du wirst schon wieder gesund werden, alter Knabe! Versuch das in deinen dicken Schädel hineinzukriegen.«

Als er wieder voll zum Bewußtsein kam, spürte er rasende Schmerzen im Kopf, in den Armen, in den Schulterblättern. Soviel er sich auch mühte, er konnte sie in keine bequeme Lage bringen. Das Krankenhaushemd kratzte wie Sackleinwand. In seinem wieder zum Leben erwachenden Körper schmerzte jeder Nerv. Das heißt, in einem Teil desselben. Roger hätte nicht genau sagen können, wann er zum erstenmal merkte, daß er zum Teil gelähmt war. Zuerst war es ihm, als hänge ein Gewicht an seinen Beinen, so schwer, daß er sie unmöglich bewegen konnte. Aber als er keine Gewichte sah, kam eine wahnsinnige Angst über ihn.

»Was ist los mit mir?« fragte er Schwestern und Ärzte. »Wie schwer bin ich verletzt?«

Sie lächelten beruhigend, ausweichend. »Nur keine Angst, es geht Ihnen gut.« »Eine Gehirnerschütterung, viele Quetschungen, eine ziemlich schwere Rückenverletzung.« »Seien Sie nur geduldig, es braucht seine Zeit!« »Wir tun, was wir können.«

Norman Hagen gegenüber sprach er zum erstenmal seine Bedenken aus: »Bitte, Norman, sag es mir offen: Wie schwer bin ich verletzt?«

Norman gab keine ausweichende Antwort. Er lächelte auch nicht.

»So schwer, daß du froh sein mußt, überhaupt noch am Leben zu sein.«

»Froh? Ist das wahr?« Roger holte tief Luft und stieß dann hervor: »Ich – ich kann meine Beine nicht bewegen, Norman. Heißt das . . .?«

»Ich weiß es nicht, Rog! Ich weiß es wirklich nicht. Ich glaube nicht einmal, daß die Ärzte es wissen.«

Roger ballte beide Fäuste.

»Wenn ich nicht wieder ich selbst sein kann, Norm, dann – dann möchte ich nicht mehr leben. Dann ist nichts mehr da, für das ich leben könnte.«

Norman sah ihm gerade in die Augen.

»Du wirst wieder du selbst sein«, sagte er ruhig. »Was auch immer kommen mag, du wirst du selbst sein.«

Jeden Tag wurden Tests gemacht. Roger fürchtete sie und wartete andererseits gespannt darauf. Wenn damit begonnen wurde, hatte er immer so große Hoffnung, wenn sie vorüber waren, war er tief enttäuscht.

Jeden Tag kam ein Arzt, von einer Schwester begleitet, die ein Tablett trug. Die Bettdecke wurde zurückgeschlagen. Gehorsam schloß er die Augen. Zuerst kam die »leichte Berührung« mit Watte, um zu prüfen, wie weit die Sensibilitätszone reichte.

»Fühlen Sie das Arnett? . . . Das? . . . Und wie ist es hier?«

»Nein . . . nein . . . nein . . . Bitte, hier noch einmal, es schien mir fast so . . . nein.«

Bei jedem Nein wurden seine Lippen schmaler, sein Atem wurde mühsamer, bis das letzte fast nur noch ein Flüstern war. Dann kam die »starke Berührung« mit einer Nadelspitze oder einem anderen scharfen Instrument.

»Nun sagen Sie mir bitte sofort, wenn Sie etwas spüren.«

»Ja. Jetzt!«

Jedesmal, wenn er den Stich spürte, freute er sich wie über einen großen Sieg. Schnell öffnete er die Augen, um etwas Ermutigendes im Gesicht des Arztes zu sehen. Sicherlich war heute die Reaktion ein wenig tiefer unten gewesen als gestern!

»Schade – noch keine Veränderung! Immer noch in der Gegend der Verletzung. Vielleicht haben wir morgen mehr Glück.«

Sie gingen fort und ließen ihn mutlos und erschöpft zurück. Das Krankenhaushemd klebte wie eine Dampfkompresse auf seiner Brust und seinen Schultern.

Am 19. März, zwölf Tage nach dem Unfall, trat eine Krisis ein. Der Katheter, durch den die Blase entleert werden sollte, war verstopft, und es entstand nicht nur eine Harnstauung, sondern auch die Gefahr einer Harnvergiftung. Am nächsten Tag nahm Dr. Nesbit eine Cystostomy (Anlegung einer Blasenfistel) vor, und sechs Tage später wurde Roger zu seinem größten Erstaunen aus der Universitätsklinik entlassen. Seine Mutter fuhr mit ihm im Krankenwagen nach Owosso, wo er zwei Tage im Memorial Hospital verbrachte. Dort testete man ihn wieder, um sicher zu sein, daß die siebzig Meilen weite Reise seinen Zustand nicht verschlimmert hatte. Dann wurde er auf einer fünfzehn Zentimeter dicken Luftmatratze, die wie ein Gummifloß aussah, aus dem Krankenhaus entlassen.

Roger war hocherfreut. Sicher war es ein gutes Zeichen, daß er nach Hause durfte. In der vertrauten Umgebung, unter der liebevollen Pflege seiner Mutter, würde sich sein kräftiger Körper rasch wieder erholen. Eines Morgens würde er aufwachen und ein Prickeln in seinen Beinen spüren. Und dann würde es auch nicht mehr lange dauern, bis er sie wieder bewegen, bis er wieder laufen konnte! Es war jetzt fast Ende März. Im Mai würde er vielleicht wieder das Gras unter seinen Füßen fühlen können. Er würde barfuß darin herumlaufen, langsam, sich nur freuen, daß er wieder fühlte. Oder wenn nicht im Mai, dann sicherlich im August ...

Seine Eltern schienen seine Freude und seine Hoffnung völlig zu teilen. Wenn sein Vater von der Arbeit zurückkam, begrüßte er ihn mit einem scherzenden: »Hab' dich heute vermißt, Junge. Keiner von diesen neuen Burschen kann so arbeiten wie du. Beeil dich und steh endlich von diesem verflixten Gummifloß auf, du Faulpelz!«

Seine Mutter lächelte und sang bei der Hausarbeit. Er ahnte nicht, was es seine Eltern kostete, sich so optimistisch zu geben. Erst Jahre später erfuhr er, daß er aus dem Krankenhaus entlassen worden war, weil die Ärzte nichts weiter für ihn tun konnten, und daß man seinen Eltern gesagt hatte, er werde bestimmt nicht mehr länger als ein Jahr leben.

Rogers Krankheit war auch nicht das einzige Problem, mit dem sie fertig werden mußten. Plötzlich ging Irving, scheinbar ohne einen ersichtlichen Grund, von zu Hause fort. Er, der immer so stolz auf seines Bruders sportliche Leistungen gewesen war, konnte mit der Enttäuschung über dessen Unfall wohl nicht fertig werden.

»Ihr habt auch ohne mich genug auf dem Hals«, schrieb er später einmal. Der Bruch sollte niemals wieder ganz heilen.

In diesen Jahren der großen Depression verdiente James Arnett, der nur noch halbtags arbeitete, kaum noch genug für das Notwendigste, gar nicht zu reden von teuren Medikamenten, Ärzten und manchen Luxusdingen, die ein hilfloser Invalide brauchte.

Aber um Rogers willen änderten die Eltern freudig ihre ganze Lebensweise. Im Wohnzimmer wurde ein Krankenbett aufgestellt, da sonst nirgends genug Platz war, um ihn richtig besorgen zu können. Seine Eltern schliefen in einem angrenzenden Schlafzimmer. Der Kohleofen ging nachts meist aus, und dann wurde es oft empfindlich kühl, so daß Roger auf seiner Luftmatratze ebensoviel Decken unter wie über sich brauchte, um warm zu bleiben.

Seine Schwester Vivian wohnte mit ihrem Mann zwar oben im Haus, aber da Vivian tagsüber arbeiten ging, mußte Rogers Mutter in der Hauptsache seine Pflege übernehmen. Sie tat es freudig und aufopfernd. Da sie darauf bestand, seine Bettlaken täglich zu wechseln und sie zumindest eine Stunde zu kochen, quoll aus der winzigen Küche fast immer eine Dampfwolke, und ihre rauhgewordenen Hände rieben beinahe ständig Wäsche auf dem alten Waschbrett.

Jeden Morgen wusch sie Roger völlig ab, drehte ihn tagsüber häufig um und stand auch nachts oft auf, um etwas für ihn zu tun. Das tägliche Klistier und die trotzdem immer wieder auftretenden unfreiwilligen Stuhlentleerungen — all das kam noch zu ihrer Arbeit hinzu. Rogers Vater zeigte sich ebenfalls hilfreich und fürsorglich. Aber manchmal kam er auch in seiner Rolle als ängstlicher Hüter seines Sohnes auf die absurdesten Ideen. Er hatte einmal einen Film gesehen, in dem ein Arzt kriminelle Taktiken anwendete, um zu menschlichen »Versuchskaninchen« zu kommen. Aus Angst, daß jemand seinen hilflosen Sohn zu einem solchen Zweck entführen könnte, hatte er immer eine geladene Schrotflinte neben seinem Bett stehen.

Roger fand es nicht nur quälend, sondern fast unerträglich, auf andere angewiesen zu sein. Er konnte sich ohne fremde Hilfe nicht einmal im Bett umdrehen. Kleine Dinge wie das Haareschneiden wurden zu ernstlichen Schwierigkeiten, weil der Friseur, der extra aus der Stadt kommen mußte, auch einen Extrapreis verlangte. Roger wurde mürrisch, bissig, tadelte sogar seine Mutter und war deshalb wütend auf sich.

Rogers Eltern waren nicht die einzigen, die ihm halfen. Die Ärzte hatten empfohlen, die Gelenke seiner Beine jeden Tag zu bewegen und zu massieren. Dan, der jüngere Bruder von Rogers altem Freund Bill Carmichael, hörte das und bot sich an, täglich zu ihm zu kommen und ihm diesen Liebesdienst zu tun. Ihm hatte es Roger mit zu verdanken, daß seine Gelenke geschmeidig blieben.

Aber trotz aller Pflege und Fürsorge gab es immer wieder Komplikationen. Die Katheter verstopften sich, Harnvergiftungen traten ein, und Druckgeschwüre entwickelten sich. Auch Dr. Parker, Rogers Arzt, wußte nicht, wie er sie heilen sollte; denn damals herrschte noch völlige Unkenntnis in bezug auf die Behandlung der Querschnittslähmung. Wenige überlebten solch eine Wirbelsäulenverletzung für längere Zeit. Er schlug Wärme vor, und Rogers Eltern besorgten eine Infrarot-Lampe.

Da sie zu nahe an seine gefühllose Seite gestellt wurde, verursachte sie Verbrennungen. Verschiedene Heilmaßnahmen hatten keinen Erfolg. Nach einem Monat bekam Roger eine schwere Nierenentzündung. Seine Temperatur stieg auf 41 Grad und blieb drei Tage lang so hoch. Alles, was Dr. Parker verordnen konnte, waren Bäder, Aspirin, viel Wasser zum Trinken und Alkoholabwaschungen. Bevor der Anfall endlich abflaute, hatte Roger stark abgenommen. Seine Beine waren spindeldürr geworden. Aber viel schlimmer als die körperlichen Schmerzen waren die seelischen, war die Angst vor der Zukunft. Wenn er aus dem Fenster blickte, konnte er das Haus der Familie Noonan sehen. Eine seiner eindrucksvollsten Kindheitserinnerungen war die an den Jungen dieser Leute, der gelähmt wurde. Die Erschütterung und das Mitleid, das er damals empfunden hatte, verwandelten sich jetzt in Neid.

»Warum bin ich nicht gestorben wie er?« brütete er im stillen.

Trostworte von Freunden, die ihn besuchten, trafen auf taube Ohren. Er hatte sich zwar als Oberschüler der Kirche angeschlossen, aber er war noch unerfahren in Glaubensdingen. Gott? Wenn es wirklich einen Gott gab, dann konnte er so etwas nicht geschehen lassen! Oder er würde jetzt ein Wunder tun, daß sich diese schweren, toten Beine wieder bewegten, daß sie gehen – ja, wieder laufen konnten. Laufen! Schon beim Gedanken daran begann das Blut in seinen Schläfen zu hämmern, begannen seine Pulse zu rasen.

Hoffnung und Verzweiflung lösten einander ab. Vielleicht geschah ein Wunder? Er spürte oft heftige Schmerzen in der Gegend der verletzten Stelle. Dann und wann glaubte er ganz bestimmt, daß das Gefühl an diesen Nervenenden nicht von der Brust, sondern von den Hüften, den Knien, den Beinen, den Füßen kam. Die darauffolgende Enttäuschung erschütterte ihn aufs tiefste. Ein andermal kam ihm der Gedanke, die Lähmung könne psychisch bedingt sein. Dann hob er eins seiner Beine mit beiden Händen so hoch wie möglich, ließ es dann los und versuchte es unter Anspannung aller Kräfte und seines ganzen Willens oben zu halten. Aber immer wieder fiel es schwer herunter.

Seine Eltern blieben immer hoffnungsvoll und suchten nach Zeichen der Besserung in seinem Zustand. Vor allem sein Vater. Als eines Abends Tanzmusik im Radio gespielt wurde, beobachtete Vater Rogers Fuß, der unter der Decke hervorschaute.

»Sie hat sich bewegt!« rief er jubelnd. »Ich schwöre, eine deiner Zehen hat sich im Takt der Musik bewegt.«

Nichts konnte ihn überzeugen, daß er sich geirrt hatte oder daß es ein spastischer Reflex gewesen sein konnte, was bei Paralyse nicht ungewöhnlich ist. Er glaubte ganz fest, daß die Lähmung vorübergehen würde.

Die Treue und Hilfsbereitschaft seiner Kommilitonen und seines Teams trugen viel dazu bei, Roger diese ersten Monate erträglich zu machen. Studenten, Trainer, Sportfreunde, ja sogar Gegner von anderen Colleges besuchten ihn oder schrieben ihm Briefe. Im Mai erkannte ihm der Direktor des Leichtathletikverbandes vom Michigan State College, Ralph Young, in Anerkennung seiner großartigen akademischen und sportlichen Leistungen eine Goldmedaille zu.

Bald nach seinem Unfall veranstaltete eine Männergruppe in Ypsilanti einen »Sportabend« zu seinen Gunsten, an dem Basketball-Spiele, Holzschuhtänze, eine Gymnastikschau und ein paar Boxkämpfe stattfanden. Mehr als tausend Zuschauer drängten sich in der Turnhalle, und es wurden etwa sechshundert Dollar eingenommen. Dieser Ertrag der Veranstaltung war jedoch mehr ein moralischer als ein finanzieller Gewinn für Roger. Das Geld, das auf einem Bankkonto in Ypsilanti hinterlegt wurde für den Fall, daß er es einmal noch nötiger brauchte, fiel den zahlreichen Konkursen zum Opfer, die zwei Jahre später das Land überschwemmten.

Die College-Jahreszeitung *The Aurora* hatte ihm einen seitenlangen Artikel gewidmet, in dem die Geschichte seines Unfalls und seiner sportlichen Triumphe berichtet wurde.

»Keiner weiß, was Roger Arnett noch erreicht hätte . . .«, hieß es am Schluß. »Zumindest könnte man sagen, daß er 1932 ein Kandidat für die Olympiamannschaft der USA gewesen wäre . . .«

Von allen Ehrungen, die ihm zuteil wurden, war wohl die denkwürdigste ein Brief, den er Mitte Mai erhielt.

Lieber Roger!

Lange habe ich mir überlegt, womit ich Dir eine Freude machen könnte, und schließlich ist mir etwas eingefallen, was Du hoffentlich von mir annimmst. Ich erhielt es, als ich Dich das erste Mal sah, und ich glaube, es ist richtig, wenn ich Dir dieses Andenken schicke. Du hast mich damals in East Lansing aufs äußerste herausgefordert, und ohne Dich wäre ich heute nicht da, wo ich bin. Außerdem glaube ich, daß Du ein sehr, sehr feiner Kerl bist; und wenn Du dieses Andenken nicht annehmen würdest, wäre ich sehr traurig. Ich bin nicht reich. Deshalb wollte ich Dir eins meiner wertvollsten Besitztümer schicken. Als ich zum Staffellauf in Illinois war, beschloß ich, Chamberlain für Dich zu schlagen. Zwei Wochen vor der Veranstaltung habe ich den Slogan »Einer für Arnett« an der Tür meines Zimmers angebracht, und da hängt er heute noch. Ich möchte dich bitten, bei all meinen künftigen Wettläufen mein bester Freund zu sein, so daß ich nicht nur für mich, sondern auch für Dich laufe.

Vielleicht klingt das, was ich Dir heute schreibe, unreif und ungeschickt. Aber ich habe ja schließlich nie viel mit Dir gesprochen. Das brauche ich auch nicht immer, um mir ein Bild von einem Menschen zu machen . . .

Ich bin nur ein ehrlicher junger Kerl, der seine Freundschaften und Hobbys ernst nimmt. Und als ein solcher reiche ich Dir die Hand und sende zugleich meine herzlichsten Grüße an einen »ganzen Kerl«. Alles Gute!

Dein Dir nur wenig bekannter Freund
Ray Swartz

In diesem Brief seines stärksten Rivalen im Western State

Normal College lag die Goldmedaille, die Roger vor etwas mehr als einem Jahr beim Lauf in East Lansing nicht hatte gewinnen können.

Wenn Freunde wie Ray das Leben erträglich machten, so machten Alices Besuche es wieder lebenswert.

Alice kam etwa alle drei Wochen mit dem Bus aus dem zweihundert Meilen entfernten St. Joseph und verbrachte ihr Wochenende in Owosso. Sie war immer hoffnungsvoll und fröhlich und glaubte fest, daß er mit der Zeit schon wieder werde laufen können. Sie durften nur nicht die Geduld verlieren. Wenn er diesen Herbst noch nicht ins College zurückkonnte, dann sicherlich im nächsten.

Roger und seine Mutter waren sich darin einig, daß sie ihr die unangenehmeren Einzelheiten seiner Krankheit ersparen wollten. Er erzählte ihr nur, was er an ermutigenden Dingen erlebte: daß Professor Norris die Prüfungsarbeiten, die er zum Abschluß des Wintersemesters geschrieben hatte, mit einer Eins zensiert hatte; daß er Fernunterrichts-Kurse nehmen wollte; daß er schon recht gut Schreibmaschine schreiben könnte – auf einer altmodischen Underwood von Vivian, die er sich auf einem Brett, unter das ein Kissen gelegt wurde, auf die Brust setzen ließ.

Alices Besuche waren für Roger wie Sonnenstrahlen in dunkler Einöde. Wenn die junge Lehrerin dann wieder nach St. Joseph zurückgefahren war, freute er sich über ihre Briefe. Darin erwähnte sie selten seine Lähmung. Es war fast, als ob sie dadurch, daß sie die Wirklichkeit nicht in Worte kleidete, ihre Existenz glaubte leugnen zu können. Sie schrieb von ihren Schülern, von Gladys Greenhoe, die wieder völlig hergestellt war, von ihren Plänen für den Sommer, von Dingen, die sie in irgendeiner fernen Zukunft zusammen tun würden. Sie besuchte ihn im Juni, nachdem die Schule geschlossen war, und fuhr dann heim nach Tecumseh, das nur knapp hundert Meilen von Owosso entfernt war.

Roger freute sich schon, daß sie nun öfter zu ihm kommen und ihm in ihren Ferien auch häufiger schreiben würde. Er wartete ungeduldig auf den ersten Brief. Eine Woche verging ... zwei ... Der Brief kam. Diesmal schrieb sie nicht an der Wirklichkeit vorbei. Sie bat Roger, zu verstehen, daß unter den jetzigen Umständen nicht an Heiraten zu denken sei. Wenn er wieder gesund werde, wolle sie auf ihn warten. Aber im Augenblick ...

Es ist ein Segen, daß man meist nach einem größeren Schock zunächst wie betäubt ist und kaum etwas von dem Schmerz spürt, wohl aber oft sehr klar und scharf denkt. Ja, Roger verstand: Sie wollte, daß es aus war. Und natürlich konnte er ihr das nicht übelnehmen. Wahrscheinlich hätte er die Verbindung schon von sich aus lösen müssen. Aber er hatte so fest geglaubt, daß er wieder gesund würde, und sie schien seine Hoffnung immer zu teilen ... Nun, so sei es!

Jetzt nur nicht viel grübeln! Er schrieb ihr einen Brief. »Okay! Laß uns also den Schlußstrich ziehen! Es ist besser so. Ich will Dich nicht binden. Es kann noch lange dauern, bis ich gesund werde. Es ist besser, wir machen jetzt gleich Schluß und denken gar nicht erst noch an die Zukunft.«

Als dann die Betäubung allmählich wich und der Schmerz in ihm zu bohren begann, bat er seine Mutter, ihm seine Aktenmappe, Schachteln und Schreibtischschubladen zu bringen. Er wühlte darin, bis er alle Geschenke von Alice gefunden hatte: Bücher, Schlipse, Federhalter und auch den seidenen Schal vom letzten Weihnachtsfest. Er packte alles zusammen und ließ seine Mutter das Paket schnell zur Post bringen, ehe er es vielleicht bereute, daß er dem Trieb gefolgt war, sie zu verletzen, wie sie ihn verletzt hatte.

Und dann kam ihm auf einmal ganz klar zum Bewußtsein, was geschehen war. Er ließ die Vorhänge in seinem Zimmer zuziehen. Er wollte keinen Besuch haben und weigerte sich zu essen. Da er sich in die Dunkelheit verkroch, sank er immer tiefer in Dunkelheit hinein. Ihm war gewiß das größte Mißgeschick widerfahren, das einem Menschen widerfahren konnte! Nicht einmal der Tod wäre schlimmer gewesen. Der Tod nahm einen wenigstens ganz und ließ einen nicht als halben Menschen zurück. Warum hatte ihn Gott am Leben gelassen? Aber dem war ja abzuhelfen. Sein Leben lag in seinen eigenen Händen. Er brauchte nur sein Rasiermesser zu nehmen, das er nicht mehr angerührt hatte, seit der Brief kam. Es würde ganz leicht sein: einfach ein Schnitt in die Beinarterie, den er nicht einmal spüren würde! Was hatte er getan, um dieses größte Mißgeschick zu verdienen, das jemandem widerfahren konnte? Und warum hatte ihm Gott das Leben gelassen? ... Das Rad der Selbstquälerei drehte sich ständig im Kreise. Aber nachdem er drei Tage in dieser Schattenwelt gelebt hatte, ließ er die Vorhänge aufziehen und empfing wieder Besuche. Nicht, daß er eine geistige Wiedergeburt erlebt hätte! Er war nur zu der Überzeugung gekommen, daß ein solches Schwelgen in Selbstmitleid weder ihm noch jemand anderem auch nur das geringste nützte. Es brachte nur den beiden Menschen, die alles für sein Wohl opferten, großes Herzeleid.

Am 4. Juli sagte ihm Dr. Parker, daß er nun aufstehen und in einem Rollstuhl sitzen könne. Rogers Eltern kauften einen großen, vierrädrigen Holzstuhl mit Rohrsitz und -rücken, der sich verstellen ließ, so daß er sich hinlegen konnte, wenn er müde war.

Aufs neue wurde die Hoffnung wach.

»Wenn du erst in die Sonne hinauskannst«, hatten ihm Freunde gesagt, »dann wirst du bald gesund werden.«

Aber sofort stellten sich auch neue Schwierigkeiten ein. Als er zum erstenmal aufrecht saß, strömte das Blut in seine Beine, so daß er fast ohnmächtig wurde. Er konnte nur eine Minute sitzen bleiben. Und als er dann täglich etwas länger im Rollstuhl saß, bekam er Druckgeschwüre von dem harten Rohrsitz. Sie versuchten, den Stuhl mit einer zusammengefalteten Decke und einem Kissen zu polstern. Aber das genügte nicht. Erst als er auf zwei schwach aufgeblasenen Gummiringen saß, unter die ein Kissen gelegt wurde, blieb er einigermaßen von Druckgeschwüren verschont.

Rogers Vater war stark genug, Roger vom Bett auf den Stuhl zu tragen. Damit sich Roger dann selbst ins Freie fahren konnte, baute Vater an der vorderen Tür eine Rampe. Nach Rogers Entwürfen zimmerte er ein Pult, das auf die Armlehne des Rollstuhls aufgesetzt werden und als Tisch dienen konnte.

Als Roger erst einmal im Rollstuhl saß, war er auch entschlossen, ein möglichst normales Leben zu führen. Seine Eltern unterstützten ihn eifrig dabei. Mit seines Vaters Hilfe fuhr er zur Kirche, zum Baseballspiel und zum Kino, das eine Meile entfernt am anderen Ende der Stadt lag. Natürlich passierte ihm dabei auch manches Mißgeschick. Als er das erste Mal zu einem Baseballspiel fuhr und mit vielen, ihn herzlich willkommen heißenden Freunden sprach, geriet er in peinlichste Verlegenheit, weil sich sein Darm plötzlich entleerte, und mußte eiligst den Rückzug antreten. Aber mit eiserner Entschlossenheit fuhr er beim nächsten Baseballspiel wieder zum Sportplatz.

Auch seinen Wunsch, Auto zu fahren, erfüllte ihm der Vater gern. Da sich der Rollstuhl nicht zusammenklappen ließ, kaufte Mr. Arnett einen Gepäckträger, den er hinten am Wagen anbrachte. Er trug erst Roger auf den Vordersitz, verstaute den Rollstuhl auf dem Gepäckträger, und los ging die Fahrt!

Eines ihrer ersten Reiseziele war die Universitätsklinik. Die Ärzte schienen erstaunt zu sein, daß er überhaupt noch lebte. Sie untersuchten ihn, um festzustellen, ob die Sensibilitätszone tiefer gerückt sei. Aber das war nicht der Fall. Sie empfahlen ihm, weitere Übungen zu machen, damit seine Gelenke nicht steif würden, und nachts unten am Bett ein Brett anzubringen, um Spitzfußbildung zu verhindern. Im übrigen wußten sie nicht, wie sie ihm noch helfen konnten.

Es gab aber auch Menschen, die glaubten, ihm helfen zu können.

Eines Tages besuchte ihn Boyd, ein Sport- und Studienfreund.

»Du müßtest einmal meinen Vater aufsuchen«, sagte er eindringlich. »Er hat ein paar wunderbare Heilungen vollbracht, sogar an Menschen mit gebrochenen Beinen.«

»Was für ein Arzt ist er denn?« fragte Roger.

»Er ist nicht direkt Arzt! Er – ich glaube, er ist ein sogenannter Gesundbeter. Aber ich könnte dir viele Leute nennen, denen er geholfen hat.«

Roger horchte auf. War das vielleicht die Antwort auf seine Frage, warum Gott es zugelassen hatte, daß ihm das zustieß? Vielleicht sollte ein Wunder geschehen? Wenn er dann wirklich geheilt war, konnte er vielleicht gleich wieder laufen, vielleicht sogar noch an den Olympischen Spielen teilnehmen. Und was für eine Reklame würde das für den Glauben sein! Er sagte es seinem Vater.

»Okay! Es klingt zwar ein bißchen überspannt, aber – ich würde alles versuchen.«

Rogers Vater fuhr ihn am nächsten Montag nach Ithaca. Mr. Boyd war ein bescheidener, freundlicher Mann, der sich seine Erfolge nicht als eigenes Verdienst anrechnete. Er sagte, Gott habe ihm die Fähigkeit gegeben, dadurch, daß er dem Patienten die Hand auflegte, festzustellen, was mit ihm los sei.

»Aber du mußt glauben, mein Sohn! Du mußt glauben, daß Gott dich heilen kann.«

Er legte Roger die Hände auf und betete.

Roger versuchte das Seine dabei zu tun. Er schloß die Augen und redete sich immer und immer wieder vor: »Ich kann laufen, ich kann laufen.« Er bot seine ganze Kraft auf, um seine Beine zu heben, aber nichts geschah.

»Vielleicht haben wir nächstes Mal mehr Glück«, ermutigte ihn der Vater.

Er brachte Roger viermal hintereinander montags nach Ithaca. Dann hatte er es satt.

»Es sieht mir nicht so aus, als ob es auch nur ein kleines bißchen helfen würde!«

James Arnett scheute weder Zeit noch Mühe, seinen Sohn auf viel weitere Expeditionen mitzunehmen. Als der Sommer kam, setzte er Roger vorn ins Auto, band den Rollstuhl fest, stopfte Gummimatratze, Zelt und Federbetten auf den Rücksitz und fuhr mit ihm zum Camping in den Norden. Roger war überglücklich. Er tat »etwas von dem, was er früher immer getan hatte«. Gewiß, er konnte nicht in ein Boot steigen, aber sie fanden eine Stelle, wo er in seinem Rollstuhl am Ufer sitzen und fischen konnte.

Im Herbst besuchte er auch einige Leichtathletik-Veranstaltungen und sah ohne ein Gefühl der Bitterkeit zu, wie seine alten Teamgefährten liefen. Um diese Ausflüge machen zu können, mußte sein Vater gewöhnlich einen freien Tag nehmen und wenigstens 150 Meilen fahren. Aber er tat es ohne ein Wort der Klage.

Die *College News* berichteten: »Daß Roger Arnett sich die Wirbelsäule gebrochen hat, hat sein Interesse für den Geländelauf nicht erlöschen lassen. Arnett, der wohl selbst der beste Langstreckenläufer war, den Normal je hervorgebracht hat, besuchte, in einem Auto am Außenfeld sitzend, einige Veranstaltungen. So war er auch am vergangenen Samstag beim USA-Geländelauf der A.A.U. anwesend und beglückwünschte als einer der ersten den Sieger, Clark Chamberlain von Michigan State. Vergangenes Jahr nahm Arnett an demselben Wettlauf teil und placierte sich unter den Ersten.«

Er war ohne Bitterkeit, ja, aber nicht ganz ohne Neid. Dies war der größte Wettlauf des Jahres. Es wäre seine »Chance« gewesen, und er glaubte – wußte –, er hätte Chamberlain geschlagen. Er mußte alle Kraft zusammennehmen, um lächeln und seinem früheren Rivalen die Hand schütteln zu können.

Im Dezember erkrankte Roger an Druckgeschwüren und an Blasen- und Nierenentzündung. Alle Maßnahmen, die Dr. Parker versuchte, schlugen nicht an, so daß er ihn schließlich wieder nach Ann Arbor überwies. Drei Tage vor Weihnachten wurde Roger in die Universitätsklinik eingeliefert.

4

Damit begann ein neuer Abschnitt in Rogers Leben. Sobald die Infektion durch Anwendung stärkerer Spüllösungen abgeklungen war, kam er in die orthopädische Abteilung, einen Saal mit etwa zwanzig Patienten. Damit die Druckgeschwüre besser abheilen konnten, wurde er auf ein Strycker-Gestell gelegt. Das aus zwei Teilen bestehende Gerät machte es dem Patienten möglich, manchmal auf dem Rücken, manchmal mit dem Gesicht nach unten zu liegen. Hin und wieder kamen Pfleger und drehten ihn um. Wenn er mit dem Gesicht nach unten auf dem einen Rahmen lag, legten sie den anderen auf ihn, schnallten die beiden zusammen und drehten ihn um. Die Rahmen, einfache Gestelle aus Stäben, mit Watte und Baumwollstoff gepolstert, waren viel besser als ein Bett. Wenn Roger mit dem Gesicht nach unten lag, konnte er lesen und schreiben und basteln. Ein Therapeut lehrte ihn Brieftaschen aus Leder herstellen, schnitzen und Untersetzer flechten.

Rogers Hoffnung, wieder ganz gesund zu werden, flackerte aufs neue auf, als die Ärzte wieder seine Tabellen prüften, ihm viele Fragen stellten und unzählige Male durch Nadelstiche testeten, wie weit seine Sensibilität reichte. Wenn sie keine Hoffnung mehr hatten, würden sie sich dann so viel Mühe geben?

Als daher eines Tages Trainer Olds und Dean Brown kamen, um ihn im Namen des College zu besuchen, begrüßte er sie fröhlich und sagte:

»Es geht mir gut! Seit längerer Zeit hat sich jetzt eine meiner Zehen immer einmal bewegt. Ich bin vielleicht eher wieder auf dem Damm, als manche Leute denken.«

Die beiden Männer drehten den Kopf zur Seite und gingen

sehr bald wieder fort. Erst viel später verstand Roger, daß sie zu bewegt gewesen waren, um ihm ins Gesicht zu sehen.

Unter den Patienten der orthopädischen Abteilung war ein junger Lehrer, Orville Mitchell. Etwa zwei Monate nach Rogers Unfall war er nach einer Party, vom Alkohol berauscht, auf den Kopf gefallen und sofort bewußlos geworden. Seine Freunde hatten ihn in ein Auto gesetzt und auf schnellstem Wege in ein Krankenhaus gebracht. Jetzt war er vom Hals abwärts gelähmt und konnte ohne Hilfe nichts mehr tun als sprechen.

Roger und Orville Mitchell schlossen sofort Freundschaft miteinander. Beide hatten das gleiche College besucht und das gleiche Fach studiert, und beide hofften, wieder völlig gesund zu werden. Sie machten auch beide gern Spaß und hielten die ganze Station in Atem. Mitch, indem er bis tief in die Nacht Geschichten erzählte, und Roger, indem er mit ein paar anderen Patienten zusammen Papierbälle formte, die sie mit Heftpflaster umwickelten und von Bett zu Bett warfen. Patienten, die aufstehen konnten, hoben die danebengeschossenen Bälle wieder auf.

Schon bald nach seiner Einlieferung ins Krankenhaus hatte man bei Roger mit Physiotherapie begonnen und ihm Bein- und Rückenschienen angepaßt. Weder Dr. Beslock noch Mr. Terry waren gelernte Physiotherapeuten, aber beide waren erfinderisch und hatten ein warmes Interesse für ihre Patienten. Fünfmal in der Woche nahmen sie Roger und Mitch mit hinunter in die physiotherapeutische Abteilung, einen kleinen Raum mit einer riesigen Badewanne, in der sie die beiden eine viertel bis eine halbe Stunde lang in einer Salzlösung baden ließen. Diese Bäder waren die erste Stufe in einem Rehabilitationsprogramm, das in den nächsten zehn Jahren das Universitätskrankenhaus zu einem der ersten und besten Institute für Querschnittsgelähmte machen sollte.

Dann begann Roger mit Laufübungen. Das war ein trauriges Experiment, das er nur ungern machte. Langsam, zähneknirschend, schweißtropfend schleppte er sich mit Hilfe von Krücken Zentimeter um Zentimeter voran. Jeder Zentimeter schien ihn ebensoviel Willenskraft zu kosten wie damals eine Runde in der Turnhalle.

»Fein, fein!« ermutigte ihn Terry immer wieder. »Jetzt noch ein kleines Stück weiter! Nur mit den Schultern arbeiten, hören Sie? Bravo! Ich habe Ihre Geschwindigkeit gestoppt: Diesmal sind Sie 1,80 m gelaufen, und das in nur vier Minuten.« Roger lächelte gezwungen. 1,80 m in vier Minuten! Das war die Zeit, die er gebraucht hatte, um eine Meile zu laufen! Nach fünf Monaten konnte er vielleicht einen halben Häuserblock weit laufen – nein, nicht laufen! – *kriechen*, an Krükken!

Da das Krankenhaus alles in seinen Kräften Stehende getan hatte, schickte es ihn nach Hause.

»Vergessen Sie nicht, weiter laufen zu üben!« riet Terry ihm eindringlich. »Und stehen Sie jeden Tag auf! Sie haben wirklich wunderbare Fortschritte gemacht. Ich bin stolz auf Sie.«

Roger war Mr. Terry sehr dankbar, aber weniger für seinen Unterricht im Laufen als im Holzschnitzen und Schachspielen. Vielleicht war es Eigensinn – aber er sah nicht ein, daß er kriechen sollte, wenn er soviel schneller und leichter im Rollstuhl vorwärtskam.

Seine Eltern hießen ihn freudig willkommen. Das Strycker-Gestell wurde auf sein Bett im Wohnzimmer gelegt. Nachts schlief er auf dem Rücken, und am Tag lag er, wenn er nicht im Rollstuhl saß, mit dem Gesicht nach unten. Immer noch beherrschte, ja verfolgte ihn der Gedanke, er bilde sich nur ein, daß er nicht laufen könne. Immer wieder träumte er, er liefe ein Wettrennen, und wachte dann schweißgebadet und in furchtbarer Spannung auf, überzeugt, daß er seine Beine in Bewegung bringen könnte, wenn er es nur energisch genug wollte. Eines Nachts, als er aus solch einem Traum erwachte, lag er auf der Erde.

»Was ist denn los? Was ist passiert, Junge?« riefen seine Eltern erschrocken.

»Ich – ich weiß es nicht.« Verwirrt starrte Roger sie an. »Ich glaube, ich – ich bin im Schlaf gelaufen.«

»Gelaufen?«

»Nein, natürlich nicht! Ich bin nur irgendwie heruntergefallen.«

Sein Vater hob ihn auf und legte ihn wieder ins Bett.

»Aber – du mußt doch deine Beine bewegt haben, Junge!« meinte er immer noch hoffnungsvoll.

Roger schüttelte den Kopf. »Nein, ich habe nur starke Arme wie du.« Er wußte, was geschehen war. Wie er schon oft als Kind und als junger Mann im Schlaf gewandelt war, so hatte er es auch jetzt versucht. Und wenn jemand ohne psychische Hemmung laufen konnte, dann bestimmt im Schlaf! Damit war die Hoffnung, daß alles nur in seiner Einbildung bestehen könnte, wieder dahin.

Rogers Vater hatte in diesem Sommer keine Arbeit, und da sie beim Campen ebenso billig leben konnten wie zu Hause, packten sie alles Nötige zusammen und fuhren zum Lake Leelanau, einem schönen, klaren See in der nordwestlichen Ecke der Halbinsel.

»Ich möchte zu gern schwimmen«, sagte Roger eines Tages. Seine Eltern, die ihn selbst immer zu neuen Wagnissen ermutigten, halfen ihm eines Nachmittags, als der See völlig ruhig war, seinen Badeanzug anzuziehen, und Vater trug ihn ins Wasser. Roger paddelte vorsichtig umher, bis er sicher war, daß seine Beine auf dem Boden des Sees keinen Schaden leiden konnten, und entdeckte bald, daß das Brustschwimmen für jemand, der die Beine nicht bewegen konnte, unpraktisch war, daß er aber gut auf dem Rücken schwimmen konnte. Das war ein herrliches Gefühl! Roger war so begeistert, daß er fast die Welt um sich herum vergaß und so weit hinausschwamm, daß sein Vater ihn mahnen mußte, umzukehren.

Allmählich erweiterte sich seine Welt. Man bat ihn, wieder

das Orchester in der Methodistenkirche zu leiten. Dabei war der Rollstuhl kein Hindernis, und er hatte das schon immer sehr gern getan. Manchmal konnte er fast vergessen, daß nicht alles so war wie früher. Aber meist fiel dann doch ein Wort, oder er sah eine Geste – wie eines Abends im Dezember ...

Ein junges Mädchen, mit dem er in der Oberschule hin und wieder verabredet gewesen war, besuchte ihn und fragte ihn, ob er nicht gern einmal Auto fahren würde. Es war bitterkalt an dem Abend, aber seine Mutter packte ihn gut ein, sein Vater trug ihn hinaus in den Wagen, und sie fuhren los. Es war eine schöne Fahrt, auf der sie viele Erinnerungen an ihre Oberschulzeit austauschten und sich neckten, wie sie das früher immer getan hatten. Roger war beglückt. Zumindest fand ihn ein junges Mädchen attraktiv genug, um seine Gesellschaft zu suchen. Er bedauerte es, als die Fahrt vorüber war und sie darauf warteten, daß sein Vater ihn wieder ins Haus holte. Obwohl sie nicht besonders verliebt ineinander gewesen waren, hatte Roger doch oft nach seinem Zusammensein mit ihr als Geste der Freundschaft und Dankbarkeit den Arm um sie gelegt. Er wollte das jetzt auch tun, aber sie wich instinktiv zurück.

Er sagte nichts und tat, als habe er es nicht bemerkt. Aber er fror plötzlich bis ins Mark. Sie hatte ihn also aus Mitleid ausgefahren, nicht, weil sie seine Gesellschaft suchte! Im Laufe des Winters und des Frühlings verstärkte sich in ihm das Gefühl, daß alles sinn- und nutzlos sei. Er kam sich vor wie ein Läufer, der an der Startlinie hockte und auf einen Schuß wartete, der niemals losging.

Eines Tages saß er im Garten und sah zu, wie seine Mutter Wäsche aufhängte. Irgendwie brachte sie es fertig, aus den einfachsten, gewöhnlichsten Dingen etwas Schönes zu zaubern. Er mußte an die Vögel denken, die sie aus Samenhülsen, Federn und Kiefernzapfen zu machen pflegte; an das Weihnachtsfest, dem sie etwas Geheimnisvolles gab, indem sie einem nur eine Apfelsine in den Strumpf steckte; an die Art, wie sie sich bückte, um ein Bettuch aus dem Gewirr feuchter Wäsche herauszuziehen, es mit ein paar kräftigen Bewegungen glatt zu schütteln und dann rein und weiß gegen den klarblauen Himmel flattern zu lassen.

Es paßte zu ihr, daß sie Winden am Fuße eines alten Wäschepfahls pflanzte, und die Blumen ihrerseits taten ihr Bestes und blühten so schön wie möglich für sie. Sie waren an dem rauhen alten Pfahl emporgeklettert, an seinen verwitterten Querbalken entlanggekrochen und verwandelten das Ganze in ein Kreuz von lebendigem, himmlischen Blau.

Aber da stand noch ein anderer Pfahl, häßlich, nackt und dürr, nichts als zwei Stücke totes Holz – wie ein paar nutzlose Beine. Den starrte Roger jetzt an.

Und plötzlich wußte er es. Vielleicht hatte er es schon lange gewußt, der Tatsache aber nicht ins Gesicht sehen wollen. Jetzt konnte er ihr nicht mehr ausweichen:

Das ist es! Ich werde nie wieder laufen können. Nie wieder!

Er hatte die Wahl, welcher der beiden Pfähle er sein wollte: ob er nur totes Holz bleiben oder etwas pflanzen wollte, was wenigstens den Anschein von Leben gab. Aber was? Nicht Winden! Sie waren schön, aber man konnte wohl kaum seinen Lebensunterhalt damit verdienen. Vielleicht Stangenbohnen?

In Owosso wohnte ein Mr. Whitehead, der mehrere Drugstores besaß und dafür bekannt war, daß er verkrüppelten Kindern geholfen hatte. Roger kannte ihn schon lange. Seine Eltern hatten immer ihre Arzneimittel in seinem Laden gekauft. Er ließ sich eines Abends von seinem Vater zu Mr. Whitehead hinfahren und bat ihn um seinen Rat.

»Ich möchte gerne etwas tun, etwas, womit ich mir meinen Lebensunterhalt verdienen könnte.«

Mr. Whitehead nickte zustimmend.

»Wie wäre es mit Schreiben?« meinte er. Bei Ihrer Ausbildung dürfte Ihnen das doch nicht schwerfallen.«

»Nein, o nein!« rief Roger abwehrend. Er erinnerte sich, wie ungern er immer englische Aufsätze geschrieben hatte. »Nur das nicht!«

»Hm, mir scheint, Sie sollten erst einmal zurück ins College gehen und Ihr Examen machen«, sagte Mr. Whitehead nach längerem Nachdenken.

»Zurück zum College?« keuchte Roger. »Aber — aber haben Sie denn vergessen, daß ich gelähmt bin?«

Der Geschäftsmann sah ihn prüfend an.

»Sie meinen also, Sie könnten es nicht schaffen?« fragte er frei heraus.

»Ich — ich weiß nicht. Ich habe nie darüber nachgedacht. Außerdem geht das nicht. Ich habe kein Geld.«

»Ich denke, das könnte beschafft werden«, sagte Mr. Whitehead.

Sie unterhielten sich eine Stunde lang. Immer noch voller Fragen, kam Roger nach Hause. Wie konnte er ohne die Eltern oder einen Pfleger auskommen? Wer würde ihn täglich waschen, seinen ganzen Körper nachsehen, um die geringste Rötung und Abschürfung rechtzeitig zu entdecken? Wer würde ihn im Bett umdrehen und ihn pflegen, wenn er Fieber hatte?

Aber die freudige Erregung zerstreute alle Bedenken. Ins College zurückgehen, sein Examen machen, vielleicht sogar Lehrer werden! Hier war eine Gelegenheit, Samen zu pflanzen, um das tote Holz zu bedecken, und — wer weiß? — vielleicht waren unter den Stangenbohnen sogar einige Winden?

Die Schwierigkeiten wurden eine nach der anderen überwunden. Zuerst die der Finanzierung. Das Amt für berufliche Rehabilitation half zwar Körperbehinderten, sich weiter auszubilden, aber nur geeigneten Bewerbern, keinen Querschnittsgelähmten! Es wollte jedoch seine Studiengebühren und die Kosten für die Bücher übernehmen. Das waren die geringeren Ausgaben. Wer sollte aber seine Verpflegung, Wohnung und Heilmittel bezahlen? Mr. Whitehead besprach die

Sache mit seinem Rotarier-Klub, der sich bereit erklärte, Roger für die Dauer seines Studiums monatlich fünfzig Dollar zu schicken. Auch die Collegeverwaltung wollte ihm so gut wie möglich helfen. Ihre Besorgnis und ihr inneres Widerstreben unterdrückend, fuhren Rogers Eltern ihren Sohn nach Ypsilanti, ehe das Semester begann.

»Wir werden niemals das Passende finden«, meinte seine Mutter fast hoffnungslos. »Eine Wohnung im Erdgeschoß und mit genügend breiten Türen, volle Pension – und eine Frau, der es nichts ausmacht, ein wenig nach dir zu sehen.«

Aber sie fanden es. Einen Häuserblock vom College entfernt war eine Pension für Männer, die von einer Mrs. Tabor geleitet wurde. Sie hatte ein Zimmer im Erdgeschoß, das sie selbst bewohnte. Das wollte sie ihm gern überlassen. Roger konnte mit ihrer Familie zusammen essen, und sie war auch gern bereit, ein wenig Mutterstelle an ihm zu vertreten.

Zur Hintertür der Erdgeschoßwohnung wurde eine Rampe gebaut, die aber zu steil war, als daß er allein hinauf- und hinunterfahren konnte. Nachdem er einmal dabei verunglückt war, wartete er immer, bis ihm jemand zu Hilfe kam. Da im Hauptgebäude des College drei Stufen waren, ließ die Verwaltung an einem Ende des großen Flurs eine Rampe bauen. Und das Problem, wie er zu einem seiner Klassenräume im zweiten Stock gelangen sollte, wurde dadurch gelöst, daß ihn der Hausmeister mit dem Lastenaufzug hinauffuhr.

Rogers Bett mit dem unteren Teil des Strycker-Gestells brachten sie von zu Hause mit. Da er ja tagsüber im Rollstuhl saß, würde er das andere Teil nicht brauchen. Eine Stange wurde über seinem Bett befestigt, so daß er selbst hinein und heraus konnte. Wenn er sich abends alles genau überlegte und zurechtstellte, konnte er morgens ohne Hilfe alles Notwendige tun: sich ein Klistier geben, die Blase spülen, ja sich sogar allein anziehen.

Natürlich gab es auch Schwierigkeiten. Die Tür ins angrenzende Bad war zu klein für die großen Vorderräder seines ungefügen Rollstuhls. Er mußte rückwärts so weit wie möglich hineinfahren, dann um die Rollstuhllehne herumgreifen, um das Waschbecken zu erreichen. Eines Nachts, als er gegen zwei Uhr einmal ins Badezimmer gefahren war und nach hinten griff, um sich die Hände zu waschen, kippte der Rollstuhl um, und er lag, die Füße in der Luft und Kopf und Schultern auf dem Boden. Was tun? Nach dem ersten Schrekken fand er die Sache fast spaßig und fing an zu lachen. Eine verrückte Situation! Aber so etwas würde ihm sicher noch öfter passieren, und er mußte es lernen, ohne fremde Hilfe wieder zurechtzukommen. Verbissen kämpfte er, um wieder hochzukommen. Wie er es fertigbrachte, wußte er hinterher selbst nicht genau – wahrscheinlich, indem er den Türrahmen packte und sich daran hochzog –, aber irgendwie richtete er den Stuhl wieder auf.

Da Roger im Laufe seines Studiums einsah, daß er im herkömmlichen Lehrberuf Schwierigkeiten bekommen könnte, kam er auf den Gedanken, Lehrer für Körperbehinderte zu werden. Wer eignete sich wohl besser für diesen Beruf als jemand, der ihre Probleme so gründlich kannte? Das Michigan State Normal College besaß zu jener Zeit eine der führenden Abteilungen für Spezialausbildung. Voller Hoffnung fuhr Roger zum Leiter der Abteilung und spielte auf diese Möglichkeit an.

»Aber nein!« rief der Professor fast erschrocken. »Daran ist überhaupt nicht zu denken! Ein Körperbehinderter darf keinen anderen Körperbehinderten unterrichten. Das ist Gesetz!« Roger war verblüfft über diese Logik. Ebenso hätte man jemandem sagen können, er dürfe kein Optiker sein, weil er selbst eine Brille trüge!

Zu seiner Überraschung und zu seinem Ärger konnte ihm auch sonst niemand im College einen praktischen Vorschlag machen. Alle freuten sich, daß er wieder da war, fanden es wundervoll, daß er soviel Unternehmungsgeist hatte, und machten ihm Mut, seine Ausbildung zu beenden. Aber keiner wußte, wie er sie nutzbringend verwenden konnte.

Doch Roger betrieb verbissen sein Studium und machte Ende März 1934 nach zwei Semestern sein Examen mit fünf Einsen, vier Zweien und einer Vier (im Turnen). Es fand keine Schlußfeier mit viel Tamtam statt. Er bekam einfach sein Diplom eines Bakkalaureus der Naturwissenschaften ausgehändigt und sein Lehrbefähigungszeugnis auf Lebenszeit. Nur eins war an dem Ereignis ungewöhnlich: Der Registrator überreichte ihm einen Brief, in dem er dafür beglückwünscht wurde, daß er seine Ausbildung beendet hatte. Der Brief war unterzeichnet von Franklin D. Roosevelt, dem damaligen Präsidenten der Vereinigten Staaten.

Sofort nach dem Examen fuhr Roger zu seinem langjährigen Bekannten, dem Leiter der Schulen von Owosso, und bat ihn um eine Lehrerstelle.

»Wissen Sie, was ich Ihnen raten würde?« meinte Mr. Willman väterlich. »Eröffnen Sie ein Versicherungsbüro in der Stadt!«

»Aber ich bin doch als Lehrer ausgebildet«, protestierte Roger, »nicht als Versicherungsagent!«

Mr. Willman räusperte sich verlegen. Es täte ihm leid, aber in diesem Herbst sei keine Stelle für einen Naturwissenschaftler frei.

»Ich könnte auch in anderen Fächern unterrichten. Ich bin vielseitig ausgebildet.«

Schön, schön – aber es war wirklich in keinem Fach eine Stelle offen.

»Und ich glaube, es wird nie eine Stelle da sein«, erwiderte Roger ruhig. »Das heißt, für mich!«

»Sie müssen sich doch klarmachen, was für Schwierigkeiten es geben kann . . .«

»Sie meinen, weil ich ein Krüppel, ein Querschnittsgelähmter bin?« fragte Roger frei heraus.

Der Schulleiter wandte den Blick ab und spielte mit seinem Füllfederhalter.

»Der Mensch unterrichtet doch nicht mit den Beinen«, fuhr Roger fort. »Er braucht seine Hände, seine Stimme und vor allem seinen Verstand. Fehlt es mir da irgendwo?«

»O nein, nein, nein!« Als der Schulleiter erst einmal die Sprache wiedergefunden hatte, überstürzten sich seine Worte. »Niemand kennt Ihre geistigen Fähigkeiten besser als ich. Ich hoffe, Sie verstehen, daß wir nichts gegen Sie persönlich haben. Wir würden nichts lieber tun, als Ihnen zu helfen, das heißt, Ihnen eine Chance zu geben — ich meine —«

»Ich verstehe«, sagte Roger. »Ich verstehe vollkommen.«

So war es also aus mit dem Lehrerberuf.

Roger besprach sich mit Mr. Whitehead, der ihm, da er seine Interessen kannte, Arbeit in einem chemischen Labor vorschlug. Sie setzten sich mit zwei großen Firmen in Verbindung, die technische Laboranten beschäftigten; aber bei beiden war keine Stelle frei.

Schließlich gelang es Mr. Whitehead, seinen Schützling in der Buchhaltung des Wohlfahrtsamtes unterzubringen, wo er Rechnungen zu prüfen und abzuheften hatte und zwölf Dollar in der Woche verdiente.

Sein Vater brachte ihn täglich mit dem Auto zur Arbeit. Eines Tages machte Roger eine wichtige Entdeckung. Er saß in seinem Rollstuhl neben dem Wagen und wartete, daß ihn sein Vater ins Auto tragen sollte. Da kam ihm der Gedanke, daß er doch eigentlich allein ins Auto steigen könnte. Gedacht, getan! Mit der rechten Hand hielt er sich am Türrahmen fest, stemmte die linke auf das Sitzpolster und schwang sich dann dank seiner kräftigen Arme ohne Schwierigkeiten auf den Sitz. Gar nichts Besonderes! könnte man denken. Aber für Roger war es ein gewaltiger Schritt zur Unabhängigkeit.

Roger war gern im Büro. Obwohl er zunächst mit ganz einfachen Arbeiten beschäftigt wurde, hatte er bei den etwa fünfzehn Angestellten niemals das Gefühl, gönnerhaft oder nicht wie ihresgleichen behandelt zu werden. Sogar Mr. Donovan, der Direktor, war mehr Kamerad als Chef.

»Sie sollten mehr an die frische Luft gehen«, sagte er an einem sonnigen Frühlingsmorgen zu Roger und bestand darauf, ihn mit ins Freie zu nehmen und um den Häuserblock zu schieben. Rogers Mitarbeiter erwähnten sein Handikap nur selten, wohl weniger aus Verlegenheit, als weil es ihnen unwichtig erschien. So fühlte er sich zum erstenmal wohl. Er stand nicht unter Druck, war angenommen auf Grund dessen, was er leistete, und hatte sogar die Möglichkeit, vorwärtszukommen.

Nachdem er drei Wochen lang gearbeitet hatte, beschloß er, kaufmännischer Angestellter zu werden. Und da er von ganz unten anfing, mußte er auch alles von der Pike auf lernen: Schreibmaschine, Stenographie und Buchhaltung.

»Ich würde Sie gern in Schreibmaschine und Stenographie unterrichten«, sagte Mrs. Weatherby, die Leiterin der kaufmännischen Abteilung der Oberschule, als Roger sie um Rat fragte. »Und wenn Sie Buchhaltung lernen wollen, würde ich Ihnen Miß LaVerna Bowen empfehlen. Sie ist eine sehr tüchtige Lehrerin und hat einen Wagen. Ich will Ihnen gern ihre Anschrift geben.«

Roger fuhr am gleichen Abend mit seinem Vater zur Wohnung der Lehrerin, und sie kam zum Auto und besprach sich mit ihm. Ja, sie wußte, wer er war. Man konnte nicht sechs Jahre lang in der Oberschule von Owosso sein, ohne von Roger Arnett gehört zu haben. Und sie werde es wohl möglich machen können, ihn Buchhaltung zu lehren, obwohl ihr der Gedanke, einen Bakkalaureus der Naturwissenschaften zu unterrichten, ziemlich beängstigend sei. Wenn es ihm recht sei, wolle sie dienstags und donnerstags abends zu ihm ins Haus kommen.

»Das klang, als verstehe sie ihr Geschäft«, bemerkte Vater, als sie nach Hause fuhren. »Und sie sah auch gar nicht übel aus. Meinst du nicht auch?«

»Ja«, erwiderte Roger, fand aber, daß in dieser Zustimmung nicht die Hälfte von dem lag, was er empfand. Sie war schön!

Durch seine Lähmung war es ganz und gar nicht dahin gekommen, daß er das andere Geschlecht nicht mehr sah oder schätzte. Aber das Bild, das er mitnahm, war nicht so sehr das einer zierlichen, schlanken Gestalt mit blondem Haar und warmblickenden Augen. Es war das Bild eines tapferen jungen Mädchens, das leicht hinkend auf das Auto zukam, die schmalen Schultern gestrafft und offensichtlich bemüht, so gut wie möglich mit einem schon jahrelangen Handikap fertigzuwerden. Bei diesem Anblick hatte er einen Augenblick das Gefühl gehabt, er müsse sie beschützen. Jetzt schürzte er verächtlich die Lippen. Sie beschützen? Ein Mann, der überhaupt nicht laufen konnte, wollte ein Mädchen beschützen, das ein wenig hinkte?

Trotzdem war den ganzen Abend etwas wie Hoffnung, wie eine Vorahnung in ihm, als ob das Schicksal, das ihn immer wieder so finster angeschaut hatte, jetzt vielleicht zu einem Lächeln ansetzen wollte.

Es war der 30. April, ein Tag vor seinem sechsundzwanzigsten Geburtstag.

5

In dem Sommer, als LaVerna sechs Jahre alt wurde, geschah es. Es war an einem Montagmorgen. Ihre Mutter wusch draußen auf dem Farmhof Wäsche, und LaVerna, die sich nicht wohl fühlte, legte sich auf ihr Bett und schlief ein. Als sie nach einiger Zeit wieder aufstehen wollte, fiel sie auf den Fußboden. Nach mehreren vergeblichen Versuchen, sich am Bett hochzuziehen, rief sie nach ihrer Mutter, die sie aufhob und auf die Füße stellte. Dann lief LaVerna fort. Aber als sie sich auf ihren Schaukelstuhl setzte und schaukelte, wollten ihre Beine nicht mit, wenn sie sich nach vorn bewegte. Sie bekam hohes Fieber. Außer sich vor Angst, rief ihre Mutter den Arzt, der jedoch keine Temperatur mehr feststellen konnte.

»Bitte, lauf doch mal über den Flur, LaVerna!« sagte er zu ihr. »So, das war fein! Und jetzt kannst du wieder zurückkommen.«

Aber als sie sich umdrehen wollte, fiel sie zu Boden.

Nun mußte sie viele Wochen im Bett liegen, mit Typhus, wie der Arzt es nannte. Sie hatte ständig Schmerzen. Sogar das Kissen unter dem Kopf tat ihr weh. Für ihre Mutter, die außer LaVerna noch die halbjährige Vivian zu betreuen hatte, war die Krankheit ebenfalls eine schwere Prüfung. Auf der Farm gab es keinerlei Komfort; nicht einmal Wasser war im Haus. Eines Tages las sie in der Zeitung von einer Epidemie in New York City und fragte den Arzt:

»Könnte LaVerna diese ›spinale Kinderlähmung‹ gehabt haben?«

»Ich glaube, ja, Mrs. Bowen«, erwiderte er ernst.

Als LaVerna im November zum erstenmal außer Bett war, konnte sie nicht stehen und noch viel weniger laufen. Aber schließlich lernte sie sich im Haus bewegen, indem sie sich an den Möbeln festhielt und an der Wand entlangbalancierte. Der Arzt hatte ihrem Vater gesagt, es wäre gut, wenn ihr rechtes Bein täglich zwanzig Minuten massiert würde.

»Wenn zwanzig Minuten gut sind«, meinte der Vater, »dann wird eine Stunde besser sein.«

Sobald daher das Fieber nachließ, massierte er das Bein dreimal täglich eine Stunde – den ganzen Winter lang. Der Arzt sagte später einmal zu LaVerna: »Daß du wieder laufen kannst, verdankst du deinem Vater.«

Nicht, daß sie völlig normal laufen konnte! Damit war es für immer vorbei. Ihrer Mutter zerriß es das Herz, wenn sie sie über den holprigen Erdboden stolpern und immer wieder hinfallen sah. Es schien auch, als ob die Tiere im Bauernhof es auf das Kind abgesehen hätten: Zwei große Gänse verfolgten sie, als sie ein junges Gänschen anfassen wollte; ein Pferd lief wütend schnaubend auf sie zu, als sie sein Fohlen streicheln wollte; eine schwarze Kuh brach aus und jagte hinter ihr her, als das Vieh über den Hof getrieben wurde. Immer kamen ihre Eltern gerade noch zur rechten Zeit, um sie vor Schaden zu bewahren. Diese Erlebnisse verfolgten LaVerna auch noch als Erwachsene bis in den Schlaf. Keine Türen hielten die Tiere auf, die hinter ihr herjagten; und sie selbst lag auf den Knien und konnte nicht aufstehen.

Im nächsten Herbst, als LaVerna in die Schule kam, mußte ihr Vater seine Feldarbeit liegenlassen, das Pferd an einen leichten Wagen schirren und sie zweimal am Tag anderthalb Meilen fahren. Das störte ihn so, daß er beschloß, mit seiner Familie nach Ithaca, zwanzig Meilen von ihrem jetzigen Wohnort entfernt, zu ziehen, wo er zwei Jahre lang einen Lieferwagen fuhr und später Briefträger wurde.

Jetzt konnte LaVerna in die Schule laufen. Zum erstenmal merkte sie, daß sie nicht so schnell vorwärtskam wie andere Kinder. Sie fand zwar bald Freundinnen, die bereit waren, auf sie zu warten, aber gegen die kleinen Jungen, die ihre unbeholfene Art zu laufen nachmachten, war sie schutzlos. Während des Unterrichts konnte sie ihr Handikap vergessen; denn sie war eine gute Schülerin und hatte schon mit drei Jahren lesen gelernt. Nur wenn sie sich auf den Heimweg machte, wurde sie ängstlich und befangen.

LaVernas Eltern waren sehr fromme Menschen und betätigten sich viel in der Kirche. Eines Abends hatten sie eine Missionarin zu sich eingeladen, die in ihrer Kirche gesprochen hatte. LaVerna hörte zu, wie sich die Erwachsenen beim Abendbrot unterhielten. Die Missionarin erzählte eine interessante Geschichte. Während sie auf ihrer Station im Orient arbeitete, hatte sie sich mit Aussatz angesteckt.

»Aber ich betete«, fuhr die Missionarin fort, und in ihrem Gesicht war ein Leuchten, das nicht nur vom Schein der Petroleumlampe herrühren konnte. »Ich kniete auf den Stufen unserer Kirche dort im Dschungel nieder und bat Gott, den Aussatz von mir zu nehmen. Und – ich war im gleichen Augenblick geheilt.«

Als LaVerna an diesem Abend im Bett lag, mußte sie daran denken, wie die Missionarin gesund von ihren Knien aufgestanden war. Da kam ihr plötzlich der Gedanke: »Wenn sie es konnte, kann ich es auch!«

Es fiel ihr schwer niederzuknien, und so hatten ihr die Eltern gesagt, daß Gott sie ebensogut höre, wenn sie im Liegen bete. Sie schloß die Augen so fest, daß ihr die Lider weh taten.

»Bitte, mach mich wieder gesund, lieber Gott!« betete sie. »Gib, daß ich wieder laufen kann wie früher!«

Es kam ihr gar nicht in den Sinn, an der Erhörung ihres Gebets zu zweifeln. Sie stand auf und war fest davon überzeugt, daß sie ebenso schnell und sicher laufen könne wie vor ihrer Erkrankung. Als sie merkte, daß sich nichts geändert hatte, war sie eher verdutzt als enttäuscht. Dieses Erlebnis konnte ihren Glauben nicht zerstören, sondern lehrte sie nur früher als gewöhnlich, daß Gott nicht der Nikolaus ist.

LaVerna fand mancherlei Entschädigung. Da sie bei allem, was sie tat, möglichst perfekt sein wollte, wurde sie trotz ihrer Körperbehinderung eine geschickte Krocket-Spielerin. Als sie erfuhr, daß ihr Vetter Klavierstunden hatte, begann sie eifrig, auf dem alten, asthmatischen Harmonium zu üben, das ihr einziges Musikinstrument war. Großvater Bowen, der zu Besuch da war und sah, wie sie sich mit den krachenden Blasebälgen abmühte, fuhr sich mit den Fingern durch den weißen Haarschopf, und seine blauen Augen leuchteten. Er, der mit eigner Hand achtzig Morgen Land gerodet und eine Reihe Farmgebäude gebaut hatte, bewunderte Mut und Ausdauer. Nachdem er wieder nach Hause gefahren war, erhielt LaVerna eine Karte, auf der stand: »Bitte Deinen Vater, im Frachtbüro nachzufragen. Ich habe ein kleines Paket an Dich abgeschickt.« Aber warum in aller Welt als Fracht? Es stellte sich heraus, daß das »kleine Paket« ein Klavier war.

LaVernas Vater vermißte das Land. Da außerdem die Pferde, die er im Winter vor den Postwagen spannte, im Sommer, wenn er im Auto fuhr, müßig im Stall stehen und umsonst gefüttert werden mußten, kaufte er, etwa eine Meile von Ithaca entfernt, eine Farm. Nun konnte er im Sommer nachmittags auf dem Feld arbeiten. Die jetzt dreizehnjährige LaVerna fuhr morgens, wenn er zur Post mußte, mit ihm in die Stadt und ging am Nachmittag zu Fuß nach Hause. Im Winter war ihr Vater gerade mit seiner Runde fertig, wenn sie aus der Schule kam, und nahm sie im Wagen mit.

In der Oberschule wurde LaVernas Leben nicht viel geselliger. Alle Parties waren Tanzveranstaltungen, die sie natürlich mied. Dafür lernte sie sehr gern und war eine ausgezeichnete Schülerin. Aber an dem Tag, als man ihr verkündete, daß sie bei der Examensfeier ihrer Klasse die Begrüßungsrede halten solle, war sie gerade nach der Beerdigung ihrer Mutter in die Schule zurückgekehrt. Und nun, wo ihre Mutter nicht mehr daran teilnehmen konnte, machte ihr dieser ehrenvolle Auftrag auch keine Freude mehr. Sie war damals sechzehn, ihre Schwester elf Jahre alt, und der Verlust der Mutter war ein großer Schock für die beiden Mädchen. Ihr Schmerz wurde dadurch etwas gemildert, daß ihre Lieblingstante Eunice, die ältere Schwester ihres Vaters, zu ihnen zog.

Da LaVerna niemals damit gerechnet hatte, aufs College gehen zu können, hatte sie einen kaufmännischen Kursus mitgemacht. Aber der Schulleiter machte ihrem Vater klar, daß sie sich weiter ausbilden sollte. Im Herbst ging sie dann in die Central Michigan Normal School in Mt. Pleasant, dreißig Meilen von zu Hause entfernt.

Sie war noch nicht lange dort, da schrieb ihr der Vater, man habe ihm geraten, mit ihr zu einem Polio-Spezialisten aus Grand Rapids zu gehen, der in Ithaca Sprechstunde hielt. Bei der Untersuchung waren LaVernas Vater und ihr Hausarzt mit anwesend. Zu ihrer Überraschung stellte sich heraus, daß eins ihrer Beine fünf Zentimeter kürzer war als das andere. »Aber ihre Schultern sind doch gerade«, protestierte der Hausarzt. »Wie ist das bei fünf Zentimeter Unterschied möglich?« »Durch Willenskraft«, sagte der Spezialist grimmig lächelnd.

Er riet zu einem chirurgischen Eingriff. Sobald das Schuljahr zu Ende war, ging LaVerna ins Krankenhaus. Der Fußknöchel wurde versteift und viel abgestorbener Knochen entfernt. In der Kniekehle wurde in einem Gipsverband ein Keil eingeführt, den man jeden zweiten Tag vergrößerte, bis ein fünf Zentimeter langer Keil eingesetzt wurde. Es war ein unerträglich schmerzhafter Prozeß. Nach drei Wochen kam Tante Eunice nach Detroit und nahm LaVerna in einem Rollstuhl mit nach Hause. Ende August mußte sie wieder ins Krankenhaus, um sich den Gips abnehmen zu lassen. Die ersten Schritte, die sie dann am Arm des Arztes tat, waren die schmerzhaftesten, die sie je getan hatte. Aber es wäre ihr ebensowenig in den Sinn gekommen, sie nicht zu tun, wie sie sich als Kind nicht geweigert hatte, einmal mitten in der Nacht in den Hof zu gehen und ihre vergessenen Spielsachen aufzusammeln.

Zwei Tage später ging LaVerna wieder ins College. Obwohl sie nur einen Häuserblock von der Universität entfernt wohnte, brauchte sie zwanzig Minuten, um dorthin zu gelangen. Wenn Schnee lag, wurde ihr jeder Schritt zur Qual. Aber sie beendete das Semester und holte die Kurse, die sie im Sommer versäumt hatte, nach. Als sie das dritte Jahr im College war, heiratete ihr Vater wieder. Ihre Stiefmutter hatte ebenfalls zwei Töchter. Pauline war etwa so alt wie Vivian. Dorothy, die gerade die Oberschule beendet hatte, kam nach Mt. Pleasant und wurde LaVernas Zimmergenossin. Jetzt hatte der Vater vier Mädchen auszubilden statt zwei. Er gab LaVerna in jenem Sommer dreihundert Dollar.

»Das ist für dein letztes Jahr. Es ist alles, was ich erübrigen kann.«

Dadurch, daß sie im College-Restaurant als Kassiererin arbeitete, konnte sie das Geld für Bücher, Schulgeld, Kleidung und für die Schlußfeier aufbringen. Eine schwere Enttäuschung war es für sie, als ihr eine ihrer Lehrerinnen riet, den Plan, Lehrerin zu werden, aufzugeben. Sie meinte, LaVerna könne sich wegen ihrer zarten Konstitution und besonders wegen ihrer Körperbehinderung bei ihren Schülern nicht den nötigen Respekt verschaffen. Aber LaVernas Bestürzung schlug schnell in hartnäckige Entschlossenheit um. Ihr Vater hatte vier Jahre lang Opfer gebracht, damit sie Lehrerin werden konnte; ihre Mutter, drei Tanten und ein Onkel waren Lehrer gewesen, und sie selbst hatte niemals ein anderes Ziel gehabt, seit sie sich entschlossen hatte, zum College zu gehen. Sie gab es ganz gewiß nicht auf, ohne erst einmal einen Versuch gemacht zu haben.

Sie nahm die erste Stelle, die ihr angeboten wurde, an und kam so nach Custer, einer kleinen Stadt nahe an der Ostküste des Michigan-Sees.

In der Oberschule waren nur 75 Schüler und drei Lehrer: der Schulleiter, ein junger Mann, der einmal mit in ihrer Trigonometrie-Klasse gewesen war, sie selbst und eine andere

Lehrerin. Es wurde gerade ein neuer kaufmännischer Kursus eingeführt. Ein neuer Kursus, eine neue Lehrerin! dachte LaVerna. Und außerdem konnte sie sich dabei klar werden, ob sie Mathematik oder kaufmännische Fächer unterrichten wollte. Ihr Gehalt war gering. Vom Herbst bis zum Frühjahr lag tiefer Schnee. Wenn sie nach Hause fahren wollte, war sie einen ganzen Tag unterwegs. Aber sie liebte die Arbeit und die Menschen, mit denen sie dabei zu tun hatte. Sie kannte jeden Schüler nicht nur dem Namen nach, sondern wußte auch, was für Charakterzüge und Probleme er hatte. Sie spielte die Orgel beim Gottesdienst, unterrichtete eine Sonntagsschulklasse von Oberschülern und war in der Eltern-Lehrer-Vereinigung tätig.

Als sie das erste Jahr in Custer war, kam der Inspektor der Universität von Michigan gerade an einem Tag, an dem der Schulleiter nicht da war. So mußte LaVerna ihn vertreten.

»Ich habe das noch nie gemacht«, sagte sie offen zu dem Inspektor. »Was erwarten Sie von mir?«

Er sagte ihr genau, worum es ihm ging.

Als im nächsten Jahr ein Professor Rich von der Universität kam, war sie froh, daß der Schulleiter da war, ärgerte sich aber ein bißchen, als der Professor sich während des Trigonometrie-Unterrichts in ihre Klasse setzte.

Es wird zumindest nicht wieder ein Mathematiker sein wie der im vorigen Jahr, dachte sie.

Es war der letzte Unterrichtstag vor dem Examen, und sie nahm noch einmal den ganzen Stoff durch. Die Klasse arbeitete ungewöhnlich gut mit. Nur einmal machte ein Junge einen Fehler, den sie eigentlich gar nicht berichtigen wollte, weil sie dachte, der Inspektor wisse bestimmt selbst nicht, wie es richtig heißen müsse. Aber dann hielt sie doch an und korrigierte den Schüler. Als die Stunde fast vorüber war, stand der Professor auf und kam nach vorn.

»Miß Bowen«, sagte er, »ich gebe Trigonometrie-Unterricht an der Universität von Michigan, und ich habe am Ende eines Semesters noch nie eine Klasse gehabt, die alles so gut gemacht hat wie diese.«

Als sich LaVerna später um eine Stelle an der Oberschule in Owosso bewarb, sagte ihr Schulleiter: »In meinem Empfehlungsschreiben habe ich Mr. Willman, dem dortigen Direktor, mitgeteilt, was Professor Rich damals sagte und daß er Rich persönlich fragen könne, wenn er eine Bestätigung wünsche.«

LaVerna war verblüfft. Wie sollte sich der Professor noch an sie erinnern können!

Sie fuhr zu Mr. Willman.

»Ich habe Professor Rich einen Brief geschrieben«, sagte er zu ihr. »Wenn er Sie empfehlen kann, bekommen Sie die Stelle. Ich habe allerdings noch andere Empfehlungen für viel erfahrenere Lehrer, und ich muß Ihnen offen sagen, Sie sehen zu klein und zu schüchtern aus, als daß Sie den Raufbolden gegenübertreten könnten, von denen wir hier in unserer Schule ein paar haben. Ich glaube wirklich nicht, daß Sie mit ihnen fertig werden könnten. Was meinen Sie dazu?«

»Nun, ich habe es bisher immer geschafft«, erwiderte LaVerna.

Professor Rich erinnerte sich ihrer sehr gut, und sie bekam die Stelle als Mathematiklehrerin für alle Klassen.

Am 8. März 1931 schrieb LaVerna in ihr Tagebuch: »Gestern ist Roger Arnett, der 1927 von der Oberschule abgegangen war, verunglückt. Er hat die Wirbelsäule gebrochen und wird wahrscheinlich nie wieder laufen können.«

»Ich kann mich nicht daran erinnern, jemals anders gelaufen zu sein«, dachte sie dabei mitleidig. »Aber er hat schon als Läufer Schlagzeilen gemacht. Wie wird er als Zweiundzwanzigjähriger damit fertigwerden, daß er nie wieder laufen kann?«

LaVerna hatte erwartet, sie werde bei Roger Arnetts Anblick nichts weiter als Mitleid empfinden, Mitleid mit dem armen Jungen, der sich an der Schwelle des Erfolgs aller seiner Hoffnungen beraubt sah, einen Menschen, der halb lebendig und halb tot war. Aber wie gewaltig hatte sie sich geirrt!

Armer Junge? Er war kein Junge, sondern ein Mann, und zwar einer der anziehendsten Männer, denen sie je begegnet war! Aller seiner Hoffnungen beraubt? Sie schwangen in jedem seiner Worte mit! Halb tot? Sie hatte noch nie jemanden lebendiger gesehen! Leben glühte in den blauen Augen, den geröteten Wangen und vor allem in dem Lächeln, das das ernste, wache Gesicht plötzlich aufleuchten ließ.

»Gut! Zwei Abende in der Woche also: dienstags und donnerstags. Okay?«

»Okay! Aber – erwarten Sie nicht zuviel! Ich bin es gewöhnt, Oberschüler zu unterrichten und nicht Leute mit College-Bildung.«

»Ich bin unbesorgt!«

Eine Angestellte aus Rogers Büro wollte auch gern Unterricht haben und nahm zweimal an den Stunden teil. Dann erlahmte ihr Interesse, und sie kam nicht wieder. LaVerna, die sich in jenen Wochen sehr um ihren Vater sorgte, hatte wenig Lust, sich mit Roger in freundschaftliche Gespräche einzulassen oder die Einladung seiner Mutter, noch zu einer kleinen Erfrischung dazubleiben, anzunehmen. Aber als es ihrem Vater besser ging und die ängstliche Spannung nachließ, kam sie nach Owosso zurück und konnte es kaum erwarten, festzustellen, was für Fortschritte ihr Hauptschüler gemacht hatte.

»Bei diesem Tempo werden Sie ein ganzes Semester in einem Monat bewältigen«, sagte sie überrascht. »Dabei sind Sie voll berufstätig und lernen auch noch Stenographie und Schreibmaschine!«

»Mir macht Buchhaltung Spaß«, erwiderte Roger, »vielleicht, weil Zahlen immer meine Spezialität gewesen sind. Oder« – seine blauen Augen sahen sie plötzlich voll an – »vielleicht kommt es nur daher, weil ich meine Lehrerin mag.«

LaVerna wurde rot, stellte aber dann erleichtert fest, daß er sie offenbar nur necken wollte.

»Bleiben Sie doch noch ein bißchen hier!« sagte er bittend. »Lassen Sie uns ein wenig plaudern und uns näher kennenlernen!«

Er fühlt sich sicher sehr einsam, dachte LaVerna. Jeden Abend sitzt er hier in seinem Rollstuhl und hat niemanden in seinem Alter, mit dem er sich unterhalten könnte.

Sie mußte eigentlich Hefte korrigieren, beschloß aber, noch ein paar Minuten dazubleiben.

Roger bestritt den größten Teil der Unterhaltung. Er erklärte ihr, warum ihm soviel daran lag, schnell voranzukommen. Er hatte schon eine Menge Zeit verloren. Wenn er sich in seiner Stelle im Wohlfahrtsamt auch wohl fühlte, wollte er doch nicht einfacher Schreiber bleiben. Nach gründlicher Ausbildung in Stenographie und Buchhaltung konnte er vielleicht Gerichtsschreiber oder sogar Bücherrevisor werden.

Als LaVerna dann öfter einmal nach der Stunde noch eine Weile dageblieben war, sprachen sie auch über andere Dinge. Am 31. Mai schrieb LaVerna in ihr Tagebuch: »Roger erzählte mir von seinem Unfall, von seiner Operation und seiner Lebensanschauung. Er ist zumindest nicht verbittert. Ein Teil von ihm ist tot. Aber er ist ein neuer Mensch, der ein neues Leben führt.« Zum erstenmal, seit sie sich erinnern konnte, sprach sie selbst offen und ohne Hemmungen über ihre Behinderung, über die Schmerzen und Entbehrungen, die sie sonst niemand anvertraut hatte, und war erstaunt über seine verständnisvollen Fragen und Antworten.

»Ich weiß ... Dasselbe Gefühl hatte ich auch ... Wenn man selbst behindert ist, weiß man, wie andere Körperbehinderte empfinden! Das verbindet – wie bei uns beiden. Fühlen Sie es nicht?«

»Ja, o ja«, erwiderte LaVerna, plötzlich so bewegt, daß sie seinen warmen Blick gar nicht bemerkte. »Ich glaube bestimmt, es hat mir manche meiner Schüler besser verstehen helfen.«

Obwohl diese Tage vor Schluß des Schuljahres sie körperlich sehr in Anspruch nahmen, empfand sie die Abende mit Roger eher anregend als ermüdend. Es tat ihr fast leid, wenn es Donnerstag war und sie fünf Tage bis zur nächsten Stunde warten mußte.

Aber am nächsten Donnerstag kam eine Nachricht von ihrem Vater aus Toledo, daß Tante Eunice wegen eines durchgebrochenen Blinddarms operiert worden und ernstlich krank sei. LaVerna hätte ihre Sorge zunächst für sich behalten, aber am Abend bat Roger sie, am Samstag mit ihm auszugehen.

La Verna war überrascht. Sie hatte sich gezwungen, ihr Verhältnis zueinander als unpersönlich, als Arbeitsgemeinschaft zu betrachten, zumal sie gehört hatte, daß er verlobt sei. Als aber jetzt seine Augen offen und voller Erwartung auf sie gerichtet waren, wußte sie, daß er nicht mit einer Frau ausgehen würde, wenn er an eine andere gebunden war. Aber – wohin konnte er denn mit ihr gehen – und wie? Oh, er würde schon Mittel und Wege finden! Und warum auch nicht? Sie waren beide einsam. Es würde weiter nichts bedeuten, als daß sie einander Gesellschaft leisten wollten. Sie erzählte ihm von ihrer Sorge um ihre Tante.

»Wenn bis Samstag nichts passiert, gehe ich mit«, sagte sie.

Der Donnerstag kam, und noch hatte sie nichts von ihrem Vater gehört.

»Das ist bestimmt ein gutes Zeichen«, sagte sie zu Roger. »Es sieht so aus, als klappte es mit Samstag.«

Aber als sie am Freitag aus der Schule nach Hause kam, war die Nachricht da.

Der Schock war furchtbar. LaVerna hatte das Gefühl, als habe sie ihre Mutter zum zweitenmal verloren. Und wie würde ihr Vater, der sich vor allen Aufregungen hüten sollte, mit dieser Erschütterung fertigwerden?

LaVerna fuhr zu Roger, um ihm zu sagen, daß sie die Verabredung nicht einhalten könne. Er öffnete ihr selbst die Tür. Seine Augen strahlten.

»Endlich kommen Sie einmal, um mich zu besuchen«, rief er erfreut, »und nicht nur zum Unterricht.«

Da sah er ihr Gesicht, und sein Lächeln verschwand.

»Ich muß sofort nach Hause fahren«, sagte sie und erklärte ihm kurz die Gründe, ohne in ihrem eigenen Kummer zu merken, wie enttäuscht er war.

Als sie am Sonntag von der Beerdigung zurückkam, war sie völlig erschöpft. Sie konnte nichts essen und nur mit Mühe ihre Klasse unterrichten. Am Dienstagabend war sie zu schwach, um zu Roger zu gehen. Am Donnerstag hatte Rogers Mutter alle Stühle frisch lackiert, so daß LaVerna ihm seine Stunde im Auto geben mußte. Dann fuhren sie noch ein Stück spazieren.

An diesem Abend hatte LaVerna zum erstenmal den Verdacht, daß Roger sich ein wenig in sie verliebt habe. Sie war gerührt und beunruhigt. Aber sie konnte nicht glauben, daß es ernst war. Sie hatte schon ein paarmal kleine Episoden mit Schülern erlebt, die sich vorübergehend in sie »verschossen« hatten. Sie versuchte ihm also klarzumachen, daß sie nur Lehrer und Schüler seien und daß jede Freundschaft, die sich etwa entwickelte, auf dieser Basis bleiben müsse. Außerdem sei sie zu müde und zu krank, um klar denken zu können.

Sie war auch am Samstag noch krank, hatte sich aber mit Roger verabredet und konnte ihn doch nicht ein zweites Mal enttäuschen. Sie fuhren mit einem Ehepaar Pratt, das Roger vom Wohlfahrtsamt her kannte, zu einem Picknick. Dann spielten sie bei den Pratts Bridge. Für LaVerna war der Abend eine einzige Qual. Sie spielte an sich gern Bridge, aber an diesem Abend wünschte sie nichts anderes, als heimgehen zu können. Sie verabschiedete sich auch so bald wie möglich und fuhr Roger direkt nach Hause. Roger war auf dem ganzen Wege unnatürlich ruhig. Als sie vor seiner Wohnung ankamen und LaVerna aussteigen wollte, um ihm mit seinem Rollstuhl zu helfen, faßte er sie am Arm und hielt sie zurück.

»Bitte noch einen Augenblick, Liebling! Ich kann nicht länger warten. Ich muß dir etwas sagen.«

Seine Stimme klang so leidenschaftlich, daß ihre schon zum Zerreißen gespannten Nerven zu vibrieren begannen.

»Nein, nein!« wollte sie rufen. »Ich kann nichts mehr hören, heute abend nicht!«

Aber er hatte schon zu sprechen angefangen. Sie wisse sicher genau, was er für sie empfände. Er habe sie fast vom ersten Augenblick an geliebt. Er wisse wohl, daß er einer Frau nicht viel zu bieten habe, aber wenn sie bereit sei, sich mit dem zufriedenzugeben, was er habe, werde er in Zukunft nur das eine Ziel haben, sie glücklich zu machen.

LaVerna konnte sich später nicht mehr erinnern, was sie geantwortet hatte oder wie sie fortgegangen war. Als sie nach Hause kam, war sie einem Nervenzusammenbruch nahe. Aber sie konnte Roger nicht die Schuld daran geben. Er hatte es nicht gewußt, daß sie fast am Ende ihrer Kraft gewesen war. Die Last dieses neuen Problems schien sie nun wirklich nicht mehr ertragen zu können.

Ihr Arzt, Dr. Arnold, hatte ihr für dringende Fälle ein paar Beruhigungspillen gegeben. Sie nahm eine und kroch ins Bett. Die furchtbare Spannung hielt jedoch an. Da fiel ihr ein, daß ihr der Arzt auch Schlaftabletten gegeben hatte. Sie mußte zur Ruhe kommen. Obwohl sie nur eine halbe Tablette nehmen sollte, nahm sie eine ganze. Dann wurde sie plötzlich wunderbar ruhig. Sie dachte: »Ich sterbe«, und dann ganz verschwommen: »Nun, vielleicht sollte es so sein.«

Dr. Arnold war bestürzt.

»Wie kann ein vernünftiges Mädchen solche Dummheiten machen!«

LaVerna befolgte seine Anweisungen und erholte sich bald von den Auswirkungen des Medikaments. Aber ihre Angst und Spannung blieben. Sie sah Roger mehrere Male. Er machte sich zwar heftige Vorwürfe, konnte aber seine Worte nicht zurücknehmen, auch wenn er sie zu impulsiv und zur falschen Zeit gesagt hatte. Sie waren ihm aus tiefstem Herzen gekommen.

Am Freitag bat Dr. Arnold LaVerna zu einer Untersuchung in seine Sprechstunde. Er war nicht nur Arzt, er war auch Vorsitzender des Schul-Aufsichtsrats und schon seit langer Zeit LaVernas persönlicher Freund.

»Jetzt sagen Sie mir mal, was in Sie gefahren ist, daß Sie diese Pillen genommen haben!«

Auf diese Frage nicht gefaßt, stammelte sie:

»Ich – glaube, ich war nur überarbeitet. Und ich hatte am nächsten Tag Examen. Ich mußte schlafen.«

Die scharfen Augen unter dem roten Haarschopf sahen sie forschend an.

»Nein, das stimmt nicht! Wegen ein paar Prüfungsarbeiten hätten Sie bestimmt keine Verordnung mißachtet. Es hat Sie etwas anderes beunruhigt. Sagen Sie die Wahrheit!«

LaVerna holte tief Luft.

»Kennen Sie Roger Arnett?«

Er runzelte die Stirn. »Ja, ich habe von ihm gehört. Ich war jedoch nie sein Arzt. Warum?«

»Kann – kann ein Mädchen, das ihn heiratet, glücklich werden?«

Sie dachte, er würde vom Stuhl aufspringen.

»Nein!« Dann faßte er sich wieder und pfiff leise durch die Zähne. »Also, da liegt der Hase im Pfeffer! Jetzt verstehe ich –.« Er schwieg eine Weile, um nachzudenken, und wandte dabei keinen Blick von ihrem Gesicht. »Lassen Sie mich das ›Nein‹ zurücknehmen. Sie wissen, ich bin oft zu voreilig. Ich glaube – es kommt auf das Mädchen an. Lassen Sie es mich erklären.« Am Abend erzählte sie Roger, was er gesagt hatte. Sie schrieb in ihr Tagebuch: »Roger und ich verlebten einen schönen Abend zusammen. Ich glaube wirklich, wir können als Freunde glücklich miteinander sein, obwohl wir beide einsehen, daß es wohl niemals etwas anderes zwischen uns geben kann.«

Sie beschloß, ihre Wohnung im Sommer zu behalten und besuchte Roger häufig. Er versuchte ihr Schach beizubringen, aber ohne Erfolg. Sie photographierten miteinander und entwickelten die Filme in seiner improvisierten Dunkelkammer. Sie fuhr mit ihm und seinen Eltern zum Camping und zum Angeln, und sie verbrachten viele Abende zusammen bei ihm zu Hause oder bei ihrer Schwester Vivian. Auf Dr. Arnolds Rat suchten sie Rogers Arzt in Ann Arbor auf. Er versicherte ihnen, daß es vom Physischen her keinen Grund gäbe, warum ein Querschnittsgelähmter nicht heiraten sollte, ja, sie können sogar Kinder bekommen.

LaVerna erzählte das Dr. Arnold, merkte aber, daß er nicht überzeugt war.

»Wir geben Sie nur ungern her«, sagte er. »Sie sind eine unserer besten Lehrkräfte. Aber — warum sollten Sie nicht im Herbst irgendwo anders hingehen? Wir würden Ihnen eine Stelle finden helfen.«

Auch von ihren Freundinnen zeigte fast keine irgendwelches Verständnis.

»Du bist völlig verrückt!« »Mach Schluß, ehe es zu spät ist!«

»Einer von euch beiden wird der Leidtragende sein, und wir möchten nicht, daß du es bist!«

Sie machte an ihrem Geburtstag eine Segelbootfahrt mit Roger und seinen Eltern. Roger schenkte ihr eins seiner kostbarsten Besitztümer, die Goldmedaille, die ihm nach seinem Unfall als Belohnung für seine schulische und sportliche Tüchtigkeit verliehen worden war und die er zu einer Halskette hatte verarbeiten lassen. Sie fand sie sehr schön, sagte aber, sie könne sie nicht tragen, weil das bedeuten würde, daß sie mit ihm verlobt sei.

Alle die Ungewißheit und Unsicherheit ertrug Roger geduldig und verständnisvoll.

»Liebling«, schrieb er, als sie vor ihrem Geburtstag zu Hause war, »Du hast mich glücklicher gemacht, als ich es je für möglich gehalten hätte. Ich werde Dich weiterlieben, solange Du mich haben willst; denn für mich bedeutet meine Liebe zu Dir und Deine Liebe zu mir Glück und Zufriedenheit. Was auch kommen mag, denke daran, daß ich Dich liebe und alles für Dein Glück opfern, ja, Dich sogar aufgeben werde, wenn Dich das glücklich machen sollte.«

Aber er ließ sie nicht darüber im unklaren, was der Preis für solch ein Opfer sein würde. Im nächsten Brief schrieb er:

»Mit dir zusammen kann ich mit jedem Handikap fertig werden und aller Welt lächelnd ins Auge sehen. Ich möchte so gern leben!«

Für LaVerna, die Roger mit tiefer Leidenschaft lieben gelernt hatte, war es ein beglückender, aber auch quälender Sommer. Kurz bevor die Schule wieder anfing, wußte sie, daß sie zu einer Entscheidung kommen mußte. Sie mußte sich entschließen, ihn entweder zu heiraten oder Owosso zu verlassen. Die Ungewißheit quälte sie beide.

In der letzten Augustwoche fuhr sie nach Cleveland. Es wären ein paar herrliche Ferientage gewesen, wenn der Gedanke, sich entscheiden zu müssen, sie nicht immerzu gequält hätte.

Kurz bevor sie wieder nach Owosso zurückfuhr, war sie während eines Ausflugs endlich zu einem Entschluß gekommen: »Ich muß ihm sagen, daß alles aus ist. Ich muß fortgehen und darf nie wieder zurückkommen.«

Als sie am Abend nach Hause kam, lag auf dem Tisch ein Brief von Roger.

Sie brauchte ihn nicht zu öffnen. Es genügte schon, daß sie ihn sah. Sie wußte plötzlich, daß sie niemals mehr irgendwelche Zweifel oder Befürchtungen haben würde. Sie gehörten zusammen. Es war unwichtig, was die Zukunft brachte, solange sie ihr gemeinsam ins Auge blickten. Nie wieder würde sie ohne ihn so weit fortgehen.

6

Gerüchte von der Verlobung lösten in Owosso Aufruhr und Empörung aus. Gewiß, man achtete Roger wegen seiner früheren Rekordleistungen, man bewunderte ihn wegen seines ungewöhnlichen Mutes, noch einmal aufs College zu gehen und die Plage eines vollen Arbeitstages auf sich zu nehmen. Aber sie hatten ihm diesen Job beim Wohlfahrtsamt bestimmt nur aus Mitleid gegeben; und er konnte mit dem Hungerlohn, den er dort bekam, ganz sicher keine Frau ernähren.

Rogers Arzt hörte das Gerücht im Krankenhauslift.

»Nein!« rief er. »Um Himmels willen, das kann er doch nicht tun!«

Mr. Willman, der Direktor der Schulen in Owosso und daher LaVernas Arbeitgeber, riet Roger und LaVerna am meisten ab; vielleicht, weil er mit beiden so gut befreundet war. Roger werde niemals Lehrer werden können, behauptete er. Die meisten Schulen hätten Treppen und wären nicht auf solch ein Handikap eingerichtet. Und bei anderen gutbezahlten Stellen werde es das gleiche sein. In Owosso gäbe es außerdem eine Verfügung, nach der LaVerna als verheiratete Frau nicht mehr unterrichten dürfe. Sie gäbe also ihre Sicherheit für etwas völlig Ungewisses auf.

Wenn LaVerna überhaupt etwas von der Aufregung um sich herum merkte, dann grämte sie sich jedenfalls nicht weiter darüber. Sie hatte ihren Entschluß gefaßt. Unglücklich war sie nur über den Widerstand eines einzigen Menschen: ihres Vaters. Als sie ihn während der Sommerferien das letzte Mal gesehen hatte, hatte er sie unter Tränen gebeten, die Beziehungen zu Roger abzubrechen. Das Bewußtsein, daß sie ihm, der ihr immer so viel Liebe erwiesen hatte, Schmerz zufügen mußte, machte sie fast krank, und die Angst, daß seine schwache Gesundheit daran zerbrechen könnte, quälte sie ständig.

Wenn sie auch versuchte, Roger nicht das ganze Ausmaß ihrer Ängste merken zu lassen, so waren sie doch zu eng miteinander verbunden, um Geheimnisse voreinander haben zu können. »Wenn er nur bereit wäre, dich erst einmal kennenzulernen!«

»Denkst du wirklich, daß das helfen würde?« erwiderte Roger niedergeschlagen.

In solchen Augenblicken wurde er immer wieder in quälende Zweifel gestürzt. Er wußte, was die Leute in der Stadt sagten. Hatten sie recht? Hatte LaVernas Vater recht? War es unfair von ihm, ihre Liebe anzunehmen? Konnte er sie wirklich glücklich machen? Und angenommen, er bekam niemals eine bessere Stelle, so daß sie nicht nur zuerst, sondern ihr ganzes Leben lang den größeren Teil ihres Unterhalts verdienen mußte? Schon bei diesem Gedanken bäumte sich sein ganzer Stolz auf. Aber – natürlich würde er eine bessere Stelle bekommen! Es war nur eine Frage der Zeit. Und wie konnte eins von ihnen überhaupt daran denken, das andere aufzugeben? Das wäre genauso, als wollte man zwei Glieder desselben Körpers auseinanderreißen! Nein, mochten die Leute reden, was sie wollten, es war richtig, was er und LaVerna taten! Sie gehörten zusammen, und er wußte, sie war sich dessen ebenso sicher wie er.

LaVerna hielt es schließlich nicht mehr länger aus. Am Tag vor dem Erntedankfest fuhr sie nach Hause und erzählte ihrer Stiefmutter, daß sie im Juni heiraten wollte.

»Bitte, sag du es meinem Vater und versuche ihn günstig zu stimmen!« flehte sie. »Es hat keinen Zweck, daß ich mit ihm rede. Und – ich möchte Roger während der Erntedankfest-Ferien so gern einmal hierhaben.«

Zögernd willigte ihre Stiefmutter ein. Am nächsten Morgen sagte sie: »Es ist alles in Ordnung. Du darfst ihn am Sonntag zum Mittagessen mitbringen.«

LaVerna fuhr nach Owosso zurück, um Roger zu holen. Die ersten Stunden waren qualvoll. Roger war befangen, und William Bowen verhielt sich höflich reserviert. Aber allmählich löste sich die Spannung. Rogers herzliche, unterhaltsame Art riß die Schranken nieder. Die beiden Männer fanden gemeinsame Interessen: Farmen, kirchliche Betätigung und, was das Wichtigste war, eine glühende Liebe zu LaVerna. Roger erwärmte sich für den Mann, dem sie so ähnlich sah, und bevor der Tag zu Ende war, waren sie gute Freunde geworden. Als die jungen Leute wieder nach Owosso zurückfuhren, hatten sie das Gefühl, als sei eine schwere Last von ihnen genommen.

Dr. Arnold wollte LaVerna sprechen.

Sie ging nach der Schule in die Sprechstunde des Arztes.

Während er erregt auf sie einredete, hörte sie ihm geduldig zu und sagte dann ruhig: »Wir wissen genau, was wir tun. Ich versichere Ihnen, Dr. Arnold, wir werden gut zurechtkommen.«

Er lehnte sich in seinem Sessel zurück und sah sie lange prüfend an. »Schön!« sagte er schließlich. »Ich glaube, Sie wissen wirklich, was Sie tun. Okay, LaVerna, ich stehe von jetzt an auf Ihrer Seite.«

Roger war über die Zustimmung des Arztes fast noch glücklicher als LaVerna.

Eines Sonntagnachmittags machte Dr. Arnold einen Krankenbesuch bei einer Freundin von LaVerna. Auf der Kommode sah er ein Foto von Roger und LaVerna, das sie im vergangenen Sommer bei einer Segelpartie gemacht hatten. Er begann sie auszufragen. Wie oft sahen sich die beiden? Wieviel Zeit verbrachte sie mit ihm? Schließlich fragte er barsch:

»Glauben Sie, daß sie ihn sofort heiraten würde, wenn sie ihre Stelle behalten dürfte?«

»Ich – das weiß ich nicht«, erwiderte sie.

»Nun, Sie werden es zu erfahren suchen und dann rufen Sie mich an!«

Kurz nachdem er gegangen war, kam LaVerna mit Roger, und die Freundin begann sofort, sie auszufragen: »Angenommen, es wäre in Owosso erlaubt, daß eine verheiratete Frau in der Schule unterrichtet, würdet ihr dann sofort heiraten?«

LaVerna lachte.

»Du träumst ja am hellichten Tag! Warum sich über Unmögliches Gedanken machen?«

»Ja, ich weiß — aber würdet ihr es tun?«

»Natürlich würden wir es tun! Nicht wahr, Roger?«

»Und ob!« gab Roger temperamentvoll zurück.

Am nächsten Freitag erhielt LaVerna von Dr. Arnold eine kurze Mitteilung, in der er sie bat, zu ihm in die Sprechstunde zu kommen. Sie hatte ein wenig Angst. Was kam jetzt?

»Der Aufsichtsrat hat mich gebeten, Ihnen mitzuteilen, daß Sie aufgrund des Antrags von Dr. Williams Ihre Stelle behalten dürfen, wenn Sie heiraten wollen«, verkündete er ihr förmlich. Dann fügte er mit gespielter Strenge hinzu: »Ich höre, Sie verbringen viel zu viele Abende außerhalb Ihrer Wohnung. Sowohl Ihre Gesundheit als auch Ihr Beruf werden darunter leiden. Als Ihr Arzt und als Vorsitzender des Aufsichtsrats befehle ich Ihnen, so bald wie möglich zu heiraten.«

LaVerna fuhr direkt zu Roger. Sie konnten ihr Glück kaum fassen. Da sie jedoch mindestens noch drei Wochen brauchten, um mit allen Vorbereitungen fertig zu werden, setzten sie die Hochzeit auf den 23. Februar fest. Ihre Wohnung lag im Erdgeschoß. Das Auto konnte bis zum Ende der Veranda gefahren werden, und Roger konnte sich dann vom Auto in den Rollstuhl schwingen, so daß keine Rampe nötig war. Die Zimmer hatten breite Türen — alles schien nach Maß angefertigt zu sein.

Die drei Wochen vergingen in einem Wirbel von Parties, Lunches und Dinners, bei denen Freunde und Bekannte ihre Hochzeitsgeschenke überreichten.

Die Hochzeit fand an einem Samstagnachmittag in der Wohnung des jungen Paares statt. Nur die engste Familie und ein paar Freunde waren eingeladen. Roger bestand darauf, während der Zeremonie aufzustehen. Als er auf den Füßen war, stellte er seine Schienen fest, so daß sie ihn aufrecht hielten. Die zierliche LaVerna kam sich ganz komisch vor, als er sie um dreißig Zentimeter überragte. Es war das einzige Mal in ihrem Leben, daß sie Seite an Seite standen.

Roger und LaVerna machten keine Hochzeitsreise. Am nächsten Montag waren beide wieder an der Arbeit, LaVerna in der Schule und Roger im Wohlfahrtsamt.

Rogers junge Frau trug erstaunlich gelassen und kompetent den Anforderungen Rechnung, die sein Zustand an sie stellte. Eigentlich war es Roger selbst, der sich am meisten umstellen mußte. Bisher hatte er ziemlich ichbezogen gelebt. Jetzt hatte er auf einmal ein andres, ein sehr persönliches, sehr kostbares Ich dazugewonnen, für das er verantwortlich war, das er respektieren und wie einen ebenbürtigen Partner behandeln mußte.

Obwohl er sich jetzt fast ganz allein besorgen konnte, verursachte er doch als Querschnittsgelähmter zwangsläufig manche Extraarbeit. Dafür versuchte er auch seinen Beitrag zum Haushalt zu liefern. Ein Gebiet, auf dem er sich wirklich hervortat, war das Kochen. Seine Spezialitäten waren Paprikagerichte und überbackene Käse-Sandwiches mit Zwiebeln.

LaVerna hatte ein wenig Geld gespart und von ihrem Großvater eine kleine Summe geerbt. Das reichte zu einer Anzahlung auf ein Haus und ein paar Möbel. Sie ließen sich eine Liste von Häusern geben, die wieder zum Verkauf standen, weil keine Zahlungen mehr darauf geleistet worden waren, und machten sich auf den Weg, um sie sich anzusehen. Als sie sich fast schon für ein altes, sehr reparaturbedürftiges Haus entschieden hatten und es LaVernas Vater zeigten, war dieser völlig dagegen und bestand darauf, sich einen ziemlich neuen Bungalow anzusehen, an den sie gar nicht zu denken gewagt hatten.

»Das ist das Richtige!« sagte er sofort.

Zu ihrer größten Freude und Überraschung brauchten sie nur einen Restbetrag sowie die rückständigen Steuern zu bezahlen. Um ihnen die Belastung durch Bankzinsen zu ersparen, kaufte Vater Bowen das Haus von seinem eigenen Geld, das sie ihm in monatlichen Raten zurückzahlen sollten.

Knapp einen Monat später, am 4. Mai, zog das junge Paar in sein neues Heim, das Rogers Mutter saubergemacht und mit, wenn auch wenigen, so doch funkelnagelneuen Möbeln ausgestattet hatte.

Nun mußte das Haus noch den Bedürfnissen eines Querschnittsgelähmten angepaßt werden.

Wie die meisten Häuser hatte es am vorderen Eingang Stufen. Der Gedanke, einfach eine Rampe darüberzubauen, gefiel Roger nicht. Das wäre zu auffällig gewesen. Eine bessere Gelegenheit bot sich an der Hintertür. Dort führten innerhalb des Hauses drei Stufen zu einem 3,60 m langen und 0,75 m breiten Flur hinauf. Rogers Vater legte in diesem Flur einen neuen Fußboden, der zum Eingang hin bis auf die Höhe des Bodens abfiel. So konnte Roger allein hinaus- und hereinfahren, wieder ein wichtiger Schritt zur Unabhängigkeit!

Vater Arnett zog auch die Garage mit Hilfe eines Flaschenzuges um sechs Meter nach vorn und baute einen überdachten Gang zwischen ihr und dem Haus, so daß Roger bei schlechtem Wetter bequem zum Auto und zurück in die Wohnung fahren konnte.

Mit dem Kellergeschoß, wo Roger die Heizung bedienen und sich eine kleine Werkstatt und eine Dunkelkammer einrichten wollte, war es schwieriger. Wie sollte er hinuntergelangen? Da kam ihm der Gedanke, die Hälfte des Raumes als Fahrstuhlschacht zu benutzen. Da ein elektrischer Lift zu teuer war, dachte Roger sich ein Modell aus, das mit Hilfe eines Handseils bewegt werden konnte. Im August baute Vater Arnett den Fahrstuhl. Es war ein plumpes, schwerfälliges Ding, aber es funktionierte ausgezeichnet und kostete viel weniger als ein Zehntel der Summe, die für einen fertig gekauften und wie üblich eingebauten Lift nötig gewesen wäre.

In diesem Sommer erlebte Roger noch einmal einen Tag, der ihm fast so festlich vorkam wie sein Hochzeitstag.

Bisher hatte LaVerna immer das Auto gefahren. Nachdem er Vorrichtungen für die Handbedienung von Kupplung, Bremse und Gaspedal entworfen und von einem Mechaniker hatte installieren lassen, konnte er LaVerna zum erstenmal zu einer Fahrt einladen.

»Ist das ein herrliches Gefühl!« rief er überglücklich. »Jetzt bin ich wieder ein richtiger Mann!«

Aber er wußte sehr wohl, daß er sich erst dann wirklich als Mann fühlen würde, wenn er in der Lage war, seine Frau zu ernähren. Seine mageren vierzehn Dollar in der Woche waren ja nur ein lächerlicher Beitrag zur Deckung der Haushaltskosten. In Wirklichkeit lebten sie von LaVernas Gehalt. Im stillen quälte und ärgerte ihn das Gefühl seiner wirtschaftlichen Abhängigkeit bis aufs Blut. Würde das für alle Zeiten so bleiben? Jeder Weg, den er einschlug, um zu besseren Verdienstmöglichkeiten zu kommen, führte in eine Sackgasse. Das Tor zum Lehrerberuf war immer wieder zugeschlagen worden. Daß er jetzt Buchhaltung und Stenographie hinzugelernt hatte, steigerte zwar seine Leistungen im Büro, öffnete ihm aber keinen Weg zu neuen Möglichkeiten. Er verdiente weniger als eine Sekretärin. Die Gesellschaft wollte das, was ein Mensch mit seinem Kopf und seinen Händen leistete, nicht von dem trennen, was seine Füße leisten konnten. Ein Erdarbeiter ohne viel Verstand war offenbar weniger entbehrlich als ein studierter Mann ohne Beine. Es würde ihm wohl nichts anderes übrigbleiben, als sich selbständig zu machen. Vielleicht als Fotograf? Aber wenn er auch schon einige Amateurarbeiten für Bekannte gemacht hatte – es würde noch jahrelanger Übung und Erfahrung bedürfen, bis er sich als Fachmann bezeichnen konnte.

Als Roger auf die Zeitungsannonce antwortete, hatte er keine Ahnung, wie sich damit sein Leben verändern würde. In der Anzeige wurden zwanzig kleine Gladiolenzwiebeln für einen Dollar angeboten. Er ließ sie sich schicken, und zu seiner größten Freude kamen alle zur Blüte. So schön diese Gladiolen jedoch in der Vielfalt ihrer Farben waren, sie waren nicht zu vergleichen mit denen, die Treva mitbrachte, als sie eines Tages zu Besuch kam. Sie hießen Aida, wie Roger in einem Katalog feststellte, und hatten prachtvolle dunkelviolette Blüten.

Mit ständig wachsendem Interesse studierte Roger nun Kataloge. Im ersten Sommer nach ihrer Hochzeit hatten die jungen Arnetts nur einen kleinen Garten, den LaVerna bepflanzte. Aber im folgenden Winter und Frühjahr verwandelte sich Roger in einen eifrigen Gärtner. Im März holte er sich mit dem Lift Kästen mit Blumenerde aus dem Keller herauf, säte Samen verschiedener Gemüse- und Blumenarten hinein und stellte sie in das Südfenster. Sobald der Garten umgegraben war, pflanzte er die jungen Pflänzchen, pflegte sie und jätete das Unkraut. Es war erstaunlich, wie weit man von einem Rollstuhl aus reichen konnte!

Mit seines Vaters und LaVernas Hilfe pflanzte er im Herbst an den beiden hinteren Ecken des zwanzig mal vierzig Meter großen Grundstücks lombardische Pappeln, an den beiden Seiten als Abschluß hohe Sträucher und vorn niedrigere.

Da er Tulpen immer sehr geliebt hatte, bestellte er fünfhundert Zwiebeln verschiedener Sorten und Farben und pflanzte sie Anfang Oktober in ein großes Beet längs der Auffahrt. Ein Schuljunge, Charles, half ihm gegen ein Entgelt dabei. Sie zogen Gräben, füllten sie mit Sand und setzten die Zwiebeln in regelmäßiger Entfernung voneinander. Dazu brauchten sie einen ganzen Tag.

Aber Rogers Energie ließ bald nach. Aus irgendeinem Grund ermüdete er plötzlich immer sehr schnell. Er nahm ab, hustete häufig, hatte manchmal Fieber und wachte nachts schweißgebadet auf. Oh, dachte er, wieder einmal ein Anfall von Nierenentzündung! Er hatte sich schon daran gewöhnt. Nierenentzündungen waren der Fluch der Querschnittsgelähmten. Aber irgendwie waren die Symptome diesmal anders. Schließlich ging er zu Dr. Arnold.

Der Arzt untersuchte ihn gründlich und röntgte ihn auch. Als er aus der Dunkelkammer zurückkam, war er sehr ernst.

»Sagen Sie uns die Wahrheit!« bat Roger. »Wir ertragen sie.«

»Nun, ich bin kein Fachmann, und ich kann es nicht ganz sicher sagen. Aber ich möchte die Röntgenaufnahmen ins Sanatorium nach Howell schicken und sie von den Spezialisten prüfen lassen.«

Roger wagte LaVerna nicht anzusehen. Lieber Gott, nur das nicht! Laß mich nicht zu allem übrigen auch noch eine Tb haben! Er befeuchtete seine Lippen.

»Okay, tun Sie das, Doktor! Wann – wann werden Sie wahrscheinlich Nachricht haben?«

»Bald, hoffe ich. In ein paar Tagen. Es dauert gewöhnlich nicht allzulange.« Er faßte Roger fest um die Schulter. »Nun macht euch solange keine Sorgen! Wie ich schon sagte, ich bin kein Experte. Meine Diagnose ist vielleicht völlig falsch. Und wenn es das ist, wofür ich es halte, handelt es sich wahrscheinlich um einen ganz leichten Fall.«

In den folgenden Tagen führten sie ihr gewohntes Leben. Carol, das Mädchen aus der Oberschule, das bei ihnen wohnte und sich Kost und Wohnung dadurch verdiente, daß es im Haushalt mithalf, wäre niemals auf den Gedanken gekommen, daß irgend etwas nicht in Ordnung sei. Aber für Roger und LaVerna war es, als lebten sie auf einem Vulkan.

Roger erhielt den Anruf im Büro.

»Dr. Arnold, Rog! Der Bericht ist da. Wie wäre es, wenn Sie und LaVerna zu mir herüberkämen?«

Sie gingen in der Mittagsstunde. Dr. Arnold empfing sie mit ernstem Gesicht.

»Ich vermute, die Nachricht ist nicht gut«, sagte Roger ruhig.

Er hatte recht. Dr. Arnold teilte ihnen mit, die Ärzte in Howell hätten an Hand der Röntgenaufnahme festgestellt, daß er in dem einen Lungenflügel Tb im vorgeschrittenen Stadium habe, die schon auf den anderen Lungenflügel übergreife. Er müsse sofort in eine Lungenheilstätte; denn – Dr. Arnold war ganz offen – er gefährde die Allgemeinheit.

»Ich verstehe«, sagte Roger. »Dann – gehe ich also nach Howell.«

Nach Howell gehen! Die Worte hallten in seinen Ohren wider wie Totengeläut. Er hatte schon andere sagen hören: »Wer nach Howell geht, kommt nie zurück.«

Aber es schien, als brauche er nicht nach Howell, wenigstens nicht sofort. In dem Tuberkulose-Sanatorium war kein Bett frei, und so riet ihm Dr. Arnold, inzwischen in die Klinik der Universität Michigan zu gehen.

Sie verließen zusammen das Sprechzimmer des Arztes, fuhren schweigend fort und trennten sich dann. Roger ging ins Wohlfahrtsamt zurück und LaVerna in die Schule.

Als sie ihn abholen kam, sah er bleich und angestrengt aus, lächelte ihr aber tapfer zu. Wieder fuhren sie schweigend. Erst als sie zu Hause und allein waren, brach sich die Flut der aufgestauten Gefühle Bahn. LaVerna warf schluchzend die Arme um Roger, und auch Roger weinte. Dann fielen ihm Dr. Arnolds Worte ein, und er schob sie sanft, aber fest von sich.

»Liebling, du weißt, ich gefährde deine Gesundheit. Komm mir nicht zu nahe!«

Diese Worte machten ihren Schmerz noch schlimmer. Roger sah eine trostlose Zukunft vor sich. Bestenfalls würde er Jahre, wahrscheinlich wenigstens zwei, flach auf dem Rücken liegen müssen, fern von zu Hause. Und wenn er ungeheilt entlassen wurde, mußte er isoliert werden, durfte nicht mehr arbeiten, mit keinem Menschen in engere Berührung kommen, und sein Geschirr mußte sterilisiert werden. Er mußte alles verlassen: LaVerna, ihr geliebtes Haus, den neuen Wagen, der nun bald kommen sollte, und den Garten. Niemals würde er die Tulpen im Frühjahr blühen sehen. War es nicht genug, daß er querschnittsgelähmt war? War er wie Hiob, daß ein Unglück nach dem anderen über ihn verhängt wurde? Und gerade jetzt, wo er wirklich zu leben begonnen hatte! Es schien erst, als könne er es nicht ertragen.

Aber allmählich setzte sich sein unverwüstlicher Lebensmut wieder durch. Er war doch nicht mit einem Wirbelsäulenbruch fertiggeworden, um an Tuberkulose zugrunde zu gehen! »Ich bleibe nicht lange fort«, sagte er fröhlich zu LaVerna, als ihn ein Angestellter des Wohlfahrtsamtes am nächsten Morgen abholte, um ihn nach Ann Arbor zu fahren. »Ich komme bald zurück.«

Neun Tage vergingen. Täglich erhielt sie einen Brief von Roger, und aus jedem sprach die gleiche fast übermenschliche Zuversicht, ja Gewißheit. »Es geht mir gut, und ich nehme ständig zu.« »Ich habe es bereits geschafft.« »Ich bin wieder zu Hause, ehe Du es gedacht hast.«

Das Erntedankfest kam heran. LaVerna wollte mit Rogers Eltern nach Ann Arbor fahren, unterwegs irgendwo zu Mittag essen und dann den Nachmittag bei Roger im Krankenhaus verbringen. Aber einen Tag vorher erhielt sie mittags einen Telefonanruf, in dem ihr kurz und sachlich mitgeteilt wurde, Mr. Arnett dürfe nach Hause. Er bäte, daß seine Angehörigen ihn abholten.

LaVerna wußte nicht, was sie denken sollte. Sie ließ sich den Nachmittag frei geben und fuhr mit Rogers Eltern nach Ann Arbor.

Unterwegs fragten sie sich immer wieder, warum Roger wohl schon entlassen werde. Wenn er ein hoffnungsloser Fall wäre, dann dürfte er doch nicht nach Hause und mit seiner Familie zusammensein. Andererseits konnte man aber eine Tuberkulose auch nicht in neun Tagen heilen. Was mochte die Nachricht bedeuten? Etwas Gutes oder etwas Schlimmes?

Sobald sie Roger sahen, wußten sie es. Sein Gesicht hatte eine frische, gesunde Farbe, und seine Augen strahlten. Auf dem Heimweg erzählte er, was geschehen war.

Als er vor neun Tagen ins Krankenhaus kam, hatten sie ihn geröntgt und allerlei Untersuchungen vorgenommen, und ein paar Tage später hatten sie den ganzen Prozeß wiederholt. An der Art, wie sie sich verhielten, hatte er gemerkt, daß sie nicht recht wußten, was sie denken sollten.

»Sie können nichts finden, nicht wahr?« hatte er sie gefragt und schließlich erfahren, daß auf seinen Lungenaufnahmen viele Narben, aber keine neuen Herde zu sehen seien. Natürlich hatte er sofort darum gebeten, nach Hause gehen zu dürfen, und sie hatten es ihm erlaubt, wenn er versprach, sechs Wochen im Bett zu bleiben und alles genauso zu machen wie im Krankenhaus: dreimal am Tag seine Temperatur zu messen und aufzuschreiben, soundso oft etwas zu essen und eine bestimmte Diät einzuhalten.

Während der folgenden sechs Wochen kam Rogers Mutter zu ihm, solange LaVerna in der Schule war. Er nutzte die unfreiwillige Ruhepause aus, indem er sich von Dutzenden von Blumenzüchtern Kataloge schicken ließ, die er eifrig studierte.

Nach sechs Wochen ließ sich Roger wieder in Ann Arbor untersuchen. Die Ärzte fanden keine Veränderung und schrieben ihn gesund.

Wie erklärte sich Roger diese »schnelle« Heilung? Er konnte sie sich nicht erklären, obwohl er bestimmt glaubte, daß es eine vernünftige Erklärung dafür gab. Waren seine Röntgenbilder nicht richtig beurteilt worden? Die besten Experten im Lande hatten sie geprüft. Hatten die Ärzte in Howell die Sache mit Absicht schlimmer dargestellt, damit er nicht mit anderen Menschen in Berührung kam? Es würde immer ein Geheimnis bleiben, aber eins, für das er unaussprechlich dankbar war.

Roger war jedoch überzeugt, daß er sich einige der Symptome erklären konnte. Sein Kummer, finanziell von LaVerna abhängig zu sein, war wie ein Krebsgeschwür geworden, das nicht nur seinen seelischen Frieden, sondern mehr und mehr auch seine physische Kraft verzehrt hatte. Bei Tag hatte er darüber gebrütet und bei Nacht deswegen keinen Schlaf gefunden. Minderwertigkeitsgefühle, Ärger, daß seine Leistungsfähigkeit nicht anerkannt wurde, all das hatte an seinem Leib und seiner Seele gezehrt, bis er physisch und psychisch zusammengebrochen war. Die Tage im Krankenhaus hatten ihm Entspannung gebracht, und er hatte erkannt, daß finanzielle Unabhängigkeit bei weitem nicht so wertvoll und wichtig war wie die drei Dinge, die er schon besaß: ein Heim, Liebe und das Leben selbst. Nicht, daß er den Ehrgeiz, unabhängig zu werden, aufgegeben hätte! Er wollte aber nicht ein Sklave dieses Ehrgeizes werden.

Es gab einen Menschen, der sich Rogers ungewöhnliche Rückkehr erklären zu können glaubte.

Eines Tages machte Mr. Boyd den Arnetts einen Besuch.

»Sie sind sehr krank gewesen«, sagte er zu Roger. »Ich wußte es, und ich betete für Sie. Ich betete unaufhörlich, und schließlich wußte ich, daß Sie geheilt waren. Seitdem habe ich mich immerzu gefragt, was das wohl für eine Krankheit gewesen sein mochte, und bin nun heute gekommen, um es mir von Ihnen erzählen zu lassen.«

Während der sechs Wochen unfreiwilliger Untätigkeit schrieb Roger fast täglich ein paar Sätze in ein Tagebuch. Auf der ersten Seite führte er seine irdischen Besitztümer auf:

»Ein Haus mit einer hübschen dicken Hypothek. Sechs Zimmer und Bad, die Zimmer voll einfacher, aber schuldenfreier Möbel. Ein zwanzig mal vierzig Meter großes Grundstück, auf dem das Haus steht. Ein Chevrolet. Sechs Arten von Iris; 487 Tulpenzwiebeln, zwanzig verschiedene Sorten; ein leerer Fisch- und Wasserlilienteich; dreißig Sträucher; zwanzig kleine Immergrüns; achtzehn Pfingstrosen und dreißig verschiedene Sorten von Rosen.«

»Wir hoffen auf ein glückliches Jahr!« schrieb er am 1. Januar 1937. Ich bin entschlossen, mir im Laufe dieses Jahres einen viel besseren Job zu suchen. LaVerna und ich haben uns je für fünf Dollar Blumen und Zwiebeln als Geschenk zu unserem ersten Hochzeitstag bestellt. Wenn ich mir große Mühe gebe, interessiert sie sich eines Tages vielleicht für die Gartenarbeit.«

Im Januar waren die Tagebuchseiten wie Gärten, in denen es sproßte und blühte.

»Gestern trafen zwölf winterfeste Lilienzwiebeln, sechs *oratum* und sechs *specio* von Burpee ein. Daraufhin kamen Vater und Mutter herüber und halfen mir beim Pflanzen. Vater hatte seine Spitzhacke mitgebracht. Aber zu unserer Freude war die Erde nicht gefroren. Ich hätte die Arbeit selbst machen können.«

»Baute heute drei Kästen für Pflanzensetzlinge, gerade groß genug, um sie über die Armstützen meines Rollstuhls zu stellen. Elf Samen- und Zwiebel-Kataloge kamen. Ich nahm alle Noten aus der Klavierbank, um Platz für meine Samenkataloge zu schaffen.«

»Heute morgen bekam ich Draht, um Rahmen für mein selbstgemachtes Treibhaus im Garten anfertigen zu können. LaVerna bekommt wirklich den Blumenfimmel. Hurra!«

»Hurra! Heute bekam ich mein Gesundheitsattest vom Arzt. Kerngesund und bereit für den ›Tanz des Lebens‹! Es ist wirklich ein herrliches Gefühl, gesund zu sein. Heute nachmittag habe ich den Ofen mit Kohle vollgepackt und sie gut mit Asche bedeckt. Dann sind wir zu Vivian und Eldred gefahren. Und – o Wonne! – sie hatten einen neuen Samen-Katalog.«

»Ging heute morgen fröhlich zur Arbeit. Das Büro kam mir richtig heimisch vor, und bei der Arbeit ging alles glatt.«

»Prima Tag! Habe elf Kataloge bekommen. Sah mir die

Gladiolenzwiebeln an, die ich neulich gepflanzt hatte, war aber noch nichts zu sehen. Ich glaube, man kann sie nicht verleiten, zu denken, der Winter sei vorüber.«

»LaVerna ist krank, sie hat einen steifen Hals. Ich ging zur Schule, um ihr Arbeiten zensieren zu helfen. Da ich zu sehr auf die Arbeit achtgab, ließ ich die Urinflasche überlaufen. Riesige Pfütze, fürchterlicher Geruch. Ich war schrecklich verlegen. Ja, ja, das ist eins der gesellschaftlichen Handikaps des Querschnittsgelähmten!«

(Roger schämte sich wegen dieses Zwischenfalls bis an sein Lebensende. Immer wieder fragte er sich, ob Mr. Willman nicht deswegen – und nicht wegen seiner Krankheit an sich – immer wieder zu ihm sagte, er werde niemals Lehrer sein können. Für den Querschnittsgelähmten waren diese Probleme viel quälender als die Unfähigkeit zu laufen. Kein Wunder, daß sich viele aus Angst vor einem solchen beschämenden Zwischenfall lieber freiwillig aus der Gesellschaft zurückzogen. Es dauerte Jahre, bis Roger es lernte, sich niemals so auf eine Arbeit zu konzentrieren, daß er den verräterischen Geruch nicht merkte.)

»Fuhren mit unserem neuen Terraplane nach Ithaca. So ein Spaß! Eiskalter Regen, die Straßen spiegelglatt. Als wir in die Garage fuhren, war der Rollstuhl an der Seite mit einer zentimeterdicken Eisschicht bedeckt.«

»Junge, würde ich gern unterrichten! – Zwei weiße Triebe im Gladiolentopf.«

»Besuchte heute Mr. Willman wegen einer Lehrerstelle. Nichts zu machen! Aber ich verliere nicht den Mut. Meine Zeit wird schon noch kommen.«

»Habe mich für dieses Wochenende ins Bett gelegt. Muß Druckgeschwüre an meinen Fersen ausheilen. Verbrachte die Zeit über Gladiolen-Katalogen.«

Sogar LaVerna wurde ein wenig von dem Gladiolenfieber angesteckt. Am 14. Januar schrieb sie in ihr Tagebuch:

»Es gibt doch nichts Schöneres, als das Fell des Bären zu

verkaufen, ehe man ihn hat. Ich überrasche mich dabei, daß ich versuche, wunderschöne Sträuße noch nicht vorhandener Gladiolen und Iris überall im Hause aufzustellen, und mir dabei mehr Spiegel wünsche, in denen sie sich spiegeln könnten.«

Wann Roger sich entschloß, sich auf Gladiolenzucht zu spezialisieren, könnte er heute nicht mehr sagen. Sicherlich reifte dieser Plan während der sechs Wochen seiner Genesung ganz allmählich. Nach dem Schrecken mit der Tb wurde ihm klar, daß es mit Fotografie als Beruf, ja auch nur als größeres Hobby, vorbei war, da er dadurch zu sehr ans Zimmer gefesselt sein würde. Er mußte hinaus ins Freie! Während er im Bett lag und draußen der Schnee trieb und der Wind heulte, dachte er an seine Gladiolen vom vergangenen Sommer und an den Strauß herrlicher dunkelvioletter Aidas. Irgend jemand schenkte ihm ein Buch über Luther Burbank, und er las mit steigendem Interesse von den Wundern, die dieser Mann beim Kreuzen von Pflanzen vollbracht hatte. Im Geiste sah er die Gladiolen, alle zwanzig Sorten, groß und üppig, von einem Rollstuhl aus leicht erreichbar; stellte sich die Hunderte von Variationen in Farbe und Form vor, die man durch Kreuzung erhalten konnte, und dachte: Das möchte ich versuchen!

Als er im Laufe der Woche immer mehr Kataloge studierte, immer mehr Samen auslegte und immer mehr Zwiebeln kaufte, wuchs auch seine Begeisterung immer mehr. Vielleicht würde das tote Holz noch einmal ausschlagen und etwas so Herrliches hervorbringen wie die Winden an dem alten Wäschepfahl.

7

So konnte Roger im Frühjahr die Tulpen also doch sehen! Sie blühten so herrlich, daß die Leute von weit her kamen, um sie zu bewundern.

Er hatte es kaum erwarten können, daß es Frühling wurde und die Erde weich und trocken genug war, damit er sie pflügen konnte. Am 1. Mai, seinem Geburtstag, stellte er Charles wieder an, und sie pflanzten den ganzen Tag lang Gladiolenzwiebeln in Beete, die sich 1,20 Meter breit über die ganze Länge des Gartens hinzogen. Auf jedem Beet standen, je 30 cm voneinander entfernt, vier Reihen Zwiebeln in 20 Zentimeter Abstand. Zwischen den Beeten wurden breite Wege frei gelassen, auf denen er mit seinem Rollstuhl fahren und von denen aus er jäten, hacken und durch Fremdbestäubung die verschiedenen Sorten befruchten konnte. Die Drahtpfähle, die er im Winter gemacht hatte, wurden ans Ende jeder Reihe gestellt und Schildchen mit Namen daran befestigt. Es waren nahezu fünftausend Zwiebeln.

»Hör jetzt lieber auf und ruh dich aus!« sagte LaVerna am späten Nachmittag. »Außerdem mußt du dich fürs Abendessen gründlich waschen.«

»Nicht um die Welt!« erwiderte Roger, entschlossen, an diesem ersten Tag soviel Zwiebeln wie möglich zu pflanzen. Er arbeitete um fünf Uhr immer noch, verschwitzt, Gesicht und Anzug beschmutzt, als plötzlich sein alter Freund von der Oberschule, Bill Carmichael, mit seiner Freundin in den Garten kam. LaVerna hatte sie heimlich eingeladen, von Grand Rapids herüberzukommen und Rogers Geburtstag feiern zu helfen.

»Und ich dachte, ich käme zu einem Invaliden!« scherzte

Bill, der sich offensichtlich an der Verlegenheit seines Freundes weidete.

Roger brauchte noch zwei Samstage, um all die Zwiebeln zu pflanzen. Danach arbeitete er jeden Abend und jeden Samstag ständig im Garten, beobachtete und pflegte sie mit der Liebe einer Mutter, die für ihr erstes Baby sorgt, und als nach zwei Monaten die erste Blütenähre erschien, war er stolz wie auf den ersten Zahn. Ende Juli blühte die erste Gladiole, eine gelbe, Goldstaub genannt. Jeden Morgen fuhr er vor der Arbeit im Büro mit seinem Rollstuhl durch den Garten und sah sich jede neue Blüte an. Er kannte die verschiedenen Sorten nur von seinen Katalogen her, aber es dauerte nicht lange, da wußte er von jeder einzelnen den Namen.

In diesem Sommer versuchte er viele Kreuzungen und begeisterte sich immer mehr an der Möglichkeit, Neues zu schaffen. Zum erstenmal wurde Arbeit Selbstverwirklichung und war nicht nur ein Mittel, um den Lebensunterhalt zu verdienen. Wer weiß? Andere Männer hinterließen Bücher, die ihren Namen trugen, oder Kompositionen oder Gemälde. Vielleicht konnte er sich auch ein Denkmal schaffen, etwas selten Schönes, das einzig ihm zu verdanken war! Sein Leben erhielt einen neuen Auftrieb.

Nach einer Kreuzung sah er immer wieder nach, ob die Samenhülsen anschwollen. Wenn die Pflanze eine Samenhülse von ungefähr fünf Zentimeter Länge und eineinviertel Zentimeter Durchmesser entwickelte, war die Kreuzung gelungen. Die meisten seiner Versuche in jenem Jahr machte er auf gut Glück. Aber aus einem dieser Versuche entwickelte sich eine sehr frühe, gelbe Gladiole, die er viele Jahre später unter dem Namen »Kerzenlicht« auf den Markt brachte.

Die Nachricht von dem Gladiolengarten verbreitete sich schnell, und bald kamen Leute, um ihn sich anzusehen. Etwa Mitte August standen die Blumen in voller Blüte, und Roger beschloß, eine Gladiolenschau zu veranstalten. LaVerna stellte überall im Haus Sträuße an besonders vorteilhafte Stellen.

(Ach, hätte sie doch jetzt noch ein paar Spiegel!) Sie füllte Milchflaschen mit den zweihundert verschiedenen Sorten, beschriftete jede einzelne und verwandelte das Kellergeschoß in einen riesigen Ausstellungsraum. Mittelpunkt der Ausstellung war Rogers »Goldene Göttin«, mit vierzehn Blüten an einem einzigen Stengel. Ein paar hundert Leute kamen, schwärmten durch die Zimmer, riefen begeistert Ah! und Oh! und wollten bei LaVerna Sträuße kaufen. Es war nicht Rogers Absicht gewesen, Blumen zu verkaufen. Er wollte nur Bestellungen auf Zwiebeln fürs nächste Frühjahr entgegennehmen.

»Was sollen wir tun?« fragte LaVerna.

»Gib sie fort!« erwiderte er.

Bald waren alle Blumen verkauft, und die Gladiolenschau war damit zu Ende. Dieses Erlebnis brachte sie auf den Gedanken, Schnittblumen zu verkaufen, um die Kosten zu dekken.

Im August besuchten und veranstalteten sie ihre erste Gladiolen-Ausstellung, zu der Züchter aus ganz Michigan kamen. Hingerissen von der Fülle ungeahnter Spielarten und Farben, beschloß Roger, im nächsten Sommer noch mehr Gladiolen zu pflanzen. Ihr kleiner Garten von einem Zehntelmorgen war nur ein ganz bescheidener Anfang.

Mit dem Ende der Saison begann eine Zeit noch härterer Arbeit. Die empfindlichen Zwiebeln mußten alle ausgegraben und aufbewahrt werden. Roger arbeitete jeden Abend, solange er konnte, und ließ samstags Charles zu seiner Unterstützung kommen. Es war faszinierend zu sehen, wie die Zwiebeln gewachsen und zahllose kleine Zwiebeln entstanden waren.

Jede Sorte mußte in ihrem eigenen Behälter aufbewahrt werden. Wenn es fünfzehn oder mehr Zwiebeln von einer Sorte waren, legte er sie in einen der Kästen, die er angefertigt hatte. War nur eine da, dann steckte er sie in eine kleine Papiertüte, zwei oder drei wurden in einem Dreipfund-Beutel untergebracht und so weiter.

Roger hob jedes einzelne Zwiebelchen auf; denn sie waren so kostbar wie Gold. Nachdem alle ausgegraben und klassifiziert waren, wurden die Behälter offen stehengelassen, damit der Wind die Zwiebeln trocknete. Wenn es nach Regen aussah, mußten sie nachts ins Haus gebracht werden. Sobald sie trocken waren, wurden sie zuerst in der Garage und später im Keller untergebracht.

Die gekreuzten Sorten mußten besonders vorsichtig behandelt werden. Wurden die Samenhülsen zu bald eingesammelt, waren sie nicht reif genug. Wenn er einen Tag oder zwei Tage zu lange wartete, öffneten sich die Hülsen, und ein Teil des Samens wurde fortgeblasen. Roger bewahrte die Samenhülsen in Halbpfundtüten auf. Später, im Winter, kam das Dreschen. Alle Samen mußten aus den Hülsen entfernt, in kleine Tüten getan und diese mit einem Gummiband verschlossen werden. Auf jeder Tüte mußte der Name der Kreuzung stehen. Denn es war ebenso wichtig, sich über den Vater und die Mutter der gekreuzten Samen auf dem laufenden zu halten, wie über jede einzelne Sorte Listen zu führen.

Aber die endlose Kleinarbeit stachelte Rogers Eifer und Begeisterung nur an. In diesem Herbst schrieb er an alle führenden Gladiolenzüchter des Landes und bat um ihre Kataloge. Jede freie Minute brachte er damit zu, all die Literatur, die er über das Züchten von Gladiolen und über den Verkauf von Blüten und Zwiebeln finden konnte, zu studieren. Endlich hatte er eine schöpferische Aufgabe, etwas, was zur Schönheit der Welt und zur Bereicherung des Menschen beitrug.

Es schien so, als ob sich Rogers Körper den Herbst für seine Krankheitsfälle aussuchte. Im vergangenen Jahr war es Tb gewesen. Dieses Jahr waren es die üblichen Infektionen und Abszesse, die zweifellos durch die vielen Stunden im Rollstuhl verschlimmert worden waren.

Ende des Jahres 1937 begann Rogers Temperatur ohne ersichtlichen Grund zu steigen. Zunächst waren keine entzündeten Stellen an seinem Körper zu finden. Aber als die Infektion fortschritt, entdeckten sie doch einen roten Streifen am rechten Bein, der sich vom Knöchel bis zum Knie erstreckte. Irgendwie mußte sich Roger, ohne es zu wissen, gekratzt haben. LaVerna behandelte die Entzündung, wie sie es gewöhnt war, mit Umschlägen, die in einer Lösung von Epsomer Bittersalz getränkt waren, und rief den Arzt.

Roger mußte viele Tage im Bett bleiben. Seine Mutter kam und sorgte für ihn, während LaVerna in der Schule war. Aber trotz aller Heilmittel ging die Entzündung nicht zurück. LaVerna schlief nachts wenig. Manchmal schwitzte Roger so furchtbar, daß sie seine Bettwäsche alle halbe Stunde wechseln mußte.

Nach fünf solchen Nächten merkte ihr Direktor, wie müde sie war, und schickte sie nach Hause, damit sie sich ausruhte. Aber es ging Roger so viel schlimmer, daß LaVerna alle Müdigkeit vergaß. Sie rief bei Dr. Arnold an und wartete dann voller Angst. Es war um vier Uhr nachmittags, als der Arzt hereingestürzt kam. Da Roger offenbar fest schlief, war er erleichtert.

»Ein Glück! Als ich hörte, daß ich zu Ihnen kommen sollte, dachte ich schon, es sei etwas Ernstliches. Schlaf kann ihm viel mehr helfen als ich.«

»Aber – sind Sie sicher, daß er schläft?« LaVerna war fast erstaunt, sich so fragen zu hören.

Der Arzt stutzte. Als er Roger dann untersuchte, entdeckte er, daß er sich im Koma befand.

»Er muß sofort ins Krankenhaus«, sagte er. »Machen Sie ihn fertig!«

Rogers Mutter hatte ihn schon so viele Krankheiten überstehen sehen, daß sie diese nicht für schlimmer hielt als die anderen. Am Abend kam sie mit Vater Arnett, um ihn zurechtmachen zu helfen.

»Roger, wenn du nicht gern ins Krankenhaus gehen möchtest, brauchst du es nicht«, sagte sie, als er etwas zu sich gekommen war.

»Mutter«, sagte er so entschieden, als sei er bei vollem Bewußtsein, »ich gehe – ins Krankenhaus.«

Er befand sich im letzten Stadium einer Blutvergiftung. Nur dadurch, daß sich die Ärzte und Schwestern die ganze Nacht um ihn bemühten, konnten sie sein Leben retten. Aber die Kraftprobe hatte erst begonnen. Die Infektion ging weiter und griff schließlich auf den Rumpf des Körpers über.

»Roger«, sagte Dr. Arnold schließlich, »ich sage es Ihnen nicht gern, aber – wir müssen das Bein abnehmen. Wir wollen noch warten, bis die Infektion abgeklungen ist. Aber dann muß es sein.«

»Nein!« erwiderte Roger zähneknirschend. Er werde es nicht zulassen. Solange er beide Beine habe, sei noch Hoffnung, daß er eines Tages wieder laufen könne.

»Aber wenn dadurch dein Leben gerettet werden könnte –«, beschwor ihn LaVerna weinend.

Er war so eigensinnig, wie sie ihn selten gesehen hatte. Die Ärzte hätten schon früher gedacht, er werde sterben, und er habe sie an der Nase herumgeführt. Er werde es diesmal wieder tun – und zwar mit zwei unversehrten Beinen!

Außer sich vor Angst und Sorge, bat LaVerna Norman Hagen, der sie gerade besuchte, mit Roger zu sprechen.

»Was fällt dir ein, zu denken, du wüßtest mehr als die Ärzte?« sagte Norm streng zu ihm. »Denkst du, du bist ein Glückskind, dessen Leben gefeit ist? Komm, sei vernünftig, Rog! Du weißt, daß du niemals wieder laufen kannst. Warum machst du dir selbst etwas vor? Ist es nicht besser, mit einem Bein zu leben, als mit zwei Beinen begraben zu werden? Und wenn du zu eigensinnig bist, es um deiner selbst willen zu tun, dann tu es um LaVernas willen!«

Roger brachte nur ein schiefes Grinsen zustande.

Ein oder zwei Tage später kam Dr. Arnold wieder. Er sah noch besorgter aus.

»Hol's der Kuckuck, Roger, ich weiß nicht, was ich machen soll! Wenn wir das Bein abnehmen, solange es noch entzündet ist, ist es wahrscheinlich lebensgefährlich, und wenn wir es nicht tun, ist es ganz sicher lebensgefährlich. Ich muß Ihnen die Entscheidung überlassen.«

»Nehmen Sie es ab, Doktor!« erwiderte Roger, zu elend, um sich noch viel darum zu kümmern, was geschah.

Und wo sollte es abgenommen werden?

Roger zeigte erst auf eine Stelle des Knies, dann oberhalb und schließlich mit einem schwachen Grinsen auf seinen Hals. »Suchen Sie es sich aus!«

Obwohl die Operation erfolgreich verlief, genas Roger nur sehr langsam. Schließlich durfte er nach Hause, aber seine Leiden waren durchaus noch nicht zu Ende. Die gefährlichen Druckgeschwüre traten immer wieder auf. Sobald eins geheilt war, kam das nächste, und eines Tages war er wieder dem Tode nahe.

Er litt an einem schlimmen Abszeß an der Hüfte. Es gelang ihnen nicht, den Eiter abzuziehen. Rogers Temperatur stieg wieder stark an, und er wurde so schwer krank, daß Dr. Arnold um sein Leben bangte.

»Es gibt ein neues Medikament«, sagte er eines Samstagabends zu LaVerna. »Ich habe es noch an keinem Patienten ausprobiert. Aber wenn Sie wollen, versuche ich es bei Roger. Unter normalen Umständen würde ich es nicht wagen, Experimente bei einem Patienten zu machen. Aber in diesem Falle –.« Er brauchte den Satz nicht zu Ende zu sprechen. LaVerna verstand. Das neue Medikament war eine letzte, winzige Hoffnung, Rogers Leben zu retten.

»Geben Sie es ihm!« sagte sie fest. Der Arzt gab ihm die Sulfonamide. Er blieb mit LaVerna am Krankenbett sitzen. Die ganze Nacht über wurde Roger vom Fieber geschüttelt. Seine Augen waren glasig. Weder der Arzt noch LaVerna glaubten, daß er bis zum nächsten Morgen leben würde. Es war die dunkelste Nacht, die LaVerna je verbracht hatte. Aber am Morgen war Rogers Temperatur gefallen. Seine Augen waren klar, und er sprach wieder vernünftig. Eine Woche später stand er auf, und am folgenden Sonntag saß er in seinem Rollstuhl und unterhielt zweiundzwanzig Besucher. Am Montag war er wieder an der Arbeit.

Selbst das, was Roger mit der Tuberkulose erlebt hatte, war wohl nicht wunderbarer gewesen. Für Roger und LaVerna sah die Zukunft hoffnungsvoller aus als je seit ihrer Heirat.

Als sie eines Tages in ihrem Hof waren, kam ihr Nachbar zu ihnen herüber. Er war Arzt und ein alter Bekannter, der mit Roger in die Oberschule gegangen war, und seine Frau hatte ihr erstes Kind bekommen.

»Ihr denkt vielleicht, ihr seid glücklich«, sagte er vergnügt zu Roger und LaVerna. »Ihr müßtet erst mal ein Baby haben! Wollt ihr nicht auch einmal daran denken?«

»Wie wäre es, wenn du uns ein wenig beraten würdest?« erwiderte Roger.

Der Arzt sah die beiden prüfend an.

»Okay, ich werde LaVerna untersuchen.«

Nach sorgfältiger Untersuchung und Durchleuchtung konnte er ihnen aber keine große Hoffnung machen. Es war zweifelhaft, ob LaVerna ein Kind austragen konnte. Sie würde die neun Monate im Bett bleiben müssen, und wenn sie dann wirklich ein Kind zur Welt bringen würde, müßte sie vielleicht den Rest ihres Lebens im Rollstuhl zubringen. Das war das Ausschlaggebende. Ein Rollstuhl in der Familie genügte!

Sie begannen nun zu überlegen, ob sie ein Kind adoptieren sollten. Aber auch das brachte Schwierigkeiten mit sich. LaVerna durfte vorläufig ihren Beruf noch nicht aufgeben, da sie von Rogers kleinem Einkommen nicht leben konnten. Das in Frage kommende Kind mußte also schon im schulpflichtigen Alter sein. Aber – war das nicht ein guter Gedanke? LaVerna verbrachte immer viel Zeit damit, Roger bei seinen verschiedenen handwerklichen Tätigkeiten zu helfen.

Auch die Einkäufe mußte sie selbst machen, da Roger mit seinem Rollstuhl in die meisten Läden nicht hineinfahren konnte. Wenn sie ein Kind hätte, das gerade groß genug war, um einkaufen zu können oder die Bretter zu halten, wenn Roger zimmerte!

Eines Tages erzählte Rogers Mutter von einem Großneffen, der kein Zuhause mehr hatte.

»Wie alt ist er denn?« fragte LaVerna. Als die Antwort kam: »Zehn Jahre alt«, blickte sie schnell zu Roger hinüber, der ebenso überrascht aufgehorcht hatte. Sie sah ihn fragend an. Er nickte und sagte zu seiner Mutter: »Wir werden ihn nehmen.« Das war im März.

Roger schrieb sofort an den Vormundschaftsrichter in West-Michigan, der für den kleinen Dick zuständig war. Aber erst am 31. Juli erhielten sie die Bestätigung, daß ihr Haus für die Aufnahme eines Adoptivkindes geeignet sei. Kurz danach wurde der Junge zu ihnen gebracht, ein magerer, kleiner Bursche mit einem vollen, ernsten Mund, hellbraunem, lockigem Haar und einem verlorenen Blick in seinen großen braunen Augen. Sofort flogen ihm ihre Herzen zu, und sie adoptierten ihn so schnell sie konnten.

Seine Geschichte war ergreifend. Ehe er geboren wurde, hatte sein Vater seine Mutter mit drei Kindern im Stich gelassen. Ihren Sohn Roger brachte sie in ein Heim, gab ihre beiden Töchter in Kost und arbeitete, um sie zu unterhalten. Als Dick geboren wurde, gab sie ihn frei zur Adoption, und er kam zu einem Ehepaar, das sein erstes Kind verloren hatte. Ein Jahr später bekamen Mr. und Mrs. White zwei kleine Mädchen. Als Dick drei und die Zwillinge noch nicht zwei Jahre alt waren, fuhr die Familie Weihnachten zu Verwandten. Unterwegs wurde Mr. White, als er neben seinem Wagen stand, um einen neuen Reifen zu montieren, angefahren und getötet. Mrs. White, die wieder ein Baby erwartete, hatte nur eine schwache Gesundheit und stand fast mittellos da. Als die Bank, auf der ihre kleine Versicherungssumme lag, schließen mußte, war sie gezwungen, die Wohlfahrt in Anspruch zu nehmen. Sie starb, als Dick neun Jahre alt war. Beim Nachprüfen seiner Akten wurde festgestellt, daß die Whites seine Adoptionspapiere nie unterzeichnet hatten. Das Wohlfahrtsamt schrieb an Dicks Mutter, Rogers Kusine Fern, aber deren Verdienst in einem Hotel reichte nicht einmal aus, um ihre Töchter zu unterhalten. In dieser Situation hatte Rogers Mutter von Dicks Unglück gehört.

Zuerst schien er lieber bei LaVerna zu sein als bei Roger, wahrscheinlich weil er in einer Familie aufgewachsen war, deren Oberhaupt eine Frau war. Er hatte meist im Zimmer gesessen und mit seiner Mutter und den Zwillingen Handarbeiten gemacht. Wenn LaVerna sich um Roger kümmerte, schien er sich jedesmal zu ärgern. Aber diese Phase ging bald vorüber, besonders da der Rollstuhl gewöhnlich der Mittelpunkt irgendeiner männlichen Beschäftigung war.

Dick konnte nicht verstehen, was es mit der Querschnittslähmung für eine Bewandtnis hatte.

»Sie meinen, ich könnte – ich könnte Sie an Ihr Bein stoßen, und Sie sogar auf den Fuß treten, und es würde Ihnen nicht weh tun?« Die großen Augen sahen Roger ganz ungläubig an. »Sie meinen das wirklich, Mister, auf Ehre?«

»Auf Ehre!« erwiderte Roger lächelnd. »Aber du dürftest nun mal anfangen, uns ›Mama‹ und ›Papa‹ zu nennen, weil es doch so aussieht, als wären wir nun deine Eltern.«

Dick war gerade während der Hochsaison im Gladiolengeschäft gekommen, und er merkte bald zu seiner Überraschung, daß man Hilfe von ihm erwartete. Er hatte bisher noch nie gearbeitet, und auch die anderen Menschen in seinem Bekanntenkreis hatten das nicht getan. Was sie zum Lebensunterhalt brauchten, war vom Wohlfahrtsamt gekommen, ohne daß sie sich zu plagen hatten. Aber dank gutem Zureden und gutem Beispiel half er bald mehr oder weniger bereitwillig: jätete, brachte die Gladiolen ins Auto und trug Holzkästen und Zwiebeln von einem Platz zum anderen.

In dieser zweiten Saison nahm die Gladiolenzucht schon einen ziemlich großen Umfang an. Zeitig im Frühjahr pflanzte Roger die Samen von seinen vorjährigen Kreuzungen in Holzkisten, die mit einer Mischung von Torfmoos und Erde gefüllt waren. Er konnte dreihundert bis vierhundert Samen in einer solchen Kiste unterbringen, alle in Reihen gelegt und mit winzigen Schildchen versehen.

Aber das war erst der Anfang eines langen Prozesses. Im ersten Jahr sahen die Sämlinge nicht viel anders aus als kleine Grasspitzen. Im zweiten Jahr kamen vielleicht ein paar zum Blühen. Die gute Blüte kam immer erst im dritten Jahr, und dann wurde vielleicht nur eine einzige von allen Zwiebeln für wert befunden, aufgehoben zu werden.

Im Winter hatte Roger mit R. J. Nitchman, einem Blumenzüchter in Ohio, über neue Sorten korrespondiert, von denen ihm »Shirley Temple« empfohlen wurde, eine Gladiole mit einer sehr großen, cremefarbigen Blüte, die ein Erfolg zu werden versprach. Eines Tages schrieb Mr. Nitchman, daß er einen Sonderverkauf der »Shirley Temple« veranstaltete. Für zweihundert Dollar konnte Roger fast ein halbes Litermaß voll kleine Zwiebeln kaufen. Das war viel Geld, aber sie brachten es irgendwie auf. Im Frühjahr pflanzte Roger die Zwiebelchen sehr sorgfältig, und sie wuchsen zunächst gut. Aber die Blütenähren neigten dazu, krumm zu wachsen, und so war die erste Kapitalanlage ein großer Reinfall.

Da Roger für die immer größer werdende Anzahl von Zwiebeln immer mehr Land brauchte und es auch nicht empfehlenswert war, zwei Jahre hintereinander den gleichen Boden zu benutzen, pachtete er ein großes Grundstück in der Adams Street, etwa zwei Häuserblocks entfernt. In dieser Saison pflanzte er einmal in Reihen, statt in Beeten, und der Ertrag war befriedigend. Sowohl Schnittblumen als auch Zwiebeln fanden reißenden Absatz. Aber bis zum Wohlstand war es noch weit, und er konnte sein festes, wenn auch winziges Einkommen beim Wohlfahrtsamt keinesfalls schon aufgeben.

Jetzt, wo er dabei war, sein Geschäft ständig zu vergrößern, bedeutete für ihn mehr Absatz nur mehr Geld, um mehr Zwiebeln zu kaufen.

In diesem Sommer 1938 besuchte Roger zum erstenmal Robert Cox, und die Begegnung sollte für beide Männer von weitreichender Bedeutung sein.

Robert war ein Querschnittsgelähmter, der fast zur gleichen Zeit wie Roger verunglückt war und drei Meilen von Owosso entfernt lebte. Er war zwischen einer Scheune und einem Traktor eingequetscht worden und hatte seit dem Unfall sein Bett nicht mehr verlassen — damals die einfachste Lösung für einen Querschnittsgelähmten. Einmal im Jahr, wenn in Corunna der Jahrmarkt für den ganzen Kreis war, fuhren Freunde Robert in seinem Bett dorthin, und er verkaufte Weihnachtskarten. Das war sein einziges, selbstverdientes Geld. Als er eines Tages im Lokalanzeiger einen Artikel über Roger und seine Gladiolen las, schrieb er an Roger und bat ihn, doch einmal zu ihm zu kommen.

Roger fand einen jungen Mann, einige Jahre jünger als er, spindeldürr und von Kopf bis Fuß steif wie ein Brett; aber mit Augen, die buchstäblich glühten.

»Stimmt das alles, was man von Ihnen erzählt?« fragte Robert sofort nach der Begrüßung. »Sie sind verheiratet, Sie arbeiten, Sie züchten Gladiolen, Sie fahren einen Wagen und sind ganz allein unterwegs?«

»Nun ja — überzeugen Sie sich selbst!« erwiderte Roger. »Ich bin hier. Niemand hat mich hergebracht. Ich wäre schon früher gekommen, aber ich habe den ganzen Tag im Wohlfahrtsamt gearbeitet. Und hier sind ein paar von meinen Gladiolen. Ich dachte, Sie würden sich vielleicht darüber freuen. Es ist meine Lieblingssorte, die ›Goldene Göttin‹.«

»Und Sie sind wirklich querschnittsgelähmt wie ich, von der Taille bis zu den Füßen?«

»Wirklich!«

Roberts Augen glühten wie zwei Kohlen.

»Meinen Sie, ich könnte auch in einem solchen Rollstuhl sitzen?«

Sie unterhielten sich lange. Der Erfolg davon war, daß Robert Cox in die Universitätsklinik ging. Die Ärzte taten, was sie konnten, um seine Hüften zu biegen. Aber er hatte zu lange im Bett gelegen, und niemand hatte sich Gedanken darüber gemacht, daß seine Gelenke hätten massiert werden müssen, um beweglich zu bleiben, oder daß er vielleicht sitzen konnte. Schließlich kamen die Ärzte auf den Gedanken, seine Beine zu brechen. Auch das war nicht erfolgreich, weil sich Infektionen und Komplikationen einstellten. Aber Robert hatte nicht umsonst Feuer in den Augen. Seine Willenskraft rettete ihm das Leben. Seit er gesehen hatte, was ein anderer Mann fertiggebracht hatte, gab es für ihn kein Halten mehr. Schließlich mußten ihm beide Beine an den Hüften abgenommen werden. Es dauerte nicht viele Monate, bis auch er im Rollstuhl saß. In Zukunft sollten sich die Spuren beider Rollstühle viele Male kreuzen.

Für Roger war die erste Begegnung mit Bob Cox auch eine aufrüttelnde Konfrontation mit sich selbst. Das Erlebnis zwang ihn, einmal ernstlich über das, was er bisher geschafft hatte, nachzudenken. Gewiß, er hatte Fortschritte gemacht, mit seinem Handikap fertigzuwerden, vielleicht genug, daß ein bißchen geheime Selbstgefälligkeit gerechtfertigt war. Er hatte sich für sein Leben ein Ziel gesteckt und daran festgehalten. Aber was war sein Leben in Wirklichkeit anderes gewesen als ein Auf-sich-selbst-bedacht-Sein?

Und nun war er mit einem Menschen, der keine Beziehung zu seinem Ich hatte, in Berührung gekommen und hatte ihn umgewandelt. Es war ihm, als habe sich eine Tür ein wenig geöffnet, und er sah durch den Spalt plötzlich eine andere Welt unbegrenzter Möglichkeiten des Sich-selbst-Verschenkens. Aber es war nur ein Spalt. Und obwohl er offen blieb, sorgte der Druck seiner eigenen Lebensumstände dafür, daß er sich nicht weiter öffnete.

Neue Probleme tauchten auf, als Dick in die Schule kam. Er hatte viel nachzuholen und mußte oft den ganzen Nachmittag lernen. Eines Abends wollte er gern, daß LaVerna mit ihm spielte.

»Es tut mir leid, Dick, ich kann jetzt nicht. Ich muß diese Hefte noch korrigieren.«

»Warum mußt du eigentlich Schulunterricht geben?« fragte er neugierig.

»Nun, um Geld zu verdienen, damit wir alle genug zu leben haben.«

Die großen braunen Augen sahen sie ungläubig an.

»Das brauchst du doch gar nicht, und Vater braucht auch nicht ins Büro zu gehen. Ihr könnt doch ebensogut von der Wohlfahrt leben.«

Es war sehr schwierig, ihm klarzumachen, wie gut es war, unabhängig zu sein.

Roger lehrte seinen Sohn Krocket und Schach. Er spielte selbst meisterhaft Krocket. Er benutzte dabei einen abgesägten Holzhammer, beugte sich über die Seitenlehne seines Rollstuhls, sicherte die Kugel erst mit der Hand und schlug sie dann fort. Es dauerte lange, bis Dick ihn besiegen konnte. Und was das Schachspiel anbelangt – nun ja, als Roger eines Tages krank im Bett lag und Dick schon recht gut spielen konnte, forderte er seinen Vater zu einer Partie auf. Sie dauerte nicht einmal fünf Minuten. Obwohl Dick seines Vaters bester Schüler war, gelang es ihm nie, ihn zu schlagen. Fast alles, was er konnte oder was andere konnten, konnte Vater besser.

Als der Junge älter wurde, trainierte ihn Roger im Wettlauf. Dick konnte recht gut laufen. Er pflegte die Dreiviertelmeile zur Schule und zurück zu laufen. Nachmittags ging dann Roger manchmal mit ihm auf den Sportplatz und gab ihm Tips.

Dick war äußerst stolz auf Rogers Pokale, Plaketten, Ordensbänder und Siegeswimpel.

»Oh, dein Vater ist okay«, konnte man ihn wohl zu einem

Schulkameraden sagen hören, »aber du solltest meinen Vater laufen sehen!«

»Deinen Vater? Der sitzt doch im Rollstuhl. Er kann gar nicht laufen.«

»Das braucht er auch gar nicht mehr. Er hat das schon hinter sich. Er hat alle Rekorde gebrochen. Hat das dein Vater etwa geschafft?«

»Das vielleicht nicht. Aber mein Vater kann jetzt noch laufen, und deiner nicht.«

»Ha! Ich wette, mein Vater kann alles, was dein Vater kann, außer laufen. Und er kann es bestimmt besser!«

Das Gladiolengeschäft wuchs. 1939, ein Jahr nachdem Dick gekommen war, mußte Roger ein noch größeres Stück Land pachten. Dann fror es in den letzten Maitagen, nachdem viele der frühen Sorten schon aufgeblüht waren, und am nächsten Morgen waren alle Blüten schwarz. Aber zu Rogers Erleichterung erholten sich viele Pflanzen wieder, und es gab keine völlige Mißernte.

In diesem Sommer kreuzte er wieder viele Gladiolensorten, und die Sämlinge seiner früheren Kreuzungen blühten. Er wußte zwar, daß sie nicht gerade Weltschlager waren, aber sie waren seine eigene Schöpfung.

Inzwischen blühte auch das Schnittblumengeschäft immer mehr. Die Plackerei, Sträuße zu binden, fiel LaVerna zu, die sich zwar nicht beklagte, aber im stillen den Anblick von Gladiolen zu hassen begann. Die Leute kamen jeden Tag und zu jeder Stunde bei Tag und Nacht ins Haus, um sich Blumen zu holen. Sie war fast froh, daß ihre »Ferien« vorüber waren und sie wieder an die »Arbeit« in der Schule gehen konnte.

Im Frühjahr 1940 verlor Rogers Vater seine Stelle, da die Gießerei für immer geschlossen wurde. Für einen Mann von fünfundfünfzig Jahren gab es keine Arbeit. Das Gladiolen-Geschäft interessierte ihn; denn er hatte sich immer wieder nach dem Land zurückgesehnt. So beschlossen er und Roger, sich zusammenzutun. Sie pachteten etwa fünf Meilen von

Owosso entfernt zehn Morgen Land und kauften einen kleinen Gartentraktor, um den Boden damit zu bestellen. Ein Haken wurde daran angebracht, der vorn an Rogers Rollstuhl befestigt wurde, und Roger steuerte den Traktor selbst, während er sich von ihm zwischen den Reihen auf und ab ziehen ließ. Sie begannen das Projekt mit den kühnsten Hoffnungen.

Das Wetter war schön beim Pflanzen, trocken und sonnig, und es blieb so. Tag für Tag verging, ohne daß es regnete. Die Gladiolen keimten und wuchsen und blühten auch; aber die Blüten waren klein und die Stengel verkümmert. Die Arnetts versuchten, die Blumen en gros an den Detroiter Großmarkt zu verkaufen. Aber die Konkurrenz war zu groß. Es war ein schreckliches Jahr für alle, auch für den jetzt zwölfjährigen Dick, dem das Hacken und Jäten der langen, langen Reihen kein Ende zu nehmen schien.

Das Jahr brachte außer den finanziellen auch physische Rückschläge. Da sich Roger nicht richtig durch Kissen geschützt hatte, bekam er in den letzten Herbstwochen einen großen, bösartigen Abszeß an der rechten Hüfte. Zwei oder drei Stunden, nachdem dieser aufgegangen war, sah LaVerna, daß Rogers Gesicht so weiß war wie sein Kopfkissen. Sie schlug die Bettdecke zurück und entdeckte, daß er bewußtlos in einer Blutlache lag, die von den Schultern bis zu den Knien reichte. Einer Ohnmacht nahe rief sie den Arzt an. Glücklicherweise war er zu Hause und kam im Sturmschritt. Er stillte das Blut und half ihr, das Bett neu zu beziehen.

Obwohl Roger die Hälfte seines Blutes verloren haben mußte, sagte Dr. Arnold zu LaVernas Erstaunen nichts von einer Bluttransfusion. Als sie glaubte, daß Roger sich wieder soweit erholt hatte, daß er eine kräftige Mahlzeit zu sich nehmen konnte, briet sie köstliche Steaks und stellte den Tisch in sein Schlafzimmer, damit die Familie gemeinsam essen konnte. Noch ehe Roger das Tischgebet zu Ende gesprochen hatte, fiel der Wasserkrug um, und das Wasser ergoß sich über ihren Schoß. Als LaVerna den Kopf hob, sah sie Roger weiß wie ein Bettuch hin- und herschwanken. Wieder und wieder rief sie ihn beim Namen, aber er antwortete nicht. Entsetzt rannte Dick aus dem Zimmer. Er stirbt, dachte LaVerna. So ist es, wenn jemand stirbt. Wir waren doch noch gar nicht lange verheiratet, und nun ist alles vorbei.

Irgendwie rief sie den Arzt an.

»Er ist tot«, sagte LaVerna zu ihm, als sie ihm die Tür aufmachte. »Diesmal bin ich ganz sicher.«

Aber während sie durch die Diele gingen, hörten sie Rogers Stimme, und als sie ins Zimmer traten, war er bei Bewußtsein. Diesmal ordnete Dr. Arnold eine Blutübertragung an. Das war ein sehr schmerzhafter Prozeß; denn Roger hatte soviel Blut verloren, daß seine Adern zusammengefallen waren und der Arzt Schwierigkeiten hatte, die Vene zu finden. Die Reaktion war heftig. Ein Schüttelfrost folgte dem anderen. Die Pfleger deckten ihn mit so viel Decken zu, daß LaVerna dachte, das Bett werde zusammenbrechen. Erst gegen Mitternacht konnte Roger wieder nach Hause.

Roger nahm seinen gesundheitlichen Rückschlag fast mit der gleichen Fassung hin wie die trockene Gladiolen-Saison. Was ihn veranlaßte, im folgenden Jahr nur noch das Gartengrundstück an seinem Haus mit Gladiolen zu bepflanzen, war nicht körperliche Schwäche oder Mutlosigkeit. Da sein Vater seinen Lebensunterhalt nur durch Gladiolen verdiente, er selbst aber noch sein regelmäßiges Gehalt hatte, gab er ihm alle Sorten, die schon einen Namen hatten, und behielt nur seine eigenen Sämlinge. Es waren jetzt schon Tausende, die er aus den Hunderten von Kreuzungen gezogen hatte und denen sein schöpferisches Interesse galt. Der Sommer brachte ihm eine Fülle von Freude und Überraschung, wenn eine Sorte nach der anderen aufblühte. Selbst Dick war entzückt von den vielen neuen Farben und Kombinationen, besonders weil jetzt viel weniger zu tun war.

Als Roger bei der Ausstellung der »Northeastern Gladiolus Society« in Bay City für den besten Sämling einen Pokal gewann, war Dick fast noch begeisterter als sein Vater. Er zeigte den Pokal stolz in der Nachbarschaft herum. Dann malte er ein Schild, das er vor den auf dem Rasen ausgestellten Krügen mit Gladiolen anbrachte:

»Besondere Spezialität: Arnett-Gladiolen.«

Aber es gab auch Enttäuschungen in dieser Saison. Eine der Kreuzungen, die Roger 1937 vorgenommen hatte – »Kerzenlicht«, ein Sämling aus »Goldstaub« –, mußte im nächsten Jahr ihren Hochstand erreichen. Sie blühte sehr frühzeitig im Jahr, mindestens eine Woche vor den meisten anderen Sorten, und Roger setzte große Hoffnungen auf sie, zumal sie diesmal eine ausgezeichnete Ernte von Zwiebeln hervorgebracht hatte.

»Ich glaube, nächstes Jahr können wir sie auf den Markt bringen«, sagte er zu Dick, als sie im Herbst die Zwiebeln ausgruben und in eine Kiste legten.

Sie begannen die nächste Sorte zu ernten, da sah Roger zu seinem Entsetzen, wie Dick versehentlich die neuen Zwiebeln auf die von »Kerzenlicht« schüttete. Das war ein großes Unglück! Ein paar, von denen sie genau wußten, daß es Kerzenlicht-Zwiebeln waren, konnten noch gerettet werden, und aus ihnen mußten sie nun einen neuen Vorrat züchten. Aber es war ein teures Versehen!

»Laß gut sein!« tröstete Roger den entsetzten Jungen. »Das ist nur eine der kleineren Gefahren beim Gladiolengeschäft.«

8

LaVerna merkte sehr bald, daß ihr Verlangen nach Mutterschaft nicht dadurch erfüllt worden war, daß sie einen zehnjährigen Jungen adoptiert hatten. Sie wünschte sich ein Baby! Dieses Verlangen war so heftig, daß es fast eine Zwangsvorstellung wurde. Sie beneidete jede schwangere Frau, die sie sah. Dadurch, daß die kleine Barbara, die reizende dreijährige Tochter ihrer Schwester Vivian, sie häufig besuchte, wurde ihre Sehnsucht nur noch unerträglicher.

Sie fragten bei Adoptionsbüros an, erhielten aber die freimütige Antwort, daß Roger weder alt noch wohlhabend genug zu werden verspreche, um dafür in Betracht zu kommen. LaVerna bat zwei Ärzte, ihr ein Baby zum Adoptieren finden zu helfen. »Gewiß«, sagte ihr Freund Dr. Arnold. »Ich setze Sie ganz oben auf meine Liste.«

Aber innerhalb der nächsten zwei Jahre hörte LaVerna von zwei Pflegeeltern, die ihre Babys von Dr. Arnold bekommen hatten. »Ganz oben auf der Liste« bedeutete offensichtlich nicht viel.

Vielleicht hätten wir bessere Aussichten, wenn ich meinen Beruf aufgäbe, dachte LaVerna und teilte der Schulleitung im Februar 1940 mit, daß sie im kommenden Jahr nicht voll arbeiten wolle. Und obwohl sie in den nächsten Jahren häufig andere Lehrer vertrat, stand es ihr frei, ihre Stelle jederzeit aufzugeben. Trotzdem war nichts von einem Baby zu sehen.

Daß LaVerna ihren Beruf nicht voll ausübte, bedeutete jedoch nicht, daß sie nun mehr Freizeit hatte. Wenn sie in der Schule niemanden zu vertreten brauchte, mußte sie Gladiolen schneiden und sie zu Sträußen binden oder kranke Familienmitglieder pflegen. Im Herbst 1941 bekam Roger erneut Blasen- und Nierenentzündung. Kaum war er wieder aufgestanden, als Vivian sich einige Monate legen mußte, um eine Fehlgeburt zu verhindern. Eine Zeitlang versuchte LaVerna zwei Haushalte zu führen. Dann holte sie Vivian gleich nach Weihnachten zu sich in ihre Wohnung, weil sie glaubte, sie so besser pflegen zu können. Kurz darauf mußte Vivians Mann wegen einer Ohrenentzündung ins Krankenhaus und kam nach seiner Entlassung auch zu den Arnetts.

Vivians Sohn wurde im Januar zu früh geboren und lebte nur ein paar Stunden. LaVerna litt fast so stark unter dem Verlust wie ihre Schwester, da sie sich mit ihr leidenschaftlich auf das Kind gefreut hatte.

Es dauerte mehrere Wochen, bis Vivian sich soweit erholt hatte, daß ihr Mann sie mit nach Hause nehmen konnte. Am Abend, nachdem sie fortgegangen waren, hatte LaVerna das Gefühl, als sei eine furchtbare Last von ihr genommen.

Dann wurde sie plötzlich furchtbar müde. Sie beschloß, nicht eher eine Vertretung zu übernehmen, bis sie sich wenigstens eine Woche lang richtig ausgeruht hatte. In diesem Augenblick läutete das Telefon. Sie nahm den Hörer ab, es war der Leiter der Oberschule.

»Simpson hat sich heute nachmittag beim Schlittenfahren das Rückgrat gebrochen«, sagte er. »Morgen früh fängt das neue Semester an. Sie haben seine Fächer alle schon unterrichtet. Können Sie seine Arbeit übernehmen, bis wir wissen, ob er überhaupt wiederkommen wird?«

Wie betäubt zögerte LaVerna mit der Antwort, und der Schulleiter, der ihr Zögern mißverstand, fügte schnell hinzu: »Sie bekommen natürlich in diesem Falle das gleiche Gehalt, als wären Sie fest angestellt. Wenn Sie bereit dazu wären, könnten wir die Stelle für Simpson halten.«

LaVerna drehte sich alles im Kopf. Sie konnte nicht ... Aber sie mußte! Sie durfte auf keinen Fall diese Gelegenheit vorübergehen lassen. Sie konnten unmöglich von Rogers Einkommen leben, wenn es auch im Laufe der Jahre auf 105

Dollar monatlich angewachsen war. Und davon abgesehen, konnte sie auch Marshall Simpson nicht im Stich lassen.

»Ich komme«, sagte sie.

Es war ein eigenartiges Zusammentreffen, daß sie und Simpson in der vorhergehenden Woche beide einen »Erste-Hilfe«-Kursus besucht hatten, in dem über Unfälle diskutiert worden war.

»Ich möchte betonen«, hatte LaVerna eingeworfen, »daß bei einem Unfall ein Krankenwagen gerufen und der Verletzte auf einer Bahre ins Krankenhaus transportiert werden muß, besonders wenn er bewußtlos ist. Wenn das bei Roger geschehen wäre, könnte er heute vielleicht noch laufen.«

Am Sonntag darauf waren Simpson, seine Frau und ein anderes Ehepaar rodeln gegangen. Sie wollten noch ein letztes Mal den Berg hinunterfahren, stießen aber an einen Baumstumpf. Alle anderen konnten sich rechtzeitig vom Schlitten fallen lassen, aber Simpson, der vorn saß, prallte mit voller Wucht auf. Trotz furchtbarer Schmerzen blieb er bei Bewußtsein. Als seine Begleiter ihn aufheben wollten, dachte er an das, was LaVerna gesagt hatte, und rief: »Nein, holt einen Krankenwagen!« Sie taten es. Simpson konnte nach einiger Zeit, abgesehen von einem leichten Hinken, wieder gut laufen.

»Was ich wahrscheinlich Ihnen zu verdanken habe«, sagte er später einmal zu LaVerna.

Am nächsten Morgen ging LaVerna dermaßen erschöpft zur Schule, daß sie kaum stehen konnte. Wenn sie zwischen den Bankreihen entlanggehen wollte, mußte sie sich an den Pulten festhalten. Am Abend ging sie zum Augenspezialisten, um feststellen zu lassen, ob sie andere Gläser brauchte. Nachdem er ihre Augen untersucht hatte, sagte er:

»Sie sind nicht in der Lage zu unterrichten. Gehen Sie nach Hause und ruhen Sie sich aus!«

Aber nachdem sie ihm die Situation erklärt hatte, erlaubte er ihr, es eine Woche lang zu versuchen, aber daneben nichts anderes zu tun.

LaVerna sagte beim CVJM ab, gab keinen Sonntagsschulunterricht und machte alle Verabredungen rückgängig. Für den Haushalt nahm sie sich eine Hilfe. Der Arzt erlaubte ihr, eine zweite Woche zu unterrichten. Am folgenden Freitag hatte sie zwar die letzte Stunde frei, fühlte sich aber noch imstande, Hefte zu korrigieren. Da kam der Schulleiter herein. Sie sollte eine Schreibmaschinenklasse in der letzten Stunde übernehmen. LaVerna öffnete den Mund, um zu protestieren, dachte aber dann: »Was hat es für einen Zweck?«

So mußte sie vom nächsten Montag ab noch eine Klasse von 44 Schülern unterrichten. Es dauerte Wochen, bis sie wieder kräftiger wurde. Aber gegen Ende des Semesters begann sie sich zu ärgern, daß sie dem Arzt versprochen hatte, keine Hausarbeit zu tun. Die weißen Wände und Türen, die im Sonnenlicht so schmutzig aussahen, reizten sie, wieder einmal gründlich zu putzen.

Der Freitag der Examenswoche kam heran. Nun lag noch eine Woche vor ihr, in der sie Prüfungsarbeiten korrigieren, Zensuren eintragen und die Abschlußfeier durchstehen mußte. Dann, so gelobte sie sich, würde nichts sie davon abhalten, eine Woche lang Hausputz zu machen, ehe die Gladiolen-Saison begann. Aber es kam anders.

»Roger bittet Sie, ihn anzurufen«, sagte die Sekretärin des Schulleiters. LaVerna rief ihn kurz vor dem Frühstück an.

»Hallo!« begrüßte er sie. »Was meinst du zu einem sechs Wochen alten Baby ab morgen früh?«

Ihr Herz raste.

»Du meinst doch nicht — o Roger, doch nicht etwa —«

Nein, es war kein Kind zum Adoptieren! Die Fürsorgerin des Wohlfahrtsamtes mußte nur für einige Monate eine Pflegestelle für einen kleinen Jungen finden, bis seine Mutter selbst für ihn sorgen konnte. Schön! dachte LaVerna, nachdem sie sich von ihrer Enttäuschung erholt hatte. Dann hätte ich wenigstens ein paar Monate lang ein Baby. Vielleicht ist das alles, was ich zu erwarten habe.

»Ich werde noch eine Woche warten müssen«, sagte sie zu Roger. »Die vielen Arbeiten, die zu korrigieren sind, und reingemacht habe ich auch noch nicht –«

»Nein, morgen oder überhaupt nicht! Das Kind muß morgen aus dem Krankenhaus fort.«

»Sag ihnen – sag ihnen, daß wir es nehmen«, rief sie dann fast übermütig. Am Nachmittag versuchte sie, Buchführungsaufgaben zu korrigieren. Aber die Zahlen verschwammen vor ihren Augen, und sie sah nur noch rundliche Ärmchen und Grübchenwangen. Am Abend konnte sie vor Aufregung nichts essen. Plötzlich fiel ihr ein, daß sie ja nicht einmal wußte, wie man ein Baby badet.

»Laß uns zu Vivian fahren!« sagte sie.

Vivian fuhr mit Barbara, einem Koffer voll Babywäsche und einer Babywaage mit zu den Arnetts.

Als LaVerna am nächsten Morgen der Mutter des Babys und der Fürsorgerin die Tür öffnete, dachte sie plötzlich: Wie komme ich nur dazu, mir auszumalen, daß es ein hübsches Kind sein muß? Ich wette, es ist das häßlichste, das es überhaupt gibt. Als die beiden Frauen sich setzten, war sie schweigsam und in sich gekehrt.

»Wollen Sie sich das Baby nicht einmal ansehen?« fragte die Fürsorgerin schließlich.

»Ja, o ja, natürlich!«

Die Fürsorgerin schlug das Tuch zurück, und LaVerna hielt den Atem an. Es war das hübscheste Kindchen, das sie je gesehen hatte. Riesengroße braune Augen, flaumiges braunes Haar, eine Haut, so zart wie die Blütenblätter von Gladiolen, und – es lächelte sie an! Von diesem Augenblick an war sie verloren.

Sie fand Gelegenheit, mit der Fürsorgerin allein zu sprechen. Bestand denn irgendeine Chance, daß die junge Mutter ihr Baby nicht wieder zu sich nehmen, daß es vielleicht doch adoptiert werden konnte?

»O nein!« war die entschiedene Antwort. »Sie würde den

kleinen Jungen niemals hergeben. Nehmen Sie ihn mit dem Gedanken, daß Sie ihn nur für ein paar Monate haben!«

LaVerna war hartnäckig.

»Ich nehme ihn unter der Bedingung, daß wir ihn kriegen, wenn eine Adoption in Frage kommt. Ich habe keine Lust, zwei oder drei Monate für ihn zu sorgen, um ihn dann an irgend jemand anders abzugeben.«

Die Fürsorgerin war einverstanden.

Während der nächsten drei Tage korrigierte LaVerna ihre Prüfungsarbeiten, und Vivian sorgte für den kleinen Ronnie. Am Montagmittag war sie damit fertig und ging in die Oberschule, um die Zeugnisse zu schreiben, und am Mittwoch konnte sie die Pflege des Babys selbst übernehmen.

Am nächsten Samstag erschien die Mutter des Babys, um es zu besuchen. LaVerna hatte es gerade gebadet und frisch angezogen. Die junge Mutter riß es an sich und lief zum Auto hinaus, um es ihren Eltern zu zeigen. LaVerna, die das mitansehen mußte, dachte: Eines Tages wird dieses Mädchen das Kind geradeso nehmen, und alles wird zu Ende sein.

Als die junge Mutter zurückkam, sagte LaVerna zu ihr:

»Ich weiß nicht, ob Sie vorhaben, das Kind für immer herzugeben. Aber wenn Sie zu diesem Entschluß kommen – wir möchten es gern nehmen.«

Die Augen des Mädchens füllten sich mit Tränen.

»Oh, ich könnte ihn niemals hergeben!« Nur zögernd legte sie ihn wieder in sein Körbchen. »Aber ich sehe, daß er es hier sehr gut hat, und ich verspreche Ihnen, daß Sie ihn haben können, wenn ich ihn jemals hergebe.«

Den Sommer über wurde LaVerna zwischen Angst und Hoffnung hin und her gerissen. Sie *mußte* glauben, daß irgend etwas geschehen würde und sie das Kind behalten konnte, obwohl sie doch wußte, daß sie sich an den Gedanken, es zu verlieren, gewöhnen mußte. Es war ein unerträglicher Konflikt. Sie wurde nur damit fertig, indem sie sich ständig beschäftigte. Sie schnitt und sortierte Gladiolen und weckte

Berge von Obst und Gemüse ein. Sie wagte sich nicht die Zeit zu nehmen, das Baby richtig zu genießen. Nachts schaute sie manchmal auf das schlafende Kind nieder, voll Verlangen, es in die Arme zu nehmen. Aber sie gestattete es sich nicht.

Ronnie wurde bald zu groß für sein Körbchen.

»Er muß ein Kinderbett bekommen«, sagte LaVerna zu seiner Mutter, als diese ihn das nächste Mal besuchte. Da sie wußte, daß das Mädchen nicht arbeitete, fügte sie hinzu: »Wenn wir wüßten, daß wir ihn behalten dürften, würden wir ihm natürlich gern eins kaufen. Sonst müßten Sie es tun.«

Das Mädchen schüttelte den Kopf.

»Ich habe kein Geld«, sagte es schließlich. »Kaufen Sie es lieber!«

Bei diesen Worten flackerte LaVernas Hoffnung erneut auf, obwohl sie wußte, daß das kein Versprechen war.

Dr. Arnold lag Roger ständig in den Ohren: »Sie wissen, je länger LaVerna das Kind betreut, desto schwieriger wird es für sie, es wieder herzugeben. Ich warne Sie. Sie zerbricht daran. Sie sollten ein klares Ja oder Nein von der Mutter des Kindes verlangen – und das bald!«

Es waren nur noch zwei Wochen bis Schulanfang. Ein Kollege bat LaVerna, die Hälfte seiner Unterrichtsstunden zu übernehmen. Eine andere Schule wollte sie hauptberuflich anstellen. Natürlich konnte sie keins der Angebote annehmen, wenn sie das Baby behielt. Die Qual der Ungewißheit wurde unerträglich. Eines Tages saß sie am Tisch und konnte keinen Bissen hinunterschlucken.

»Jetzt ist es aber höchste Zeit, daß du eine Entscheidung von ihr verlangst«, sagte Roger bestimmt.

LaVerna schrieb an die Mutter des Babys.

»Wenn ich es nicht behalten kann, muß ich wieder unterrichten. Ich könnte nicht zu Hause bleiben, ohne es bei mir zu haben.«

Die Antwort kam von der Schwester des Mädchens. Sie schrieb, LaVerna könne das Kind behalten. Sobald seine Mutter eine Fahrgelegenheit hätte, werde sie kommen und die Papiere unterschreiben.

Das war immer noch nichts Festes. Sie hatten nichts von dem Mädchen Geschriebenes in der Hand. Aber LaVerna nahm trotzdem keine der beiden Möglichkeiten, ihren Beruf auszuüben, an. Erst in den letzten Septembertagen kam Ronnies Mutter an die Tür.

»Ich war beim Vormundschaftsrichter und habe die Papiere unterschrieben«, sagte sie. »Er bittet Sie, morgen hinzukommen und ebenfalls zu unterschreiben.«

LaVerna ging ins Haus zurück und nahm Ronnie in die Arme. Sie setzte sich hin und wiegte ihn, streichelte seine Wangen und bettete sein Köpfchen an ihre Schulter, daß seine Haare sie am Kinn und an der Kehle kitzelten. Da mußte sie lachen, und das machte ihm Spaß, und er lachte mit. So schäkerten und lachten sie eine ganze Weile miteinander. Als er dann müde wurde, hielt sie ihn immer noch in ihren Armen, bis er eingeschlafen war. Sie war wie ein durstiger Reisender, der, nachdem er so manche Fata Morgana gesehen hat, endlich Wasser findet und trinkt und trinkt. Oder richtiger, wie eine junge Mutter, die nach langen Monaten des Wartens und nach vielen schmerzhaften Wehen zum erstenmal ihr Kindchen in den Armen hält.

Als Ronnie ins Haus kam, wußte Roger, daß er sich einen neuen Beruf suchen mußte. Der Gedanke daran machte ihn fast krank. Er fühlte schon die mitleidigen, bedauernden Blikke, hörte die durchsichtigen Entschuldigungen. Und wenn das Wunder geschah und er angestellt wurde, dann kamen die unvermeidlichen Schwierigkeiten des Sich-Anpassens.

In der Stadt gab es eine neue Fabrik, die Bendix Aviation Company, in der Flugzeug-Vergaser hergestellt wurden. Da Krieg war, wurden Arbeiter sehr gesucht. Roger sprach mit Dr. Smith, einem befreundeten Zahnarzt, der zum Rotarier-Klub gehörte, und dieser setzte sich beim Personalchef der

Fabrik für ihn ein. Roger wurde zu einem Interview bestellt und bekam zu seiner großen Freude ab August einen Posten. Zu seinen Aufgaben gehörte es, sich über den Bedarf an Arbeitern auf dem laufenden zu halten und künftige Angestellte auf ihre Eignung zu prüfen. Wenn er jemanden für geeignet hielt, schickte er ihn zum Arbeitsvermittler, Glenn Wilson. Hin und wieder konnte er gegen alte Vorurteile angehen und anderen Körperbehinderten Arbeit verschaffen, unter ihnen Arlo Parkinson, der an schwerer Rückgratverkrümmung litt und dessen Frau Roger von der Schule her kannte. Arlo hatte seinen Lebensunterhalt mühsam mit Uhren-Reparaturen verdient. Da Roger wußte, was für ein tüchtiger Mechaniker er war, schickte er ihn zu Mr. Wilson, und er wurde angestellt.

Roger führte auch die Aufsicht über die Maschinen und die Einrichtungsgegenstände der Fabrik, die er zu registrieren hatte. Da er dabei große Entfernungen innerhalb des Fabrikgeländes zurücklegen mußte, bekam er einen elektrischen Rollstuhl. Zum erstenmal seit seinem Unfall erwies sich sein Handikap als ein Vorteil: Er kam doppelt so schnell vorwärts wie der schnellfüßigste Mann!

Und zum erstenmal erhielt er auch ein Gehalt, das seinen Fähigkeiten und seiner Ausbildung entsprach, und war nicht mehr auf die Hilfe seiner Frau angewiesen, um seine Familie ernähren zu können. Das war ein großer Triumph für ihn.

Aber wie in jeder Freude ein Tropfen Wermut ist, so auch hier. Roger mußte befürchten, daß es nur eine vorübergehende Stelle war. Die Gladiolenzucht dagegen würde etwas Beständiges sein, wenn er sie nur genügend ausbaute.

Und was auch kam oder kommen mochte, die Gladiolen blühten. 1943 pflanzte Roger sie auf einer Farm außerhalb der Stadt, die Dr. Arnold gehörte. Es war schwerer Boden, voller Unkraut, und es war außerordentlich heiß in diesem Jahr. Aber irgendwie erzielten Roger und Dick eine gute Ernte und konnten eine riesige Menge Zwiebeln ausgraben.

Er mußte mehr Land haben, um sie zu pflanzen. Und für

vier Personen wurde auch das Haus zu klein. Im nächsten Frühjahr sahen Arnetts sich nach einem größeren Grundstück um und fanden es in Corunna, drei Meilen von Owosso entfernt. Es erschien ihnen ideal: ein großes, solides Haus, sechs Morgen Land, eine große Scheune, wo die Zwiebeln aufbewahrt werden konnten, und doch mitten in der Stadt gelegen, nur drei Häuserblocks vom Kreisgericht entfernt. Und es kostete nicht viel mehr, als sie für ihr jetziges Haus bekamen. Rogers Vater pflügte und bearbeitete den Boden, und im Mai zogen sie in das neue Haus ein, gerade noch rechtzeitig, um die Gladiolen anpflanzen zu können. Für alle war das neue Haus bald Heimat, nur nicht für Ronnie, der jedesmal, wenn er sah, daß sich jemand den Mantel anzog, losrannte, sein Mäntelchen holte und schrie: »Nach Hause! Wir wollen nach Hause!«

Das neue Haus hatte zwei Stockwerke und einen Keller. Diesmal wurde ein elektrischer Lift eingebaut. Rogers Onkel Irving, der Bruder seiner Mutter, der seine Frau gerade verloren hatte, wohnte in diesem Sommer bei Arnetts und besorgte die nötigen Tischlerarbeiten. Bekannte aus der Fabrik übernahmen die Installation. Als der Lift fertig war, legte Onkel Irving auch noch einen Gemüsegarten an und half beim Bau einer Garage und einer schrägen Auffahrt.

Zum größten Erstaunen aller trug der jetzt zweijährige Ronnie bald sein Teil zur Arbeit bei. Eines Tages im Mai sah er gebannt zu, wie Roger und Dick Gladiolen pflanzten. Roger machte die Pflöcke zurecht, und Dick steckte sie in die Erde und pflanzte dann die Zwiebeln immer im richtigen Abstand. Kurzentschlossen ergriff Ronnie einen Pflock und einen Beutel mit Zwiebeln, ging zu einer neuen Reihe, steckte den Pflock an den richtigen Platz und pflanzte die Zwiebeln peinlich genau ein. Die Erwachsenen staunten.

Ronnie entfaltete noch andere Fähigkeiten. Er besaß zum Beispiel einen unheimlichen Orientierungssinn.

»Komm mal her, Mutti!« rief er eines Tages, kurz nach

dem Umzug. »Guck mal aus dem Südfenster, da siehst du ein Feuer!«

LaVerna mußte sich erst einmal überlegen, wo Süden war. Als sie aus dem richtigen Fenster hinausschaute, sah sie wirklich ein Feuer. Roger testete daraufhin das Kind, nahm es im Auto mit, fuhr um viele Ecken herum und fragte es dann, in welcher Richtung sie führen. Ronnie gab immer die richtige Antwort. Wie manche Tiere, schien er einen eingebauten Kompaß zu haben.

Eine Zeitlang machte sein Nachahmungstalent LaVerna großen Kummer. Eines Tages fand Roger sie in Tränen aufgelöst. Ronnie hatte ihren unbeholfenen Gang nachgemacht. Wenn das nun bei ihm zur Gewohnheit wurde?

»Hab keine Angst!« tröstete Roger. »Er ahmt mich auch nach, versucht auf einem Bein zu laufen und will immer in meinem Rollstuhl herumfahren. Das ist nur eine Entwicklungsphase. Sie wird vorübergehen.« Und sie ging vorüber.

Als 1945 der Krieg zu Ende war, nahmen Rogers Befürchtungen Gestalt an. Man sprach davon, daß die Fabrik geschlossen werde. Sein Vater, der mehr als zwei Jahre dort gearbeitet hatte, war bereits entlassen worden. Roger bekam es mit der Angst zu tun. Sogar gesunde Männer hatten es nicht leicht, Arbeit zu bekommen. Was sollte werden, wenn das Unvermeidliche eintrat? Sollte er wieder zum Wohlfahrtsamt zurückgehen und dort um sein jämmerliches Gehalt bitten? Das verbot ihm sein Stolz. Er fürchtete und begrüßte es zugleich, daß er eine Entscheidung treffen mußte.

Ein Gedanke, den Roger seit langem mit sich herumtrug, schob sich plötzlich in den Vordergrund. Er hatte jetzt eine lange Erfahrung in der Gladiolenzucht. Mit seinem Vater zusammen besaß er fast vier Morgen Land für Schnittblumen. Dick, der ein Jahr Oberschule hinter sich hatte, war ihm eine unschätzbare Hilfe. Nach vielen Überlegungen beschloß Roger schließlich, den Sprung zu wagen, obwohl er wußte, daß das das Ende seiner kostbaren und schwererkauften Unabhängigkeit sein konnte: Er wollte die Gladiolenzucht als Hauptberuf betreiben.

Der erste Rückschlag kam, als Dick beschloß, von der Schule abzugehen und Soldat zu werden. Da er noch nicht achtzehn war und auch kein Abgangszeugnis hatte, stieß er bei seinen Eltern und Lehrern auf Widerstand. Aber sein Entschluß war gefaßt. Mit großem Bedauern unterschrieb Roger seine Papiere. Dick ging zwei Wochen vor Kriegsende zur Marine.

Diese erste Gladiolensaison mußte eine Ausweitung des Geschäfts bringen. Es mußten neue Märkte für Schnittblumen erschlossen werden. Eines Samstags fuhr Roger mit seiner Mutter nach Flint, zwanzig Meilen von Corunna entfernt, und sie mieteten einen Verkaufsstand. Zu ihrer größten Überraschung und Freude war ihr Blumenvorrat bis zum Mittag ausverkauft, und sie kamen mit 90 Dollar nach Hause. Dann beschloß Roger, es auf dem Markt von Lansing zu versuchen. Auch dort verkauften sie alles. Von da an fuhren die älteren Arnetts, die jetzt Teilhaber waren, nach Flint und Roger und LaVerna nach Lansing. Sie hatten einen Spezialanhänger gebaut, der zweihundert Dutzend Gladiolen faßte. Da viele Sorten Rogers eigene Kreuzungen waren und sich von allen anderen unterschieden, fanden sie besonderen Anklang.

Um schneller voranzukommen, kaufte sich Roger einen Traktor, ähnlich dem seines Vaters, den er zum Pflügen und Bodenbearbeiten und im Herbst zum Ausheben der Zwiebeln benutzen konnte. Wie bei seinem Auto, so brauchte er auch hier Handsteuerung, die er sich nach seinen Angaben von einem Schmied anfertigen ließ. Nun mußte er eine Möglichkeit finden, wie er auf den Traktor und wieder herunter gelangen konnte. Wieder löste er das Problem selbst. Zwei Seile wurden oberhalb des Traktorsitzes quer durch den Schuppen gespannt, und ein Flaschenzug wurde an dem oberen Seil aufgehängt.

Roger hatte eine Art Bootsmannsschlinge gebastelt, die aus einem mit Segeltuch bespannten Eisengestell bestand. Er hob sich im Rollstuhl hoch, und jemand schob ihm die Schlinge unter. Wenn er dann den Haken des Flaschenzuges an der Schlinge befestigte, konnte er sich hochziehen, sich längs des Querseils direkt über den Traktorsitz schwingen und sich darauf niederlassen. Der Sitz war ein alter Auto-Klappsitz, auf dem ein Kissen lag. Abgesehen davon, daß jemand Roger helfen mußte, in die Schlinge zu kommen, war er völlig unabhängig.

Es war ein furchtbar nasses Frühjahr, so daß sie das Land erst spät pflügen und keine frühen Schnittblumen bekommen konnten. Roger und sein Vater beschlossen, gleichzeitig dasselbe Feld zu pflügen. Wenn dann einer steckenblieb, konnte der andere ihn herausziehen. Um mehr und schneller Zwiebeln pflanzen zu können, konstruierte Roger eine Zweireihenpflanzmaschine aus einer alten Wanne, die er mit einer Schüttröhre zu den Furchen hinunter versah. Wenn die Schaufeln an der Kultivatorstange unter dem Traktor die Furche pflügten, konnte der Mann, der auf einem besonderen Sitz vorn am Traktor saß, die Zwiebeln im richtigen Abstand voneinander in die Furche fallen lassen, und die Schaufeln am hinteren Ende des Traktors deckten sie dann mit Erde zu.

Roger mußte auch eine Möglichkeit finden, schneller auf den Feldern herumzukommen, nachdem die Zwiebeln gepflanzt waren. Mit dem Rollstuhl ging es zu langsam, und die Erde war zu weich. In einer Motorroller-Fabrik in Lansing fand er genau das, was er brauchte: einen Motorroller, dessen Räder einen Durchmesser von 15 cm und eine Höhe von 45 Zentimetern hatten. Er hatte einen Beiwagen flach über dem Erdboden. Roger montierte den Aufbau des Beiwagens ab und schweißte den oberen Teil seines alten hölzernen Rollstuhls auf das Fahrgestell. Dann ließ er die Handbedienung an der dem Beiwagen zugewandten Seite des Motorrollers anbringen, so daß er vom Beiwagen aus die Hebel bequem bedienen konnte. Mit diesem Motorroller fuhr er die Reihen des Gladiolenfeldes auf und ab und jätete, hackte, schnitt, spritzte und kreuzte die Pflanzen. Er arbeitete oft zwölf bis vierzehn Stunden am Tag, manchmal noch lange nach Einbruch der Dunkelheit beim Licht der Traktor-Scheinwerfer.

Es wurde ein nasses Jahr. Roger fuhr morgens bei Sonnenschein mit dem Motorroller aufs Feld — Ronnie gewöhnlich mit ihm —, und plötzlich ging ein sintflutähnlicher Regen nieder. Die Gladiolen mußten montags, mittwochs und freitags geschnitten werden, um sie für den Markt an den darauf folgenden Tagen zurechtzumachen. Eines Freitags, als Roger beim Schneiden war, saß Ronnie bei ihm auf dem Motorroller. Roger sah den Regen kommen. »Ron, lauf in die Garage, damit du nicht naß wirst!« befahl er ihm. Ronnie rannte ein paar Schritte, dann kehrte er um.

»Aber, Pappi, Pappi, was wird aus dir?«

Die Antwort war offensichtlich: Pappi wurde durch und durch naß! In dieser Saison erlebte Roger einen schweren Rückschlag. Er begann im Frühjahr mit einem Vorrat von etwa zweitausend Zwiebeln einer schönen roten Sorte, einer Kreuzung aus Azalea mit Picardy. Es waren große, kräftige Blüten, und er rechnete mit einem guten Verkauf. Aber im Laufe des Sommers fielen sie einer neuen Art von Pflanzenkrankheit zum Opfer, die alle Zwiebeln vernichtete. Dieser Verlust wurde jedoch durch einen großen Erfolg aufgewogen. Eine Kreuzung kam dieses Jahr zur vollen Reife, eine weiße Blüte mit einem ganz hellrosa Schimmer und einer schwach rosenroten Federung im Kelch. Sie schien im Sonnenlicht zu glühen. Einige Stengel hatten vierzehn offene Blüten auf einmal an einer Blütenähre von dreiundzwanzig Knospen. Roger war sehr stolz auf sie. Es war seine eigene Schöpfung, sein Geschenk von Schönheit an die Welt.

Eines Tages brachte er drei vollkommen schöne Blütenähren zur Gladiolenschau nach Detroit. Am nächsten Tag teilte man ihm telefonisch mit, daß er den American Home Achievement Award gewonnen habe, der für die beste neue Spielart verliehen wurde – der begehrteste Preis, den eine Gladiole in Amerika erhalten konnte. Aber er hatte sie unter einer Zahl eingeführt. Sie mußte einen Namen haben.

»Wie sollen wir sie nennen?« fragte er LaVerna ganz aufgeregt. Sie einigten sich auf »White Challenge«.

Dadurch, daß sie wie wild arbeiteten, Roger auf dem Feld, LaVerna, indem sie Hunderte von Körben, Schalen und Sträußen machte; dadurch, daß sie dreimal wöchentlich Hunderte von Dutzenden Gladiolen auf den Markt brachten und Zwiebeln und Sämlinge verkauften, konnten sie die Rechnungen für alle Neuanschaffungen bezahlen. Unter ihnen war auch ein neuer Wagen. Er brachte neue Probleme mit sich, da er kein Trittbrett mehr hatte, auf das man einen Rollstuhl stellen konnte. Da erfuhren sie, daß gerade ein Falt-Rollstuhl hergestellt worden war. Wie wunderbar, daß der zusammenklappbare Rollstuhl gerade in dem Augenblick aufkam, als das Trittbrett abgeschafft worden war!

So erfolgreich die Saison auch gewesen war, die Einkünfte reichten noch nicht aus für die Familie. So nahm Roger, nachdem die Gladiolen ausgegraben, getrocknet und eingelagert waren, den Winter über eine Stelle als Buchhalter an, bei der er fünfzig Dollar in der Woche verdiente.

Nicht, daß die Gladiolen-Saison überhaupt jemals richtig zu Ende war! Im Herbst mußte der Katalog zusammengestellt und gedruckt werden, in dem Roger Reklame für seine Gladiolenfelder machte und all die Sorten aufführte, die er zu verkaufen hatte. In diesem Jahr waren es neunhundert. Und im Winter fanden häufig Versammlungen des Gladiolenzüchter-Vereins von Michigan statt. Roger besuchte die meisten mit seinem Vater zusammen, nicht nur in Michigan, sondern auch in Chicago, Milwaukee und anderen großen Städten, wo Züchter aus dem ganzen Land zusammenkamen, um über die neuen Spielarten, den Verkauf, über Anbaumethoden,

Düngemittel und andere berufliche Dinge miteinander zu diskutieren. Roger war bei diesen Versammlungen ein gern gesehener Teilnehmer.

»Der fröhlichste Mensch bei vielen Gladiolen-Konferenzen, -Banketts und -Ausstellungen«, so schrieb Russell Everhart, ein bekannter Gladiolenzüchter von Ann Arbor, in einer Fachzeitschrift, »ist der nette Herr im Rollstuhl, Roger P. Arnett aus Corunna, Michigan. Wenn Sie ihn noch nicht persönlich kennengelernt und seinen warmen, herzlichen Händedruck noch nicht gespürt haben, will ich Sie gern mit ihm bekanntmachen. Ich weiß, daß es Ihr Leben bereichern wird.«

Roger und LaVerna hatten sich, gleich nachdem sie nach Corunna gezogen waren, der Methodistenkirche angeschlossen. Wie die meisten Kirchen, so bot auch diese Schwierigkeiten für einen Körperbehinderten. Sie hatte Treppen. Einmal trugen ein paar ältere Mitglieder der Kirche Roger die Stufen hinauf und hätten ihn beinahe fallen lassen. Einer war nahe daran, vor Schreck einen Herzanfall zu bekommen. Roger hätte es sich nie verzeihen können, wenn jemand durch ihn zu Schaden gekommen wäre. Daher blieb er einige Zeit den Gottesdiensten fern.

Aber bald wurden er und LaVerna mehr und mehr in die Gemeindearbeit hineingezogen. Da war eine Klasse von jüngeren Oberschülern, die niemand unterrichten wollte. Roger übernahm sie. Die Jungen arbeiteten in seinen Stunden interessiert mit, teils, weil er sich ihrem Niveau anpaßte, und vielleicht noch mehr, weil er sich ganz persönlich für jeden einzelnen interessierte. Durch sein Handikap fühlten sie sich gefordert. Sie waren stolz auf ihn, hatten aber auch das Gefühl, ihn beschützen zu müssen.

Der Sonntagabend-Gottesdienst wurde immer weniger besucht. Roger wischte den Staub von seiner Geige und erbot sich, zu spielen, wenn das helfen könnte. Und es half wirklich! Bald wählte man ihn zum Vorsitzenden des Männerkreises, und dann dauerte es auch nicht mehr lange, bis ihn sein zweites wichtiges Interessengebiet, die Körperbehinderten, immer stärker forderte.

Eines Tages – es war im Jahre 1946 – besuchte ihn Robert Cox. Es war kaum zu fassen, welche Veränderung mit dem bettlägerigen Patienten von einst vor sich gegangen war. Er hatte inzwischen Auto fahren gelernt und während des Krieges in den Ford-Werken gearbeitet, als deren Vertreter er im ganzen Land herumkam. Er hatte einen zusammenlegbaren Rollstuhl entworfen und patentieren lassen, der in einem Auto untergebracht werden konnte, einen Vorläufer des modernen Klapp-Rollstuhls.

»Damals haben Sie mich besucht«, sagte er, »jetzt besuche ich Sie. Lassen Sie uns miteinander überlegen, ob wir gemeinsam so viel für andere Menschen tun können, wie Sie für mich getan haben.«

Cox war dem Amerikanischen Bund der Körperbehinderten beigetreten, der seinen Sitz in Washington hatte und von einem bedeutenden Mann, Paul Strachan, geleitet wurde. Sein Ziel war, auf nationaler sowie auf lokaler Ebene zum Wohl der Körperbehinderten zu arbeiten. Er bemühte sich, Einfluß auf die Gesetzgebung auszuüben, in den Gemeinden soziale Unternehmungen anzuregen und die Behinderten zu gegenseitiger Hilfeleistung zusammenzuschließen. Cox bat Roger, ihm in Corunna eine Ortsgruppe gründen zu helfen. Roger war sofort dabei.

Sie zogen Erkundigungen ein, annoncierten in den Zeitungen, und es war erstaunlich, wieviel Körperbehinderte sie in dem Gebiet entdeckten. Bald traf sich eine Gruppe von rund fünfundzwanzig Mitgliedern monatlich einmal bei Roger und LaVerna. Sie kamen in Rollstühlen, auf Krücken, an Stöcken humpelnd, von Freunden oder Blindenhunden geführt.

Da war Paul Olson, ein Blinder, der mit Roger in den Bendix-Werken gearbeitet und schon viele Abende mit seiner Frau bei den Arnetts verbracht hatte. Seinetwegen hatte es La-

Verna gelernt, niemals die Möbel umzustellen, auch ihm keinen heißen Kaffee einzugießen, ohne es ihm zu sagen.

Da waren Raymond Dickinson, ein Uhrmacher, und Marie Ebe, beide durch Polio schwer gelähmt. Sie lernten sich hier bei der Körperbehindertengruppe kennen und lieben, heirateten, bekamen zwei Kinder und adoptierten noch zwei dazu.

LaVerna bot immer irgendwelche Erfrischungen an. Obwohl es einfache und bequem zu essende Dinge waren, lehnte ein blinder junger Mann jedesmal ab. LaVerna kam schließlich auf den Gedanken, daß er vielleicht fürchte, sich ungeschickt zu benehmen. Das nächste Mal stellte sie ihm einen Teller auf den Schoß, legte seine Hand darauf und sagte:

»Fühlen Sie, hier ist ein Sandwich!«

Er aß es mit großem Appetit. Von da an sorgte sie immer dafür, daß er wußte, was angeboten wurde.

»Würden Sie mir helfen, die Sachen weiterzureichen?« fragte sie einen anderen Gast, der einen Arm verloren hatte und offenbar gewöhnt war, bedient zu werden.

»Oh, haben Sie nicht gesehen? Ich kann das nicht!« Die Antwort klang ein wenig beleidigt.

»Warum denn nicht?« erwiderte LaVerna. »Sie haben doch noch eine Hand!«

Und der Mann, der sich bisher immer selbst bemitleidet hatte, bediente von da an eifrig mit.

Roger brachte bald seine beiden Gruppen, die Kirche und die Körperbehinderten, in Beziehung zueinander. Er interessierte den Männerkreis für Projekte, die es den Körperbehinderten erleichterten, in die Kirche zu kommen. Sie beschlossen, eine S-förmige Rampe über eine Seite der Doppeltreppe zu bauen, die zu einer Seitentür der Kirche führte, und trafen sich dann samstags nachmittags, um den Plan in die Wirklichkeit umzusetzen. Zur Einweihung der fertigen, sanft ansteigenden Auffahrt wurde ein feierlicher Gottesdienst abgehalten, zu dem alle Mitglieder der Körperbehinderten-Gruppe eingeladen waren. Auch betagte Gemeindeglieder, die wegen der Treppen nicht mehr hatten kommen können, kamen in großer Zahl. Roger gehörte zu den ersten, die ohne fremde Hilfe die Rampe hinauffuhren. Das Ganze wurde gefilmt und die Öffentlichkeit dadurch angeregt, bei anderen Kirchen für ähnliche Einrichtungen zu sorgen.

Der Erfolg dieses Projektes weckte in Roger den Entschluß, die Gemeinden dazu zu erziehen, daß sie Auffahrtrampen oder Eingänge ohne Treppen bauten. Das Problem wurde ihm so wichtig, daß er ein wenig später eine Anzeige aufgab, in der er sich erbot, interessierten Gemeinden kostenlos Gladiolenzwiebeln zu liefern, die sie für diesen Zweck verkaufen konnten. Drei Gemeinden reagierten auf die Anzeige, darunter eine in Marshall, Michigan, die einen Lift einbauen wollte. Zwei Mitglieder der Gemeinde in Corunna, Bob und Leona Vincent, arbeiteten eine ganze Nacht hindurch, um tausend Dutzend Zwiebeln – je ein Dutzend in einem Papierbeutel – für die Gemeinde in Owosso zu verpacken.

Aber im allgemeinem begegnete Roger nur geringem Interesse. Das durchschnittliche gesunde Gemeindeglied schien völlig blind für solche Nöte zu sein.

»Schon gut!« versicherten ihm die Männer meist freundlich, die ihn und seinen Rollstuhl unbeholfen lange Treppenfluchten in einer Kirche oder in einem Gemeindehaus hinauf- und hinabschleppten. »Das macht uns nichts aus.«

Das täte es aber bestimmt, wenn sie an seiner Stelle wären, dachte Roger manchmal bei sich.

9

Solange Ronnie noch nicht zur Schule ging, durfte er nicht allein über die Straße gehen, um mit Freunden zu spielen, und hatte nur wenige Spielgefährten. Roger sah ihn oft sehnsüchtig die Straße hinunterschauen, wo andere Kinder spielten. »Wir sollten ihn nicht allein aufwachsen lassen«, sagte er eines Tages. »Wie wäre es, wenn du Richter Matthews sagen würdest, wir brauchten noch ein Kind?«

LaVerna hatte zwar ohnehin alle Hände voll zu tun, aber sie sah ein, daß Roger recht hatte. Sie nahm Ronnie und ging mit ihm zum Vormundschaftsrichter.

»Wie wär's mit einem kleinen Mädchen?« fragte er. »Es ist zehn Monate jünger als Ihr Junge. Wir müssen es der Familie, bei der es jetzt ist, fortnehmen und sofort eine andere finden. Wenn Sie es nicht haben wollen, müssen wir es in ein Waisenhaus schicken.«

»Natürlich nehmen wir es«, sagte LaVerna prompt. Sie rief Roger an. »Was meinst du zu einer Tochter als Geburtstagsgeschenk?«

»Nur zu!« sagte er vergnügt. »Das ist mir lieber als eine Million Dollar!«

Sie fuhren sofort nach Owosso, um sich das Kind bei seiner Großmutter anzusehen, und fanden ein schmächtiges kleines Mädchen mit schwarzem Haar vor, das sie aus dunklen Augen verschreckt ansah.

Roger und LaVerna sagten Richter Matthew, daß sie das Kind nehmen wollten. Die Papiere wurden unterzeichnet, und am nächsten Tag hatten Arnetts eine Tochter.

Ronnie gewöhnte sich sehr schnell an Faye. Er war stolz auf sie und gönnte sie keinem anderen. Als Faye am Sonntag zum erstenmal mit der Familie zur Kirche ging, stellte er sich mit ausgestreckten Armen vor sie hin und sagte zu allen Vorübergehenden:

»Laßt sie ja in Ruhe! Sie ist meine Schwester.«

Für die neuen Eltern gab es schwierige Anpassungsprobleme. Faye konnte noch nicht richtig sprechen. Sie wußte nicht, was ein Wohnzimmer war oder der Rücksitz eines Autos. Als sie das erste Mal abends mit in der Kirche war und beim Hinausgehen zum Himmel hinaufschaute, blieb sie in der Tür stehen und fragte: »Was ist das?«

»Das sind doch Sterne«, sagte Ronnie. »Kennst du keine Sterne?«

Faye wollte nicht weitergehen. Die Leute konnten nicht an ihr vorbei. Schließlich sagte LaVerna:

»Faye, wir haben daheim auch Sterne. Komm, wir gehen nach Hause und sehen sie uns dort an.«

Sie wurde den ganzen Abend lang nicht müde, die Sterne anzuschauen.

Aber so unwissend sie auf manchen Gebieten war, so viel wußte sie auf anderen. Am ersten Samstagabend fragte sie:

»Geht ihr nicht tanzen?«

Als LaVerna verneinte, fuhr sie fort:

»Wir sind jeden Samstagabend tanzen gegangen. Ich habe immer zugesehen.«

Faye lernte sehr schnell. Als der Sommer zu Ende ging, war sie mit dem Vokabular des Gottesdienstes ebenso vertraut wie mit dem des Tanzsaales. Eines Tages hörte LaVerna sie zu ihrem größten Erstaunen nach der Kirche das Vaterunser hersagen, das sie gerade gelernt hatte – mit einer leichten Abweichung: »Gib uns unser täglich Brot«, sagte das Kind feierlich – und dann nach einer Pause, »und Kekse!«

Aber viele Probleme blieben bestehen. Faye sagte oft bittere, gehässige Dinge, die eine normale Fünf- oder Sechsjährige niemals sagen würde. Sie waren aus einem Groll geboren, nicht gegen LaVerna – davon war diese fest überzeugt –, sondern gegen die beiden Mütter, die sie im Stich gelassen hatten. Aus irgendeinem Grunde beobachtete Faye LaVerna ständig, wenn sie im Zimmer zusammen waren. An dieser Angewohnheit hielt sie jahrelang fest. Wenn sie das Geschirr abtrocknete, guckte sie nicht, wohin sie die Teller und Tassen stellte, sondern sie schaute LaVerna an. Warum? War es Unsicherheit, Argwohn oder ein noch komplizierteres Gefühl, das sie immer wachsam sein hieß?

LaVerna versuchte auf jede nur mögliche Weise, Faye spüren zu lassen, daß sie geliebt wurde und sich sicher fühlen durfte. Es kam vor, daß jemand von den Leuten, die ins Haus kamen, um Schnittblumen zu kaufen, zu dem kleinen Mädchen sagte: »Deine Mutter hat zwei Kinder, und ich habe keines. Willst du nicht mit zu mir kommen?« Dann sagte LaVerna immer schnell: »Oh, wir könnten gar nicht leben ohne Faye!« Nachdem einmal eine Frau, die ausführlich über ihre Einsamkeit geklagt hatte, fortgegangen war, sagte Faye ernsthaft: »Mutter, vielleicht hätte ich mit ihr gehen sollen. Sie braucht mich wirklich.«

LaVerna fragte sich manchmal, ob es ihr wohl gelingen werde, Faye spüren zu lassen, daß dies ihr Zuhause war; daß sie endlich einen Platz hatte, wo sie hingehörte.

Das Gladiolengeschäft brachte weiterhin gute Erfolge, schöne, aber unsichere Einnahmen und harte, zermürbende Arbeit. In den Jahren 1947 und 1948 gewannen die Arnett-Gladiolen bei Ausstellungen in Michigan neunmal den großen Preis. Meist war »White Challenge« die Siegerin. Auch »Nancy«, eine schöne rote Gladiole, gewann den »American Home Achievement Award«.

Die Werbung förderte natürlich den Gladiolenverkauf, und bald kamen Bestellungen aus dem ganzen Land und sogar aus Australien und China. Sie gingen im Januar und Februar ein, und dann mußten bis zum Frühjahr Hunderte von Kartons mit Zwiebeln gepackt und verschickt werden. LaVerna half Roger natürlich dabei, und so belastend es für sie war, sie zog es doch der Plackerei im Sommer vor, wo sie Hunderte von Sträußen und Blumenkörben zusammenstellte. Da sie jede Arbeit so vollkommen wie möglich ausführen wollte, war sie nie mit ihren Buketts zufrieden. Die Gladiolen waren ihr immer zu symmetrisch angeordnet – wie von einem Mathematiker und nicht von einem Künstler! Wenn sie einmal dachte, eins ihrer Arrangements sei schön, und sah dann das eines gelernten Blumenbinders, merkte sie sofort, daß das ihre nur grobe Dilettantenarbeit war. Zwar besuchte sie 1947 eine Woche lang einen Blumenbinderkursus in Chicago, aber auch das hob ihr Selbstvertrauen nicht. Obwohl sie es Roger gegenüber niemals aussprach, wie sehr ihr das Gladiolengeschäft zuwider war, wußte er doch recht gut, welche Last es für sie mit sich brachte. Es quälte ihn, sie Arbeiten verrichten zu sehen, die ein Mann hätte tun müssen.

Im Winter 1947/48 waren sie völlig eingeschneit, und da Dick nicht mehr da war, mußte LaVerna das Freischaufeln der Wege übernehmen. Nach jedem Schneesturm mußte Bahn gemacht werden, damit Roger zum Vorratsgebäude fahren konnte.

Am 1. März hatte wieder ein schwerer Schneesturm getobt. Es war spät abends und eiskalt, als LaVerna mit dem Freischaufeln des Weges fertig war, und Roger bestand darauf, daß sie ins Haus zurückging, statt ihn auf seinem allabendlichen Weg zum Lagerhaus zu begleiten. Als er hineinfahren wollte, wurde der Rollstuhl von der Schiebetür erfaßt, und Roger stürzte in eine Schneewehe. Er rief und rief, aber niemand hörte ihn. Je mehr er sich mühte, aus dem Schnee herauszukommen, desto tiefer sank er ein. Er spürte, wie die Kälte seine Arme und Schultern hinaufkroch, wie seine Wangen und seine Ohren brannten und sein Haar sich mit einer Eiskruste überzog; denn er trug selbst im kältesten Winter keine Mütze.

Schließlich, nach fast einer halben Stunde, kam LaVerna,

die sich gewundert hatte, warum er so lange ausblieb, und half ihm in seinen Rollstuhl zurück.

Auch im dritten Jahr wurde der Anbau der Gladiolenzwiebeln durch Regenfälle stark verzögert. Der Mai kam, und immer noch war es zu naß zum Pflügen. Ein Verdacht, den Roger schon längere Zeit gehegt hatte, wurde bei ihm zur Gewißheit: Michigan war nicht der Ort, wo man eine Gladiolenzucht als Broterwerb betreiben konnte. Er müßte dreihundert bis vierhundert Meilen südlicher eine Farm haben!

»Ich kann schon im Februar pflügen!« prahlte George Lash, ein Gladiolenzüchter aus New Albany am Ohio.

Ein Grundstück zwischen Cincinnati und Louisville, etwa in Süd-Indiana, würde ideal sein.

Etwas zaghaft brachte Roger das Thema bei LaVerna zur Sprache, da er sehr wohl wußte, wie sehr sie es haßte, sich wieder umstellen zu müssen. Ihre Reaktion war so, wie er es erwartet hatte.

»Umziehen! In einen anderen Staat? O nein!«

Aber Roger zählte ihr ausführlich die Vorteile auf: Sie würden keinen Einzelverkauf mehr haben, den Teil des Gladiolengeschäfts, der ihr so zuwider war, sondern nur noch Großhandel. Und sie würden auch nicht mehr allein sein in dem neuen Unternehmen. John Grayson, ein Arbeiter beim Straßenbauamt, wollte Teilhaber werden. Er war bereit, mit seiner Frau und seinen vier Kindern dort hinzuziehen, wo Roger es für richtig hielt.

LaVerna war nicht allzuschwer zu überreden. Die Graysons waren gute Freunde, und die Aussicht, den Einzelverkauf loszuwerden, war verlockend. Außerdem waren ihr Roger und sein Wohlergehen schon seit langem das Wichtigste.

Am 10. Mai fuhren Roger und LaVerna nachts um ein Uhr zu einer Erkundigungsfahrt nach Indiana. Die beiden Kinder ließen sie bei Graysons. Um drei Uhr hatten sie eine Reifenpanne. So schliefen sie bis ein halb sechs Uhr. Dann ging LaVerna zu einer Tankstelle und kaufte einen neuen Reifen. Um zwei Uhr nachmittags kamen sie in Columbus in Indiana an, wo sie mit Vertretern der Handelskammer, mit einem Immobilienhändler und einem landwirtschaftlichen Agenten sprachen. Alle waren aufmerksam und hilfsbereit. Roger strahlte. Er nannte das Klima »ideal für Gladiolen«. Schwertlilien, Mohn und Spiräen standen in voller Blüte.

Nach einer Fahrt von über tausend Kilometern kamen sie um Mitternacht wieder nach Hause.

Während des Sommers entwickelten sich die Pläne schnell. Nach einer zweiten Reise nach Columbus, diesmal mit Graysons, kauften sie ein Haus mit einem Morgen Land und boten ihren Besitz in Corunna zum Verkauf an. Das neuerworbene Haus war groß und alt und seit drei Jahren unbewohnt, aber es hatte eine angebaute Garage mit einem Eingang zu ebener Erde, so daß keine Auffahrt nötig war. Und es war billig.

Rogers Eltern waren bestürzt über die Nachricht. Obwohl Roger es ihnen auszureden versuchte, machten sie sich Vorwürfe, daß sie ihm sein Gladiolengeschäft weggenommen hätten. Außerdem hatte er seit seinem Unfall noch nie weiter als eine Viertelstunde Autofahrt von ihnen entfernt gewohnt, und Columbus schien ihnen tausend Meilen weit weg zu sein. Aber sie waren bereit, beim Umzug zu helfen, und fuhren auch mit nach Indiana, um die Zimmer des neuen Hauses für Gardinen und Tapeten auszumessen.

Inzwischen ging die Gladiolen-Saison mit Riesenschritten voran. Roger saß an manchen Tagen von sieben Uhr morgens bis neun Uhr abends auf dem Traktor. Entweder er oder LaVerna fuhr dreimal in der Woche Gladiolen zum Markt: nach Royal Oak, nach Lansing und nach Pontiac. Sie nahmen jede Möglichkeit, Gladiolen zu verkaufen, wahr. LaVerna stellte sich jeden Freitagnachmittag mit einem Wagen voll Sträußen an den hinteren Ausgang einer Fabrik in Owosso und verkaufte sie an die Angestellten, wenn sie von der Arbeit kamen. An einem Abend nahm sie 91 Dollar ein. Freitags machten sie auch fünfhundert Dutzend Sträuße von je zwölf verschiedenen Gladiolen für einen Mann aus Lansing zurecht, der sie an einer Straßenecke verkaufte. Ein Körperbehinderter in Pontiac, der ans Haus gebunden war, wollte gern von seiner Wohnung aus Gladiolen verkaufen, und so fuhr Roger die sechzig Meilen, um ihm eine Ladung hinzubringen. Am selben Tag brachte er einen anderen Wagen voll Gladiolen zu den Everharts in Ann Arbor.

Ende August begann ihn das fürchterliche Tempo arg mitzunehmen. Eines Tages brachten er und ein Mann aus Flint Gladiolen zur Ausstellung nach Battle Creek. Er kam um drei Uhr morgens wieder nach Hause. Um fünf stand er auf, fuhr zum Markt und machte sich um ein Uhr dreißig wieder auf den Heimweg, da er anschließend mit seinen Eltern und John Grayson noch einmal nach Battle Creek fahren wollte. Die Straße war an einer Stelle ziemlich steil, und als er oben ankam, sah er plötzlich einen Traktor mit zwei Anhängern voll Strohballen vor sich. Ein anderes Auto kam ihm entgegen. Er fuhr in den hinteren Anhänger, beschädigte ihn, verbog die Deichsel des anderen und zertrümmerte das Vorderteil seines eigenen Wagens. Der Unfall hätte Roger eine Warnung sein sollen. Er war zu erschöpft gewesen, um in einem kritischen Augenblick richtig zu reagieren. Während sein Wagen repariert wurde, brachten ihm Bekannte seine Gladiolen zum Markt, so daß er sich ein wenig von den anstrengenden Fahrten erholen konnte. Aber es mußten auch noch täglich Tausende von Gladiolen geschnitten und gebündelt werden. Und so hielt das zermürbende Tempo an.

Der Wagen kam Mitte September zurück. Roger fuhr wieder auf den Markt, mußte sich aber nach der ersten Fahrt mit einem Druckgeschwür und hohem Fieber ins Bett legen. Doch er hatte jetzt keine Zeit, krank zu sein. Nach einer Woche, in der er 300 000 Einheiten Penicillin erhalten hatte, war er wieder an der Arbeit.

John Grayson half die Zwiebeln ausgraben. Tagelang arbeiteten sie vom Morgengrauen bis zum Dunkelwerden. Da sie für den Transport der Zwiebeln etwa 10 000 Dollar hätten bezahlen müssen, kaufte Roger einen Lastwagen, an dem er Handsteuerung anbringen ließ. Er konnte aber nur fünf Tonnen auf einmal fortschaffen.

Zu Rogers Kummer hatte LaVerna die Hauptlast bei der Instandsetzung des neuen Hauses zu tragen. Alivah Knight, ein Vetter von Roger, übernahm die Reparaturarbeiten. Anfang Oktober fuhren LaVerna, Alivah, Rogers Tante Nattie und sein Vater für eine Woche nach Columbus, um zu streichen und zu tapezieren. Sie kamen gegen fünf Uhr nachmittags bei Regen an. LaVerna war auf Schwierigkeiten vorbereitet. Das Haus war schmutzig, die Tapeten hingen von den Wänden. Aber mit Katastrophen hatte sie nicht gerechnet.

Der Heizungsmann kam ihnen mit besorgtem Gesicht entgegen.

»Ich kann kein Feuer anmachen. Es ist zu gefährlich. Wir brauchen einen neuen Ofen.«

Auch der Klempner war im Hause.

»Es tut mir leid, Madam, die Rohre und der Heißwasserspeicher sind geplatzt. Es müssen neue installiert werden. Sie brauchen auch eine neue elektrische Pumpe und einen neuen Schacht.«

Sie fuhren in die zweieinhalb Meilen entfernte Stadt. LaVerna war ärgerlich und entmutigt zugleich. Natürlich hatte Roger nicht in den Keller gehen können, als sie sich das Haus ansahen. Sie, die keine Ahnung von Heizungsanlagen hatte, war im Dunkeln hinuntergegangen und mußte nun entdecken, daß der elektrische Strom die ganze Zeit über eingeschaltet gewesen war. Sie hatte dem Agenten geglaubt, daß alles in bester Ordnung sei, und fühlte sich nun betrogen. Als sie ihm das sagte, antwortete er heftig, er habe nicht gewußt, daß etwas nicht stimme.

Es gab aber auch Erfreuliches. Die Tapeten und die neuen Küchenschränke waren schon angekommen. Und nun begann eine fieberhafte Tätigkeit. Klempner, Elektriker und Tischler machten sich an die Arbeit. Tante Nattie und Vetter Alivah tapezierten und strichen, während LaVerna saubermachte und Wege besorgte. Sie trieb einen Handwerker auf, der die Schränke einbaute, und meldete Ronnie in der Schule und Faye im Kindergarten an.

Dann fuhr sie mit den Verwandten nach Corunna zurück, um zu packen, neunhundert Kataloge zu verschicken und alles für die nächste Fahrt nach Indiana vorzubereiten. Diesmal fuhr Roger mit, und John Grayson folgte mit der ersten Ladung Gladiolenzwiebeln. Die beiden Männer fuhren dann im Lastwagen wieder nach Corunna, und LaVerna blieb allein im Haus zurück. Am Tage hatte sie genug zu tun. Aber die Nächte machten sie nervös. Einmal wachte sie durch lauten Lärm auf, aber da sie wußte, daß sie erschrecken würde, wenn sie festzustellen versuchte, was es war, zwang sie sich, wieder einzuschlafen. Am Morgen entdeckte sie, daß die Rohre im oberen Badezimmer gesprungen waren, den Fußboden aufgerissen und Stücke davon durchs Zimmer geschleudert hatten. Wieder eine teure Reparatur!

Die zweite Zwiebelladung kam an, und LaVerna fuhr mit Roger nach Corunna zurück. Am Abend wurde in der Kirche eine Abschiedsparty für sie und die Graysons gegeben. Am nächsten Tag platzte wieder eine Bombe. Die Graysons hatten sich entschlossen, nicht mit nach Indiana zu ziehen. Das war ein schwerer Schlag, besonders für Roger, der unmöglich das große Geschäft allein weiterführen konnte. Es schien, als sei die vielversprechende neue Straße zu einer Sackgasse geworden. Aber er konnte jetzt nicht mehr zurück. Er mußte vorwärts, im Vertrauen darauf, daß das vermeintliche Ende der Straße nur eine Biegung war.

Am 30. November zog die Familie endlich um, und es wurde Dezember, bis Roger die fünfte und letzte Ladung Gladiolenzwiebeln brachte. Weihnachten war LaVerna mit Streichen und Tapezieren fertig. Die Vorhänge hingen. Endlich begann das große weiße Haus mit seinen sechs Schlafzimmern, seinem kreisförmigen Treppenaufgang, seinem Kamin und seinem riesigen, sonnigen Eßzimmer wie ein gemütliches Heim auszusehen.

Es war natürlich noch nicht ihr Eigentum. Die Extraausgaben hatten ihre Finanzen erschöpft. Das Haus in Corunna war vermietet, aber nicht verkauft. Durch den Verkauf der kleinen Scheune und zweier angrenzender Baugrundstücke konnte das neue Anwesen mit finanziert werden. Aber es hatte doch noch eine große Hypothek aufgenommen werden müssen.

Es war ein fröhliches Weihnachtsfest, und die Kinder schienen nicht zu merken, daß ihre Geschenke bei Woolworth gekauft waren. Aber Unruhe und Sorgen waren noch nicht vorüber. Als die Familie am ersten Weihnachtsfeiertag vor dem Kamin beim Frühstück saß, roch es plötzlich nach Rauch. Aus dem Keller quollen ihnen Rauchschwaden entgegen. Dort waren die Zwiebelkästen bis zur Decke aufgestapelt, und einige waren zu nahe an den Schornstein des Ofens geschoben worden und hatten angefangen zu schwelen. Es mußten viele Stapel beiseite gerückt werden, bis man die gefährdeten Kästen erreichen konnte. Roger war noch nicht in der Lage, in den Keller zu gehen, und LaVerna konnte die Kisten nicht heben. Sie lief über die Straße zu ihren nächsten Nachbarn, die ihnen zu Hilfe kamen. Als sie sich endlich zu den Kisten vorgearbeitet hatten, standen diese bereits in Flammen.

Was noch? dachte LaVerna. Dieses ereignisreiche Jahr könnte nun wirklich in Ruhe zu Ende gehen! Sie hatte sich geirrt. Zwei Tage später bekamen die Kinder die Windpocken.

Monatelang waren sie jetzt, was ihr Einkommen betraf, ganz auf den Zwiebelverkauf angewiesen, und vor März würden nur wenig Bestellungen kommen. Sie hatten fast kein Geld mehr, und die monatlichen Raten für den Lastwagen und das Haus waren noch nicht bezahlt. Es war ein magerer Winter. Roger versuchte, eine Anleihe auf seinen Traktor, seinen einzigen schuldenfreien Besitz, aufzunehmen.

»Was sollen wir mit einem Traktor?« fragten die Bankbeamten skeptisch.

Eines Tages ging LaVerna mit nur drei Dollar im Portemonnaie zum Supermarkt. Sie hatte das Gefühl, sie dürfe nur zwei Dollar ausgeben, und mußte zwischen Margarine und Zucker wählen. Als sie zu ihrem Wagen hinausging, sah sie, wie ein Polizist einen Strafzettel hinter den Wischer steckte. Ihr letzter Dollar war dahin! In der Nähe des Hauses gab es Waldmurmeltiere. Roger lieh sich ein Gewehr und schoß ein Junges, das ihnen eine ihrer wenigen Fleischmahlzeiten lieferte.

Aber allmählich gingen Bestellungen auf Gladiolenzwiebeln ein, und sie kamen wieder zurecht. Roger fand einen Helfer in dem jungen Joe Sexton, dem Sohn des Kunsttischlers, der in ihrem Haus gearbeitet hatte. Als im Februar warmes Wetter eintrat, machte er sich hoffnungsvoll an die Feldarbeit. Außer dem Morgen Land, der zum Haus gehörte, hatte Roger zehn Morgen Land gepachtet, das an sein Grundstück grenzte. Wenn er zwei Morgen für eine frühe Ernte anpflanzte, hoffte er Spitzenpreise zu erzielen. Er fing an zu pflügen, wie er es in Michigan gewöhnt gewesen war, ohne sich klarzumachen, daß er hier anderen Boden hatte. Er sah sandig aus, wurde aber nicht so locker, wie es nötig gewesen wäre. Je mehr Roger eggte, desto härter wurde der Boden. Eines Tages kam ein Nachbar, Mr. Hormann, herüber und klärte ihn über die richtige Behandlung des Bodens auf. Von nun an hatte Roger keine Schwierigkeiten mehr. Die frühe Ernte wurde ein Erfolg. Die Gladiolen blühten und gediehen wie Pflanzen in einem Treibhaus. Die »White Challenge« war prachtvoll, und die Blumenhändler konnten nicht genug davon bekommen. Roger war überglücklich. Ein Ereignis machte ihm besonders viel Freude. Er hatte in Marion, Indiana, einen blinden Freund, Claude Enslem, der ebenfalls

Gladiolen züchtete. Ihm schickte er im Frühjahr ein Dutzend Zwiebeln von der »White Challenge«. Sie blühten gerade rechtzeitig, um bei der Gladiolenschau des Staates Indiana ausgestellt zu werden. Am Abend nach der Preisverteilung telefonierte Claude.

»Wir haben gewonnen! Wir haben gewonnen!« rief er jubelnd.

Er hatte den großen Preis der Schau mit einer Blütenähre der »White Challenge« gewonnen. Ein richtiger Handikap-Triumph! meinte Roger frohlockend. Eine Spielart, die von einem Mann im Rollstuhl gezüchtet und von einem Blinden angepflanzt worden war, gewann den ersten Preis vor tausend und abertausend der besten Blüten im ganzen Land!

Aber Roger mußte sich seine Erfolge auch weiterhin schwer erkaufen. Die Jahreszeit war trocken, und es dauerte Wochen, bis er ein gutes Bewässerungssystem geschaffen hatte. Der Motorroller versagte immer wieder. Aber glücklicherweise gab es einen Autoschlosser in Columbus, der jede andere Arbeit liegenließ, um Roger zu helfen. Das Jäten der sechs Morgen Land — sie nannten es »Die fröhlichen Äcker« — war zuviel für Roger und Joe. So wurden drei Oberschüler für die Sommerarbeit angestellt. Jeden Abend belud Joe den Lastwagen mit Schnittblumen, die er ins Eis packte. Und am nächsten Morgen fuhr Roger sie zum Großhandelsmarkt nach Indianapolis. Er brach um fünf Uhr morgens auf, fuhr die achtzig Meilen hin und zurück und arbeitete dann noch den Rest des Tages auf dem Feld. Er schnitt den größten Teil der Gladiolen, während seine Frau sie bündelte und sortierte.

Rogers Erfolg war für viele Kollegen in diesem Gladiolenzuchtgebiet ein Wunder.

»Gladiolen züchten ist schwere Arbeit«, sagte George Lash, der eine Farm in Clarksville bewirtschaftete. »Mancher Mann, der nicht körperbehindert war, hat es versucht und wieder aufgegeben. Roger nicht! Seine erstaunlichen Erfolge verdankt er seiner Geschicklichkeit, Entschlossenheit und Energie.«

Im Herbst gruben sie eine außerordentliche Menge Zwiebeln aus: etwa dreihunderttausend; dazu beinahe drei Millionen Brutzwiebeln. Sowohl die alten wie auch die jungen Zwiebeln der »White Challenge« sahen vielversprechend aus. Aber zu Rogers Erstaunen und Kummer blühten nur wenige davon, als er sie im nächsten Jahr pflanzte. Zwiebeln dieser Spielart, die er aus Michigan mitgebracht und in Indiana gepflanzt hatte, blühten ganz herrlich. Aber Zwiebeln, die in Indiana gewachsen waren, wollten nicht blühen.

In diesem ersten Sommer wurde eine Division der Nationalgarde in ein Luftwaffen-Lager verlegt, das an das Arnettsche Grundstück grenzte. Eines Nachmittags ging ein Leutnant in der River Road von Haus zu Haus, um Unterbringungsmöglichkeiten für die Familien der Soldaten zu suchen. In Rogers großem Haus glaubte er auf eine Goldgrube gestoßen zu sein.

»Lassen Sie es mich nur einmal ansehen!« bettelte er.

Beim Anblick der sechs Schlafzimmer wurde er gesprächig. Das Haus war ideal für seine Familie und die seines Freundes mit ihren drei Kindern. Die Arnetts müßten sie einfach nehmen! Die anderen Leute in der Straße seien auch hilfsbereit. Und die Kosten, die Zimmer zu zwei Wohnungen umzubauen, seien gering.

Roger und LaVerna glaubten einwilligen zu müssen. Die Zimmer standen unbenutzt, und da waren Menschen, die sie brauchten. Aber der Umbau verschlang das ganze Geld, das sie in diesem Sommer beim Verkauf ihrer Gladiolen erlöst hatten. Da die Regierung nur vierundvierzig Dollar Miete monatlich gewährte, würde der Mietbetrag für zwei Jahre kaum die Kosten decken.

Im Februar hatten Arnetts wieder kein Geld mehr. Da auch Bestellungen für Gladiolenzwiebeln nur spärlich hereinkamen, beschloß LaVerna, sich Arbeit zu suchen. Sie bewarb sich auf eine Zeitungsanzeige hin um die Stelle einer Sekretärin. Sie mußte eine Prüfung machen, hauptsächlich in Mathematik, was ja ihr Spezialgebiet war. Der Geschäftsführer war so erstaunt über ihre ausgezeichnete Leistung, daß er ihr acht Stellen zur Auswahl anbot. LaVerna nahm eine in der kraftfahrtechnischen Abteilung, weil dort vorher noch keine Sekretärin gewesen war und es sie immer lockte, etwas ganz Neues anzufangen.

Es war eine hochinteressante Arbeit, bei der große Ansprüche an LaVerna gestellt wurden. Sie mußte für die neun Mann der Abteilung schreiben. Da sie es aber gewohnt war, sich von Roger diktieren zu lassen und seine Geschäftsbriefe zu schreiben, fiel ihr das Stenographieren nicht schwer, nachdem sie sich erst einmal an die Fachausdrücke des neuen Gebiets gewöhnt hatte.

Ihre Abwesenheit von zu Hause brachte Schwierigkeiten mit sich. Im Sommer mußte Roger jemanden anstellen, der die Gladiolen bündelte. Eines Tages sah LaVerna, als sie nach Hause kam, daß das Mädchen es sich leicht gemacht und alle Stengel gleichlang geschnitten hatte, und zwar so lang wie den kürzesten, der für den Großhandel als unbrauchbar hätte aussortiert werden müssen. Alle fünfhundert Dutzend waren nicht zu verkaufen.

Während der dritten Gladiolensaison in Indiana konnte ein Teil von Ronnies beunruhigender Energie für Arbeit auf den Gladiolenfeldern genutzt werden. Roger war weniger sanft und nachgiebig als LaVerna, und als Faye und Ronnie acht und neun Jahre alt waren, konnten sie besser pflanzen, jäten, schneiden und ausgraben als viele andere, die Roger im Lauf der Jahre anstellen mußte.

Aber Rogers sprudelndes Wesen verwandelte die sonst etwas eintönige Arbeit in fröhliches Schaffen. Und danach wurde immer gespielt – nicht ruhig und im Sitzen, wie man das von einem Rollstuhlpatienten hätte erwarten sollen, sondern wilde Spiele wie Haschen, Baseball und Ringen. LaVerna war oft beunruhigt über die rauhen Taktiken, besonders wenn sie damit endeten, daß Rogers Rollstuhl umkippte.

Vier Gladiolen-Saisons vergingen in Indiana, und in seinem Katalog vom Jahre 1952 gab es vierzehn Sorten Arnett-Schöpfungen. Es hatten wahrscheinlich Millionen von Samen dazugehört, um sie zu voller Schönheit zu bringen. Natürlich blieben nicht alle so begehrt wie »White Challenge« und »Nancy«. Aber jede Sorte war schön und hatte ihre Eigenheiten.

Roger hielt viele Vorlesungen über das Kreuzen von Gladiolen, das er als »mit Gott arbeiten« bezeichnete. Es gehöre Zeit, Fleiß und unendlich viel Geduld dazu. Wochen und Monate habe man zu überlegen, bis man die richtigen »Eltern« gewählt habe. Nach der Kreuzung dauere es dann drei Jahre, ehe sich bei den Blüten zum erstenmal Farbe zeige. Es habe ihn zehn Jahre gekostet, ehe seine erste neue Spielart zu vollkommener Entfaltung gekommen sei.

Er gab seinen Zuhörern zehn Hinweise:

»Vertrauen Sie auf Gott! Suchen Sie eine Blume aus, mit der Sie arbeiten wollen! Studieren Sie sie genau! Machen Sie viele Kreuzungen! (Bei tausend erzielen Sie vielleicht nur ein einziges gutes Resultat!) Arbeiten Sie! Haben Sie Geduld! Schließen Sie sich Gladiolenzüchter-Kreisen an! Scheuen Sie sich niemals, etwas Neues zu versuchen! Geben Sie nie die Hoffnung auf! Seien Sie auf Enttäuschungen vorbereitet!«

10

Kurz nachdem Roger nach Columbus übergesiedelt war, erhielt er von Paul Strachan, dem Gründer und Vorsitzenden des Bundes der Körperbehinderten, einen Brief mit dem Vorschlag, in Indiana Ortsgruppen zu gründen. Roger griff diese Anregung mit gewohnter Energie auf und gründete innerhalb kurzer Zeit acht Gruppen.

»Ich wünschte, Gladiolen züchten wäre mein Hobby«, sagte er einmal zu einem Reporter in Columbus, »und den Körperbehinderten helfen mein Hauptberuf. Aber man muß ja leben.«

Doch es gelang ihm, immer mehr Zeit für das »Hobby« zu finden. 1949 wurde er in den vom Präsidenten eingesetzten Ausschuß für die Berufsförderung Körperbehinderter berufen und machte die erste seiner zahlreichen Reisen nach Washington.

»Roger Arnett aus Columbus, Indiana, kam gestern nach Washington«, schrieb ein Reporter. »Er traf um zwei Uhr morgens hier ein und nahm am nächsten Tag an allen Sitzungen der Konferenz über Berufsförderung Körperbehinderter teil. Um fünf Uhr nachmittags machte er sich mit seinem siebenjährigen Sohn Ronnie auf den Heimweg. Er sagte, er müsse am gleichen Tag noch zu einem Arzt in Ann Arbor fahren ... Als er in seinem Rollstuhl in den Konferenzsaal fuhr, bot er das Bild eines Mannes, der genau wußte, was es heißt, einem Unglücklichen zu einem neuen Anfang zu verhelfen.«

Viele der folgenden Reisen nach Washington machte Roger dann in seiner Eigenschaft als Paul Strachans Vertreter.

Strachan war eine der eindrucksvollsten Persönlichkeiten,

die Roger je kennengelernt hatte. Er war taub, hatte einmal das Rückgrat gebrochen und ging an einem Stock. Aber der fast ein Meter neunzig große, knochige Mann war voller Energie und Tatkraft. Er hatte nur ein einziges Ziel im Leben, das in der von ihm gegründeten Organisation verkörpert war und das er in der Hauptsache durch gesetzgeberische Maßnahmen zu erreichen suchte. Er war nach dem Ersten Weltkrieg einer der drei Urheber des Gesetzes für die Wiedereingliederung der Soldaten ins Berufsleben gewesen. Nach dem Zweiten Weltkrieg hatte er im Parlament eine Gesetzesvorlage über die Einführung einer Werbewoche unter dem Schlagwort: »Beschäftigt die Körperbehinderten!« einbringen helfen. Das Gesetz war verabschiedet worden, und die Woche wurde am 1. Oktober überall in den Vereinigten Staaten gefeiert. Im Führungsgremium seiner Organisation (*seiner*, denn er neigte etwas zum Diktator!) waren bekannte Erzieher, Ärzte und Staatsbeamte, zu Rogers Enttäuschung aber keine Geistlichen. Strachan hatte bei seinem Feldzug für die Körperbehinderten bei der Kirche wenig Interesse und noch weniger Kooperation gefunden.

Roger war ein geschätztes Mitglied von Ausschüssen und Komitees in Washington, das sich auch Gehör zu verschaffen wußte. 1949 wandte er sich in einer beredten Ansprache an den Ausschuß für Erziehung und Arbeit zugunsten einer Gesetzesvorlage, die die Gründung einer Bundeskommission zur Förderung der Körperbehinderten vorsah.

»So, wie ich es verstehe«, sagte er darin, »bietet diese Gesetzesvorlage dem Körperbehinderten keine Almosen. Gott sei Dank! Almosen wollen wir auf gar keinen Fall! Sie gibt uns aber eine viel größere Chance, unseren Lebensunterhalt zu verdienen. Unzählige Steuerverbraucher werden Steuerzahler werden.«

Er erzählte von Robert Cox, der sich, obwohl seine beiden Beine amputiert waren, selbst ernährt und sogar Steuern gezahlt hatte, in der vergangenen Woche aber gestorben war, weil ihm die Mittel für eine Operation nicht zur Verfügung gestanden hatten – weil die Gesetzesvorlage noch nicht Gesetz war.

Er erzählte von Orville Mitchell, der, obwohl vom Hals bis zu den Füßen gelähmt, nach zwölf Jahren Krankenhaus jetzt ein eigenes Heim besaß und ein kleines Geschäft betrieb, so daß er sogar Steuern zahlen konnte.

Er fuhr fort: »Im Amt für Rehabilitation sagte man mir vor achtzehn Jahren, als ich dort um Unterstützung bat, ich sei nicht geeignet für eine Rehabilitation, da ich zu schwer beschädigt sei.« Dann erzählte er, was er habe leisten können, weil sich ein Mensch, Mr. Whitehead, um ihn gekümmert habe. »Mit seiner und Gottes Hilfe war es mir möglich, zu heiraten, drei Kinder zu adoptieren, mir ein eigenes Haus zu kaufen und zehn Morgen Gladiolen anzubauen. Und ganz besonders stolz bin ich darauf, daß ich Steuern zahle. Aber ich weiß natürlich auch, daß es für jeden Robert Cox oder Roger Arnett wenigstens zehn Körperbehinderte gibt, die der Allgemeinheit zur Last fallen. Die augenblicklichen staatlichen Einrichtungen haben sie im Stich gelassen. Meine Herren, für diese anderen neunzig Prozent spreche ich.«

Der Leiter des Komitees war offensichtlich beeindruckt.

»Mr. Arnett, Sie sagen, daß Sie den größten Teil Ihrer Arbeit allein machen. Tun Sie das von diesem Rollstuhl aus?«

»Ich habe einen Traktor, den ich entsprechend umgebaut habe, und einen Motorroller, mit dem ich durch die Felder fahre. Ich schneide die Blumen selbst und pflüge auch selbst.«

»Können Sie allein vom Rollstuhl auf den Traktor gelangen?«

»Ja, mit Hilfe eines Flaschenzuges kann ich es fast ohne fremde Hilfe. Und ich fahre auch mein Auto und meinen Lastwagen selbst.«

Roger hielt überall in Indiana Vorträge in Ortsgruppen, Hilfsvereinen und Kirchenkreisen, zog bei einer Anhörung vor dem Senat eines Staates gegen das Arbeitsministerium des

Staates vom Leder und klagte die Behörde an, sie »schüchtere körperbehinderte Bürger ein«.

In einem Lions-Club sagte er unter anderem:

»In den Vereinigten Staaten gibt es sieben Millionen Schwerbeschädigte, von denen nicht einmal zehn Prozent einträglich beschäftigt sind. Fünfzig Prozent von diesen sieben Millionen könnten sich ihren Lebensunterhalt verdienen, wenn man ihnen Arbeit geben würde.«

In den Kirchen hob er hervor, wie sehr er geeignete Zugangsmöglichkeiten zu den Kirchengebäuden vermisse.

»Was für Probleme haben die Körperbehinderten in Ihrer Kirche und Gemeinde?« fragte er einen prominenten Pfarrer in Bloomington, nachdem man ihn eine steile Treppe zum gottesdienstlichen Raum hinaufgetragen hatte.

»Oh, da sind keinerlei Probleme«, versicherte der Pfarrer freundlich.

Und auch keine Körperbehinderten, dachte Roger, der keinen einzigen Rollstuhl in der großen Gemeinde sah.

Paul Alden, der Vorsitzende des Bundes der Körperbehinderten in Indiana, war ein bekannter Baptistenprediger und früherer Studentenpfarrer der Universität von Illinois, der mit etwa vierzig Jahren einen Schlaganfall erlitten hatte und niemals mit seinem Handikap fertig geworden war. Obwohl er Auto fahren und am Stock gehen konnte und seine Sprache und sein fabelhaftes Gedächtnis nicht gelitten hatten, hatte ihm die Kirche keinerlei Gelegenheit mehr zu aktivem Dienst gegeben, und er war äußerst verbittert.

»Dabei sind Sie doch viel mehr behindert als ich«, sagte er einmal beschämt zu Roger. »Und was haben Sie alles geschafft!«

Da war Ada Marie, die mit zwölf Jahren taub und blind geworden war. Sie trug einen Handschuh, auf den die Buchstaben des Alphabets aufgedruckt waren, vier auf jedem Finger und Daumen und sechs auf der Handfläche. Eine Aufwärtsbewegung der Hand bedeutete »ja«, eine Seitwärtsbewegung »nein«. Man konnte sich mit ihr unterhalten, indem man die Worte auf den Handschuh buchstabierte. Sie war einmal eine Woche bei Roger und LaVerna zu Besuch. Als der Sonntag herankam, dachten die beiden, Ada Marie werde nicht gern in die Kirche gehen wollen, und LaVerna beschloß, bei ihr zu Hause zu bleiben.

»Ich gehe aber gern in die Kirche«, sagte die Blinde zu ihrer Überraschung. »Weißt du, was ich tue? Ich bitte Gott, alle meine Freunde und Bekannten, die ich mit Namen nenne, zu segnen. Manchmal sind es vierhundert. Aber die Zeit vergeht immer so schnell, daß ich nie ganz durchkomme.«

Kurz nach seiner Ankunft in Indiana wurde Roger in den Fall Carl Selby verwickelt – ein siebenjähriger Junge, der als Spastiker geboren war. Der Vater hatte seine Familie bei der Geburt des Jungen verlassen, und da die Mutter mit der Situation nicht allein fertig werden konnte, hatte ihn das Wohlfahrtsamt zu Pflegeeltern gegeben. Diese banden ihn manchmal im Bett fest, damit er sich nicht verletzte oder der Familie Unannehmlichkeiten machte. Roger verlangte, daß Carl zur Schule geschickt würde. Nach einem einzigen, ganz und gar nicht überzeugenden Test wurde er der Staatlichen Schwachsinnigenschule übergeben.

»Das ist die Art von Verfahren, gegen die ich kämpfe«, schrieb Roger empört in einem Artikel, der im *Evening Republican* von Columbus veröffentlicht wurde. »Wenn irgend möglich, müssen Spastiker die Pflege und Ausbildung erhalten, die sie befähigen, sich selbst zu versorgen, statt den Steuerzahlern ihr Leben lang auf der Tasche zu liegen. Was Carl betrifft, so ist er in der Anstalt hoffnungslos am Ende. Dieses Kind braucht geeignete Schulung. Ich weiß von Dutzenden von Spastikern, die durch entsprechende Ausbildung erfolgreiche Geschäftsleute geworden sind. Andere haben akademische Grade und sind Autoritäten in ihrem Fach.

Ich kenne Carl. Ich habe ihn auf den Schoß genommen und mit ihm gesprochen. Er ist nicht weniger intelligent als viele andere, die sich, nachdem man ihnen eine Ausbildungsmöglichkeit gegeben hatte, aus der Liste der Wohlfahrtsempfänger streichen lassen konnten.«

Zutiefst beunruhigt durch solche Probleme, versuchte Roger bei führenden Persönlichkeiten der Kirche Hilfe zu finden. Er nahm einen Bezirks-Superintendenten seiner Denomination mit, um Carl Selby zu besuchen und mit einem Psychiater über den Jungen zu sprechen. Während ihres Aufenthaltes dort lernten sie einen anderen Jungen kennen, der nur seiner Taubheit wegen in dieses Institut für Schwachsinnige gebracht worden war.

»Was kann die Kirche hier tun?« fragte Roger den Superintendenten.

Der Kirchenmann zuckte nur die Achseln.

Die Veränderungen, für die Roger kämpfte, traten zwar nur langsam ein, aber diese oder jene war doch in den folgenden Jahren festzustellen. Es war kein bloßer Zufall, daß sich sechs Jahre später ein anderer Artikel in der gleichen Zeitung ausführlich auf Rogers kritische Feststellungen berief und zugab, daß er recht damit gehabt hatte. Er war überschrieben: »Ein Junge, der nicht in die Heilanstalt gehört hätte, hat jetzt eine Zukunft.« »Nachdem Carl zwei Jahre dort gewesen war, war sein Intelligenzquotient auf 38 gesunken. Aber seit man die Rehabilitationsmöglichkeiten erweitert hat, zeigt Carl wieder die geistigen Fähigkeiten, die er immer besessen hatte, und sein Intelligenzquotient liegt heute bei 83. Aller Voraussicht nach wird der Junge weiter Fortschritte machen und sich zu einem normalen Erwachsenen entwickeln, der seinen Lebensunterhalt selbst verdienen kann.

Mr. Arnett soll zur Zeit in Michigan sein«, schloß der Artikel.

»Vielleicht berichtet ihm jemand von Carl Selby.«

Zu Rogers großer Freude geschah dies auch. Er hätte sich noch mehr gefreut, wenn die Kirche die Organisation gewesen wäre, durch deren Unterstützung das Rehabilitationsprogramm in Muscatatuck erweitert werden konnte. Es war aber der Lions-Club.

Durch all diese Erlebnisse und Erfahrungen gelangte Roger immer mehr zu der Überzeugung, daß es für ihn einen wichtigeren Beruf gab als den eines Gladiolenzüchters. Er wollte sich mit Menschen beschäftigen.

»Es hat sich manches geändert«, sagte er zu LaVerna. »Seit ich mein College-Examen gemacht habe, sind in den Schulen viele Verbesserungen für die Körperbehinderten eingeführt worden. Vielleicht könnte ich jetzt eine Lehrerstelle in irgendeinem College in Michigan bekommen.«

Der Gedanke ließ ihm keine Ruhe. Er hatte den Traum, einmal Lehrer zu werden, noch nicht aufgegeben.

Roger schrieb voller Hoffnung an seine Alma mater, jetzt Eastern Michigan University, und fragte, ob sie eine Stelle für ihn hätten. Er erklärte sich bereit, noch ein Jahr aufs College zu gehen und seinen Magister zu machen, wenn das nötig sei. Als im Frühjahr 1951 die Antwort kam, fühlten sich Roger und LaVerna wie im siebenten Himmel. Die Universität wollte ihm im Juni ehrenhalber einen Magistertitel verleihen.

»Das bedeutet einen College-Job« jubelte Roger. »Und wer weiß? Vielleicht direkt an der alten Alma mater!«

Sie begannen sofort, Pläne zu machen, boten das Haus zum Verkauf an und bereiteten sich vor, zum letztenmal Gladiolen anzubauen.

Am 1. Mai, Rogers Geburtstag, kam ein Telefonanruf.

»Mr. Roger Arnett? Hier Western Union. Wir haben ein Telegramm von Ypsilanti, Michigan.«

»Ja, ja! Arnett am Apparat!«

Er drehte sich zu LaVerna um. Seine Augen strahlten.

»Jetzt kommt es, Liebling! Es ist soweit. Telegramm aus Ypsilanti — vom College!«

Es war wirklich das College, aber nicht, um ihm eine Stelle

anzubieten, sondern nur, um ihm zum Geburtstag zu gratulieren. LaVerna blutete das Herz, als sie Rogers enttäuschtes Gesicht sah.

Später kam noch ein Anruf von der Western Union. Wieder flammte Hoffnung auf – wieder war es blinder Alarm. »Viel Glück zum Geburtstag!«

Aber für Roger bedeutete das noch kein Fehlschlagen seiner Hoffnungen, sondern nur einen Aufschub. Er war eher neugierig als ungewiß. Was für eine Stelle hatte man ihm wohl zugedacht? Nicht, daß das allzuviel zu sagen hätte! Er würde auch als Assistent in der naturwissenschaftlichen Abteilung anfangen, wenn er nur unterrichten durfte.

Das Ende des Schuljahres kam, und noch hatte er keine weitere Nachricht erhalten. Im Juni fuhr er mit LaVerna zu der Abschlußfeier nach Michigan, fest davon überzeugt, daß er nur deshalb den Magistertitel erhielt, weil man ihm dann leichter eine Stelle geben konnte.

Die Universität übertraf sich selbst in ihren Ehrenerweisungen.

Die Rede triefte von honigsüßen Worten:

»... einer der besten Langstreckenläufer, die je aus dem College hervorgegangen sind ... kam im Rollstuhl ins College zurück ... wollte gern Mathematik- und Physiklehrer werden, bekam aber keine Stelle, weil er nicht laufen konnte ... arbeitete sich zum Leiter einer Buchhaltung empor ... Gladiolenzucht wurde hauptberufliche Beschäftigung ... kämpfte sich in die vorderste Reihe der amerikanischen Blumenzüchter vor und verwandelte ein Anfangskapital von 300 Dollar in ein Geschäft mit einem Jahresverdienst von 6500 Dollar ... Motto: Nichts ist unmöglich ... hat seine eigenen Schwierigkeiten genutzt, um anderen zu helfen ...«

Der Redner schloß: »Im Namen der Fakultät empfehle ich, Roger Arnett für seine offenkundigen Bemühungen im Dienste leidender Menschen und für seine Entschlossenheit, den Wechselfällen des Lebens furchtlos und tapfer zu begegnen, den Ehrentitel eines Magisters des Erziehungswesens zu verleihen.«

Während des nun folgenden Festes wartete Roger vergeblich, daß das Thema seiner Anstellung angeschnitten würde. Schließlich sagte er einer Dame:

»Nun, wie ist es? Haben Sie eine Stelle für mich gefunden?«

Sie sah ihn bestürzt an. »Eine Stelle, wollten Sie eine Lehrerstelle haben?« Als die Dame sich wieder gefaßt hatte, fügte sie freundlich hinzu: »Nun, man wird Sie schon irgendwo ein paar Stunden einsetzen können.«

Roger hatte das Gefühl, als gefröre das Lächeln auf seinen Lippen, während er die vielen Glückwünsche entgegennahm. Er erwiderte so liebenswürdig wie möglich:

»Bitte, denken Sie nicht mehr daran! Ich sehe, es geht nicht.«

Er hatte um Brot gebeten und – einen Stein bekommen? Nein, eine Schmeichelei für seine Eitelkeit!

Er mußte sich also etwas anderes einfallen lassen. Seit Jahren hatte er in der Kirche mitgearbeitet, hatte Sonntagsschule gehalten, Männergruppen geleitet, mit Behörden verhandelt und Kranke besucht; hatte also fast alles getan, was ein Pfarrer tat – außer predigen. Konnte er das nicht auch noch lernen? Und wenn ja, wie war es dann mit einer Stelle als Geistlicher? Wirklich, eine kühne Idee!

Das Tempo der Sommersaison im Gladiolengeschäft war wieder so zermürbend, daß Roger und LaVerna ihren Entschluß, es aufzugeben, nicht bereuten. Das Haus wurde verkauft und sollte von dem neuen Eigentümer im Herbst übernommen werden, wenn die Gladiolenzwiebeln ausgegraben und verkauft waren.

Nun begann die Suche nach einem passenden Haus in Michigan. Nachdem sie in Ann Arbor und in Ypsilanti keins gefunden hatten, kauften sie schließlich ein Haus in Belleville – mit neun Morgen Land für die Blumenzwiebeln, die sie in Indiana nicht losgeworden waren. Es war ganz neu und nicht teurer als ein kleines Fertighaus in Ypsilanti, hatte einen Eingang zu ebener Erde, aber nur zwei Schlafzimmer und keine Garage.

Diesmal blieb die Familie bis zum Umzug zusammen. Nachdem die Zwiebeln ausgegraben waren, fuhr Roger mit einem Lastwagen voll zu Dick, der von der Kriegsmarine zurück und verheiratet war und dicht an der Grenze in Michigan wohnte. Er nahm seinen Sohn mit nach Belleville, wo ihm dieser die Zwiebeln in eine gemietete Scheune abladen half, und fuhr dann Dick wieder nach Hause. Auf diese Weise konnten zwei Rundreisen an einem Wochenende gemacht werden, 2000 Kilometer in drei Tagen. Es war Mitte November, als die 600 000 Zwiebeln endlich nach Belleville befördert waren.

Natürlich paßte keins der Möbelstücke in das neue Haus. Es war, als seien Arnetts aus einer Villa in einen Wohnwagen gezogen. Auch ihre Teppiche waren zu groß für das Wohnzimmer, das nur dreieinhalb Meter breit war. Die nackten weißen Wände erinnerten an ein Krankenhaus. Ihre geliebten Eßzimmermöbel mußten abgeschafft werden, und da sie nur zwei Schlafzimmer hatten, waren sie sehr beengt. Auch als das Haus endlich fertig eingerichtet war, fühlten sie sich nicht recht heimisch.

Roger begann sofort, einen Arbeitsplatz zu suchen, irgendeinen. Er hatte eine achtjährige Erfahrung als Buchhalter und besaß zwei akademische Grade. Ringsum gab es viele Fabriken, die er alle aufsuchte, nicht einmal, sondern viele Male. Er war bereit, jede Stelle anzunehmen, aber niemand stellte ihn ein. Es tue ihnen leid, aber gegen sein Handicap seien sie nicht versichert. Jeden Abend kam er mutloser nach Hause.

Dann fand er endlich eine gutbezahlte, ganztägige Stellung. Paul Alden, sein Freund aus Indiana, hatte das Wunder vollbracht. Als er Studentenpfarrer an der Universität von Illinois war, hatte dort ein Dr. John Brown die mathematische

Abteilung geleitet, der jetzt am Forschungszentrum der Universität von Michigan in Willow Run arbeitete. Paul riet Roger, bei Dr. Brown anzufragen, und Roger fuhr sofort die vier Meilen zu dem Forschungszentrum. Dr. Brown empfahl ihn dem Personalleiter, der ihn an die Datenverarbeitungs-Abteilung überwies, wo gerade ein neuer Computer in Betrieb genommen werden sollte. Roger brachte von seinem Studium der Physik die nötigen Kenntnisse mit und wurde sofort eingestellt. Es war eine Universitätsstelle auf der Stufe eines Forschungsassistenten mit allen Beförderungsmöglichkeiten und sonstigen Vergünstigungen. Zum erstenmal seit mehr als zwanzig Jahren fühlte sich Roger als freier Mann, der in einem freien Lande lebte, wo alle Menschen gleichberechtigt waren und nicht eines physischen Handikaps wegen anders behandelt wurden.

Wenn seine Kollegen ihn für »anders« hielten, dann nur, weil er fröhlicher und freundlicher war als die meisten und sich persönlich für jeden einzelnen seiner Mitarbeiter interessierte, auch für die Männer, die den Rasen mähten, oder die Handwerker wie Harvey Dicks. Roger hörte, daß der Tischler Jungen hatte, die gern angelten.

»Nehmen Sie sie mit zum See!« sagte er zu Harvey. »Gehen Sie in Ihrer Freizeit doch mal mit ihnen fischen!«

Als er erfuhr, daß einer von Harveys Bekannten ein zurückgebliebenes Kind hatte, redete er den Eltern so lange gut zu, bis sie es in die Schule schickten.

»Für die Leute im Werk ist Roger kein Mensch mit einem Handikap«, faßte Harvey die Ansicht all seiner Mitarbeiter in Worte. Zum Kuckuck! Er ist ein ganz gewöhnlicher Mensch wie wir alle.«

Aber er änderte seine Meinung, als er Roger zum erstenmal mit einer Hand Gladiolenbeete hacken und mit der anderen seinen Motorroller lenken sah. Er war starr vor Staunen.

Kein »gewöhnlicher Mensch« wäre auf einen so verrückt schlauen Gedanken gekommen!

LaVerna hatte immer zu schwer und zu viel gearbeitet, um sich zu Hause wohl zu fühlen, während die Familie jeden Morgen zur Arbeit oder zur Schule ging. Im August beschloß sie, sich wieder eine Lehrerstelle zu suchen. Dann konnte sie zu Hause sein, wenn die Kinder zu Hause waren.

Vom Büro des Schulleiters fuhr LaVerna zum Susterka Lake, wo sie die Kinder vorher zum Schwimmen abgesetzt hatte. An diesem heißen Nachmittag kam Faye zitternd vor Kälte auf sie zugelaufen. In der Nacht hörte LaVerna, daß sich das Kind ständig hin- und herwarf. Sie mußte wohl an ihr eigenes schweres Kindheitserlebnis gedacht haben, als sie am andern Morgen zu Faye sagte:

»Leg dein Kinn an die Brust!«

»Ich kann nicht«, erwiderte das Kind. »Es tut weh.«

»O Gott, nicht noch einmal das!« flehte LaVerna im stillen. Aber als ob ein Arzt es schon ausgesprochen hätte, wußte sie bereits, daß es Kinderlähmung war.

Sie ging sofort mit Faye zum Arzt. Da keine Lähmungserscheinungen festzustellen waren, sagte er nur:

»Beobachten Sie das Kind genau und halten Sie mich auf dem laufenden!«

Faye schlief an diesem Tag viel, schlief auch in der Nacht gut und bis weit in den Morgen hinein. Gegen Mittag weckte LaVerna sie.

»Möchtest du nicht etwas essen?«

»Ja.«

LaVerna kochte ihr ein Ei, setzte sich an ihr Bett und wollte sie füttern. Fayes Lippen schienen mit dem Löffel in ihrem Mund zu verschwinden.

»Ich — ich kann nicht schlucken.«

Die nächsten Stunden waren furchtbar. Nach mehreren vergeblichen Versuchen konnte LaVerna den Arzt schließlich erreichen.

»Bringen Sie das Kind sofort nach Ann Arbor! Ich rufe dort schon an.«

Außer sich vor Angst fuhr LaVerna zuerst zu Roger und Ronnie, die auf dem Feld arbeiteten und ihr auf dem Motorroller nach Hause folgten, und dann ins Krankenhaus. Zu ihrer grenzenlosen Erleichterung konnte Faye selbst in die Isolierstation laufen, wo die Ärzte das Kind auf einen Tisch legten, es untersuchten und dann hinausgingen. Und dann kam das Entsetzliche: die Erstickungsanfälle! LaVerna würde nie mehr den Blick der Todesangst in Fayes Augen vergessen. Sie stürzte zur Tür und schrie: »Sie erstickt! Sie erstickt!«

Ärzte und Schwestern kamen alle auf einmal gelaufen.

»Ja, ihre Kehle ist völlig zu«, sagte ein Arzt. »Wir werden eine Tracheotomie vornehmen müssen, vielleicht noch etwas Durchgreifenderes.«

»Sie meinen, sie schwebt in Lebensgefahr?«

»Ja!«

LaVerna saß wie erstarrt da. Immer noch benommen fuhr sie dann nach Hause, wo sie Ronnie mit hohem Fieber und Kopfschmerzen vorfand.

»Sehr wahrscheinlich hat er ebenfalls Polio«, sagte der Arzt in Ann Arbor, als sie es ihm mitteilte. »Aber es braucht nicht die paralytische Art zu sein. Beobachten Sie ihn!«

Das war am Samstag. Am Sonntag hatte sich in Fayes Befinden noch nichts geändert. Am Montag verbrachte LaVerna den ganzen Tag im Krankenhaus. Abends blieb sie dann bei Ronnie, bei dem sich immer noch beängstigende Symptome zeigten, und Roger fuhr zu Faye. LaVerna hatte sich kaum schlafen gelegt, als er sie anrief:

»Die Schwester meint, du solltest sofort kommen. Die Krisis ist eingetreten, und sie glauben nicht, daß Faye es schafft.« In höchster Angst lief LaVerna zu einer Bekannten, die keine kleinen Kinder mehr hatte, und bat sie, bei Ronnie zu bleiben. Ein Nachbar war bereit, sie ins Krankenhaus zu fahren. Als sie ins Krankenzimmer trat und von der bewegungslosen kleinen Gestalt zu Rogers bekümmertem Gesicht schaute, dachte sie schon, sie komme zu spät. Aber Faye lebte noch, obwohl nicht mehr viel Hoffnung für sie bestand.

Doch das Wunder geschah. Der Puls, der fast nicht mehr zu fühlen gewesen war, fing wieder an, kräftiger zu schlagen, und bald atmete sie wieder normal. Ein Dankgebet im Herzen, fuhren Roger und LaVerna nach Hause.

Ronnie war eine Woche lang krank, und LaVerna wartete jeden Augenblick angstvoll, daß er ebenfalls Erstickungsanfälle bekäme. Aber die Lähmungsanfälle blieben aus.

Faye mußte einen Monat im Krankenhaus bleiben, und die Hälfte der Zeit war ihr Kehlkopf völlig gelähmt, so daß eine Schwester ständig an ihrem Bett wachen mußte. Als sie dann wieder nach Hause kam, war ihr kleines rundes Gesicht so schmal geworden, daß es LaVerna ins Herz schnitt. Ihre Halsmuskeln waren zu schwach, um den Kopf aufrechthalten zu können, so daß sie eine »Halskrawatte« tragen mußte. Die linke Gesichtshälfte war gelähmt, und alle Muskeln an dieser Seite ihres Körpers waren sehr schwach. Zweimal täglich machte LaVerna bestimmte Übungen mit ihr, die man ihr im Krankenhaus gezeigt hatte.

Sie versuchten Faye darauf vorzubereiten, daß sie wieder in die Schule gehen mußte. Wer wußte wohl besser als LaVerna, was für Kränkungen und Enttäuschungen einem empfindsamen neunjährigen Kind bevorstanden, das durch Polio entstellt war? Selbst Erwachsenen gab es einen Schock, wenn sie das verzerrte kleine Gesicht über der grotesken Halskrawatte, die kläglichen ersten Sprech- und Lachversuche sahen. Wie würde sie unter der rücksichtslosen Offenheit ihrer Schulkameraden leiden müssen!

LaVerna erklärte der Schulleiterin die Situation, und diese teilte Faye einer Miss Bearance, der Lehrerin der fünften Klasse, zu, die sie für besonders verständnisvoll hielt.

»Natürlich bereite ich meine Kinder entsprechend auf Faye vor«, meinte die erfahrene Lehrerin freundlich. »Und da sie nur einen halben Tag kommen kann, werde ich auch die wichtigsten Stunden in diese Zeit legen.«

Es waren nicht Miss Bearances Schüler, die dem Kind in der Pause Gesichter schnitten und spöttische Bemerkungen machten. Aber Faye nahm diese Verhöhnungen entweder gleichmütig hin oder gab sie schlagfertig zurück. Die wirkliche Prüfung würde erst später kommen, wie LaVerna aus eigner bitterer Erfahrung wußte. Der Schmerz über den Spott neunjähriger Jungen war nicht zu vergleichen mit dem Schmerz über die abgewandten Gesichter sechzehnjähriger.

Das Tempo dieser ersten Jahre in Belleville war für Roger noch nervenzerrüttender als das in Indiana. Denn ob er eine ganztägige Stellung hatte oder nicht, die Zwiebeln waren da und mußten gepflanzt werden. Wieder vergingen Frühling und Sommer mit Bodenbestellen, Pflanzen, Schneiden, Sortieren und Verkaufen, und alles mußte spätnachmittags nach der eigentlichen Berufsarbeit und an Wochenenden getan werden. Aber diesmal war LaVerna innerlich nicht so rebellisch wie sonst; denn das Ende war ja abzusehen.

Sie verkauften viele Gladiolen vom Haus aus. Und da sie nicht mehr darauf angewiesen waren, von dem Erlös zu leben, konnten sie großzügig dabei sein. Wenn sonntags, wo sie keine Blumen schnitten, noch Schnittblumen vom Samstag übrig waren, stellten sie sie in Eimern an den Straßenrand mit einem Schild:

»Bedienen Sie sich! Umsonst!«

Dabei konnten sie interessante Studien machen: Manche Leute schauten nur ungläubig herüber und fuhren weiter. Manche blieben stehen, nahmen sich ein paar Stengel und sahen sich dabei unsicher um, als fürchteten sie irgendeine Falle. Andere nahmen sich ganze Eimer voll. Nur ganz wenige hinterließen einen kleinen Zettel mit einem »Danke schön!«

So kam das Ende einer Ära für die Arnetts heran. In der Fachzeitschrift *Gladiolus* stand 1953 folgende Anzeige:

»Wollen Sie ein eigenes
Gladiolengeschäft anfangen?
Der Rollstuhl macht mir zu schaffen.
Ich verkaufe meine Gladiolen aus und gehe in einen anderen Beruf.
Das gibt Ihnen die Chance Ihres Lebens.
Mehr als 600 000 Zwiebeln mit Kisten usw. zu verkaufen! Bestellungen über 100 bis 100 000 Zwiebeln werden entgegengenommen.«

Die gleiche Ausgabe der *Gladiolus* brachte eine Liste von 131 Sorten, von denen jede drei oder mehr blaue Bänder erhalten hatte. Die »White Challenge« hatte sechzehn Erste Preise bekommen.

Im gleichen Jahr verlieh die Neu-England-Gladiolenzüchter-Gesellschaft Roger eine Goldmedaille: »Für hervorragende Leistungen beim Kreuzen von Gladiolen; für seine genialen technischen Erfindungen für körperbehinderte Gladiolenzüchter; für den frohen Mut, die Ausdauer und den Fleiß, mit denen er die Gladiolenzucht als Lebensunterhalt betrieb – trotz ungeheurer Schwierigkeiten, unter denen alle außer den ganz Tapferen aufgegeben hätten. Er hat bewiesen, daß man ›unten‹ sein kann, aber nicht ›am Ende‹ zu sein braucht, solange man nicht aufgibt. Er ist ein *Mann.*«

11

Der Traum, Geistlicher zu werden, war durchaus nicht neu. Schon als Roger sich während seiner Oberschulzeit der Kirche angeschlossen hatte, war ihm manchmal der Wunsch gekommen, Missionar zu werden, aber er hatte sich den Anforderungen nicht gewachsen gefühlt. Später hatte er jedesmal, wenn der Pfarrer seine Zuhörer aufrief, sich ganz in den Dienst Christi zu stellen, im stillen gedacht: Ich sollte es tun, aber ich kann nicht. Nachdem er jetzt die geistlichen Nöte der Körperbehinderten und das Versagen der Kirche immer deutlicher sah, wurde der Wunsch für ihn zum Befehl.

Die Kirche half den Behinderten nicht nur nicht, sie kannte nicht einmal ihre Nöte. Irgendwie mußte sie darauf aufmerksam gemacht werden. Aber noch viel größer war sein Wunsch, den Körperbehinderten selbst besser dienen zu können. Die Seele des Menschen brauchte ebenso Nahrung wie sein Körper und sein Geist. Worte des Paulus aus dem zweiten Brief an die Korinther ließen Roger nicht mehr los: »Gepriesen sei Gott, der Vater unsres Herrn Jesus Christus, der Vater des Erbarmens und der Gott alles Trostes, der uns tröstet bei aller unsrer Bedrängnis, damit wir die, welche in allerlei Bedrängnis sind, trösten können durch den Trost, durch den wir selbst von Gott getröstet werden ..., sei es, daß wir getröstet werden, so geschieht es zu eurem Trost, der sich wirksam erweist im standhaften Ertragen derselben Leiden, die auch wir leiden ...«

Roger war sich völlig darüber im klaren, was ihn solch ein Dienst kosten würde: zunächst einmal Jahre einer besonderen Ausbildung, für die er seine ganze Freizeit und die letzte Kraft seines schon überbeanspruchten Körpers einsetzen mußte. Wenn es ihm dann gelang, hauptberuflich angestellt zu werden, würde das bedeuten, daß er seine jetzige Stelle, die ihm und seiner Familie finanzielle Sicherheit bot, aufgeben mußte. Und er wußte schon jetzt, daß ein Seelsorgedienst, wie er ihn sich vorstellte, niemals sehr einträglich sein würde. Wenn er jedoch, was er befürchtete, keine hauptamtliche Stelle bekam, verscherzte er sich jede Gelegenheit, an der Universität weiterzukommen, weil dazu ungeteilter Eifer und ungeteilte Energie gehörten. Sollte er sowohl auf seine finanzielle Sicherheit als auch auf seine gute Karriere verzichten, um einem »Hirngespinst« nachzujagen, wie Paul Strachan und viele seiner Freunde sein Ziel zu nennen pflegten?

»Was könnte die Kirche schon für die Körperbehinderten tun, selbst wenn sie es wollte?« hörte er Strachan spöttisch sagen. »Ihnen Arbeitsplätze geben? Rehabilitationsgesetze durchbringen? Die Körperbehinderten brauchen hier und jetzt Hilfe, und nicht erst irgendwann einmal im Paradies!«

Hier und jetzt! Das war auch Rogers Meinung. Nachdem er alle Kosten überschlagen hatte, war er entschlossen, ihnen hier und jetzt zu helfen.

Als er noch in Indiana gewesen war, hatte er bei führenden Männern seiner Denomination — bei Bischöfen, Bezirks-Superintendenten und Pastoren — Erkundigungen eingezogen, war aber nicht von ihnen ermutigt worden. Das Pfarramt schien einem Mann im Rollstuhl ebenso verschlossen zu sein wie der Lehrerberuf.

Aber hier in Michigan fand er ein wenig Unterstützung. Bischof Reed erinnerte sich Rogers von seiner Collegezeit her und verwies ihn an Dr. Fitch, den Superintendenten, der sofort Verständnis zeigte und Roger erklärte, welche Schritte er aufgrund seiner bisherigen Ausbildung unternehmen mußte, um Pfarrer werden zu können. Da der Lehrgang der Methodistenkirche, den ihm Dr. Fitch empfahl, für die Art von Arbeit, die Roger tun wollte, nicht ausreichen würde, besuchte er Abendkurse der Universität in Detroit und belegte Fächer, die zum Diplom für die Arbeit mit körperlich und geistig Behinderten führten. Er studierte Methoden der Arbeit mit Blinden, Tauben, geistig Zurückgebliebenen, Epileptikern, Hirngeschädigten — kurz, mit fast jeder Art körperbehinderter Menschen.

Im April 1953 empfahl die Leitung der Methodistenkirche von Belleville, ihm örtliche Predigterlaubnis zu erteilen, ein erster Schritt auf dem langen Weg zur Qualifikation als Geistlicher. Im Juni erschien er bei der Jahreskonferenz in Albion vor dem Ausschuß, der für die theologische Ausbildung zuständig war. Dieser billigte die Gewährung der Lizenz und erklärte sich damit einverstanden, daß Roger weiterhin als Ersatz für eine Seminarausbildung den Lehrgang der Methodistenkirche absolvierte. Aber Roger war eher enttäuscht als ermutigt. Er hatte wenig Interesse an seinem Feldzug für einen besonderen seelsorgerlichen Dienst an den Körperbehinderten gefunden. Der Gedanke sei gut, wenn man genügend Geld hätte, aber ein halbes Dutzend andere besondere Aufgaben seien zunächst einmal vordringlicher. Sie hatten ihm erlaubt zu studieren, da sie damit ja keine Verpflichtung übernahmen, ihm eine Stelle oder finanzielle Unterstützung zu geben.

Roger kam sich auf der Konferenz wie ein Außenseiter vor und fühlte sich verwirrt und verängstigt. Als er einmal zögernd am Rande eines ungewöhnlich hohen Bordsteins vor der Kirche stand, kam ein energischer, freundlich aussehender Mann auf ihn zu.

»Hallo! Soll ich ein bißchen helfen?«

»Ich wäre Ihnen sehr dankbar!«

Der Fremde half ihm auf die Straße hinunter und ging dann neben ihm her.

»Mein Name ist Hartoog. Sind Sie zur Konferenz hier?«

»Ja.« Roger stellte sich vor. »Sie werden es mir vielleicht nicht glauben, aber ich bin so vermessen, zu meinen, daß ich einmal Geistlicher werden kann. Das Komitee hat mir eben grünes Licht gegeben.«

Statt des erwarteten Zweifels sah Roger in den offenen, freundlichen Augen ein lebhaftes Interesse.

»Gut!« Hartoog nickte beifällig. »Uns fehlt es immer an neuen Männern. Würden Sie mir ein bißchen von sich erzählen?«

Roger berichtete ihm kurz etwas von seinen Plänen. Hartoog war begeistert.

»Wunderbarer Gedanke! Ein seelsorgerlicher Betreuer der Körperbehinderten! Ich kenne in meiner Gemeinde ein Dutzend Menschen, die solche Betreuung brauchten. Und die meisten von uns haben weder die Zeit noch die Fähigkeit, diesen Dienst zu übernehmen. Ich wünsche Ihnen viel Kraft! Und wenn ich etwas für Sie tun kann – ich hab's! Belleville ist nur etwa zwanzig Meilen von Wyandotte entfernt. Wie wär's, wenn Sie nächsten Monat herüberkämen und für mich predigten, wenn ich in Urlaub bin? Ich rufe Sie an.«

Es kann einfach kein Zufall gewesen sein, dachte Roger später, daß ich von den 350 Geistlichen, die auf der Konferenz waren, ausgerechnet Al Hartoog an der Straßenecke traf!

Wie versprochen, rief Hartoog an und lud ihn ein, an einem Sonntag im Juli zu predigen. Roger sagte voller Eifer zu und erfüllte dann auch seine Aufgabe mit der gewohnten Bravour. Aber die Glenwood Church hätte selbst dem schüchternsten Anfänger Vertrauen eingeflößt. Sie war ein neuer, kleiner Bau, in dem knapp zweihundert Menschen Platz hatten. Und – Wunder über Wunder! – sie hatte weder außen noch innen Stufen. Wohl zum erstenmal seit seinem Unfall konnte Roger leicht und ohne Anstrengung durch die Tür in einen gottesdienstlichen Raum fahren. Und er dachte frohlockend:

»Ich freute mich, da sie zu mir sprachen: ›Laßt uns wallen zum Hause des Herrn!‹« Ps. 122, 1.

LaVerna war es, die sich ängstigte und sorgte. Sie war aufgeregt für sie beide und bange, wenn sie daran dachte, daß sie einmal Pastorenfrau werden und im Blickpunkt der Öffentlichkeit stehen sollte. So aktiv sie in der Kirche gewesen war, sogar in der großen Stadtkirche in Indiana, davor scheute sie zurück! Als sie aber nach dem Gottesdienst neben Roger stand und sah, wie fremde Gesichter den strahlenden Blick seiner Augen zurückgaben, wußte sie, daß die gemeinsamen Jahre mit Roger sie für diese neue Rolle vorbereitet hatten.

Sie mußte wie bisher in der Öffentlichkeit sein überschäumendes Temperament dämpfen und ihm zu Hause Mut zusprechen, wenn er niedergeschlagen war; sie mußte hinter den Kulissen die unzähligen unvermeidlichen Verrichtungen tun, die zu den Aufgaben der Frau eines Querschnittsgelähmten gehörten, und ihn mit der ganzen Kraft und Hingabe lieben, deren sie fähig war.

»Ich hoffe, er erkennt es an, was du für ihn tust«, bemerkte eine Freundin einmal bissig. »Sagt er dir jemals etwas davon?«

»O ja, oft! In seinen Predigten«, war LaVernas fröhliche, wenn auch ein wenig rätselhafte Antwort.

Als Monate vergingen und er nichts mehr von Al Hartoog hörte, erlitt sein Selbstbewußtsein einen empfindlichen Stoß. Nicht, daß er ein Lob für seine dilettantische Leistung auf der Kanzel erwartet oder sich gewünscht hätte. Er wußte selbst, daß er ziemlich schlecht gewesen war. Aber Hartoogs Interesse an der Seelsorge für Körperbehinderte schien doch damals stärker gewesen zu sein, als daß es so schnell wieder verlöschen konnte, und es lag Roger nicht nur an einer Mitarbeit, sondern auch an seiner Freundschaft.

Im Oktober rief Hartoog endlich an.

»Arnett? Hier ist Al Hartoog! Ich würde mich freuen, wenn Sie nächsten Mittwochabend zu einer Besprechung mit meiner Kirchenleitung zu mir kommen würden. Paßt es Ihnen?«

Roger hatte Mühe, seiner Stimme einen festen Klang zu geben.

»Ja. Natürlich! Aber — was —«

»Das kann ich Ihnen jetzt nicht sagen. Ich wollte nur gern, daß Sie kommen. Dann also auf Wiedersehen am Mittwoch!«

Hartoog begrüßte Roger zu Beginn der Versammlung und sagte dann: »Ich habe unseren Leuten von Ihren Plänen erzählt, Roger, und sie sind ebenso begeistert davon wie ich. Aber es wäre mir lieb, wenn Sie ihnen selbst etwas darüber sagten. Wir halten es für eine gute Idee und möchten uns gern beteiligen.«

Als Roger in dieser Nacht nach Hause kam, war er so glücklich, wie ihn LaVerna selten gesehen hatte. Seine blauen Augen strahlten.

Die Arbeit in Glenwood begann im folgenden Monat. Natürlich war es eine nebenberufliche Beschäftigung, die Roger nur ein kleines Entgelt für seine Unkosten einbrachte. Auf der Jahreskonferenz im nächsten Juni wurde Roger offiziell als Hilfsgeistlicher angestellt, ein bescheidener Anfang, gewiß! Aber für ihn eine von Gott gesandte Gelegenheit zum Dienst.

Jeden Sonntag stand er zeitig auf und fuhr die zwanzig Meilen nach Wyandotte, um an den beiden Gottesdiensten und an der Sonntagsschule teilzunehmen. Gelegentlich forderte ihn Hartoog auf zu predigen, und allmählich bekam er mehr Erfahrung auf diesem Gebiet, obwohl er bei seinem Temperament und der Fülle der Gedanken dazu neigte, etwas zu weitschweifig zu werden.

Mit einem Talar bekleidet saß er in seinem Rollstuhl, über dessen Armlehnen sich ein einfaches Lesepult schieben ließ, auf dem Podium. Die zwei Stufen, die hinaufführten, waren kein ernstliches Hindernis, da genügend Teenager da waren, die miteinander wetteiferten, ihre Kraft und ihre Ritterlichkeit zu beweisen.

Nach den Gottesdiensten setzte er sich an die Kirchentür und begrüßte die Kinder, die aus der Sonntagsschule kamen. Als er merkte, wie sich ihre Scheu allmählich in Neugier, dann in Vertrauen und schließlich in strahlende Zuneigung verwandelte, empfand er eine tiefe Befriedigung.

Seine Hauptaufgabe als Hilfsgeistlicher bestand aber darin, den Körperbehinderten zu helfen. Es fehlte nicht an Gelegenheiten. Roger verbrachte bald nicht nur seine Sonntagnachmittage damit, Besuche zu machen, sondern auch seine meisten freien Abende nach vier Uhr fünfzehn, wenn er im Forschungszentrum fertig war. Al Hartoog brauchte ihm nur selten neue Namen zu nennen. Ein Besuch zog unausweichlich den anderen nach sich.

Bald erweiterte sich sein Aufgabenkreis. Kurz nachdem er mit seinem Dienst in der Glenwood Church begonnen hatte, war ein Fonds gegründet worden, aus dem er Menschen in besonderer Notlage unterstützen konnte.

Da war zum Beispiel Chris, der Däne, der beide Beine gebrochen hatte. Er wohnte mit seinen beiden großen Hunden in einer Garage, die keine Wasserleitung hatte. Roger konnte ihm helfen, sie einbauen zu lassen.

Da war Eddie, der mit zehn Jahren Kinderlähmung gehabt hatte. Sein Vater war gestorben und hatte eine Frau mit sechs kleinen Kindern zurückgelassen. Da Eddie gelähmt und an den Rollstuhl gefesselt war, konnte er nur ins Freie, wenn seine Mutter ihn die Stufen hinunter- und herauftrug. Ja, Roger mußte Ronnie mitnehmen, wenn er Eddie besuchte, damit er ihm die Treppe hinaufhalf. Er kaufte Holz für eine Rampe, die Ronnie unter seiner Anleitung bauen half. Eddie war stolz und glücklich, als er zum erstenmal auf der Rampe in den Hof und zurück ins Haus fuhr, langsam und mit verbissener Energie; denn seine Armmuskeln waren sehr schwach.

Unter den Körperbehinderten, die Roger besuchte, waren auch alte Bekannte, wie Walter Roth, der mit Roger zusammen das College besucht hatte. Er hatte Anfang der vierziger Jahre eine schwere Arthritis bekommen und war an einen Rollstuhl gefesselt. Seine Frau Alice war Lehrerin, und Walter steuerte zu ihrem gemeinsamen Lebensunterhalt bei, indem er Lederarbeiten machte. Als Roger ihn eines Tages wieder einmal aufsuchte, war Walter stolzer Besitzer eines alten Packard geworden.

»Ich sagte mir, wenn Roger so ein Ding fahren kann, muß ich das auch fertigbringen!« meinte er glücklich.

Zu den Körperbehinderten, auf die andere Roger aufmerksam gemacht hatten, gehörte Stefan Florescu, der vier Meilen entfernt in Lincoln Park wohnte. Roger besuchte ihn zum erstenmal im Sommer 1954, zwei Jahre nachdem sich Stefan beim Tauchen das Rückgrat gebrochen hatte. Er fand einen etwa fünfundzwanzigjährigen, hilflosen und entmutigten jungen Mann, der ein ganz ähnliches Schicksal hatte wie er selbst. Stefan war während seiner Collegezeit ebenfalls Läufer und vor allem Schwimmer gewesen. Ein Vierteljahr nach dem Examen war er beim Tauchen verunglückt. Er war an beiden Armen und beiden Beinen gelähmt, konnte allerdings die Arme ein ganz klein wenig gebrauchen. Nach zweijährigem Krankenhausaufenthalt war er gerade nach Hause gekommen. Im Detroiter Rehabilitationszentrum hatte man ihn nicht für rehabilitationsfähig gehalten, und so wurde er von seinen Eltern versorgt.

»Er ist wie eine verlorene Seele auf einer einsamen Insel«, dachte Roger, als er in das schwermütige Gesicht sah. »Wie kann ich eine Brücke zu ihm schlagen?«

Da kam ihm ein Gedanke.

»Was Sie brauchen, Stefan, ist eine Rampe!« sagte er munter. »Haben Sie schon einmal daran gedacht?«

»Doch« – sagte Stefan ziemlich uninteressiert. »Aber mein Vater wollte nichts davon wissen.«

»Da hatte er sicher gute Gründe?«

»Vielleicht hat er gedacht, es hätte ja doch keinen Zweck. Oder er meint, es ist besser, ich habe keine, damit nicht noch mehr Unglück passiert.«

»Mein Vater wollte mich auch immer beschützen«, sagte Roger lächelnd und erzählte Stefan die Geschichte mit dem Gewehr. Erleichtert sah er, daß sich unter den schwermütigen Augen ein paar Lachfältchen zeigten.

Eine Rampe ist eine Brücke! dachte er. Die einfachste und naheliegendste Reaktion auf ein Problem ist manchmal die beste.

Wieder bauten er und Ronnie zusammen eine Rampe. Stefans Bruder half ihnen, und sein Vater ließ sie zumindest gewähren. Und diese einfache Holzrampe erschloß Stefan Florescu eine neue Welt. Bald fuhr er nicht nur selbst über diese Brücke, sondern schlug auch viele Brücken zu Menschen auf anderen einsamen Inseln.

Die Zeit reichte nicht mehr aus. Roger tat jede Stunde leid, in der er etwas anderes tun mußte oder getan hatte als Hilflosen zu helfen. Seine Energie schien grenzenlos zu sein. Er konnte es kaum erwarten, nach dem Dienst nach Hause zu fahren, schnell etwas zu Abend zu essen und dann entweder Krankenbesuche zu machen oder bis Mitternacht zu studieren, um sich soviel Kenntnisse wie möglich anzueignen.

Jeder neue Kontakt war ein Erlebnis für ihn.

»Sie müssen Faye Sloan besuchen«, sagte ihm jemand, kurz nachdem er mit seiner Arbeit in Glenwood angefangen hatte. »Sie ist nicht nur ebenso schwer körperbehindert wie Sie, sondern auch ebenso versessen darauf, anderen zu helfen.«

Roger traf eine kleine, zierliche Person im Rollstuhl an, die durch Polio gelähmt, aber mit Energie geladen war. Sie wollte nicht getröstet oder bemitleidet werden und vergeudete keine Zeit damit, über sich selbst zu sprechen.

»Ich habe auf jemanden wie sie gewartet«, begrüßte sie ihn erfreut. »Wir müssen hier in Wyandotte einen Körperbehinderten-Klub gründen. Was meinen Sie dazu?«

Roger hatte Fayes Geschichte schon gehört. Um anderen zu helfen und sich das nötige Geld dafür zu verschaffen, war sie vor kurzem nach New York gefahren, hatte an einem Fernseh-Quiz teilgenommen und fünfhundert Dollar gewonnen. Damit hatte sie die Faye-Sloan-Stiftung gegründet, die den Körperbehinderten außerordentliche Dienste leisten sollte.

Mit Majorie Campbell zusammen, einer jungen Frau, die teilweise gelähmt war, gründeten sie die Liga der Behinderten, und mit der Zeit gingen auch noch andere von Fayes Hilfsplänen in Erfüllung. Nachdem sie acht Jahre lang im Krankenhaus von Wyandotte gearbeitet und Geld verdient hatte, pachtete sie einen kleinen Laden, der unter dem Namen »Haus der Talente« bekannt wurde und dessen Leitung sie — zögernd — übernahm. Hier wurden von Körperbehinderten angefertigte Handarbeiten, gespendete Kleider, Möbel und andere von Körperbehinderten reparierte Gegenstände verkauft. Als der Laden zu klein wurde, kaufte die Stiftung ein Haus und begann das neue Unternehmen mit einem Kapitel von nur 300 Dollar.

Faye machte Roger mit Clara Kelley bekannt, die durch Polio verkrüppelt, schwerhörig und seit zwölf Jahren Patientin im Tuberkulose-Sanatorium in Howell war. Sie fertigte sehr schönen Modeschmuck an, und Roger sorgte dafür, daß die Frauen der Gemeinde bei ihrem Herbstbasar einiges für sie verkauften. Manchmal nahmen er und LaVerna sie zu einem kleinen Autoausflug mit.

Kurz vor Weihnachten rief sie bei den Arnetts an.

»Meinen Sie, ich könnte Weihnachten zu Ihnen kommen? Ich möchte gar zu gern einmal kleine Kinder sehen.«

LaVerna überlegte: War es gefährlich für die drei kleinen Enkelkinder, die dieses Jahr bei ihnen waren? Aber die Ärzte würden Clara doch bestimmt nicht kommen lassen, wenn Ansteckungsgefahr bestand!

»Ja«, erwiderte sie herzlich. »Wir werden Sie abholen.«

Es war eins der schönsten Weihnachtsfeste, die Roger und LaVerna je erlebt hatten. Mit strahlenden Augen saß Clara auf dem Sofa und sah gebannt zu, wie die Kleinen ihre Gabenpäckchen öffneten. Es war das erste Mal seit zwölf Jahren, daß sie Weihnachten in einer Familie feierte.

Der Besuch bei Vivian Wakefort führte Roger in eine ihm neue, grausige Welt. Das Krankenhaus in Eloise war schon von außen abstoßend: kalte Backsteinfassaden, endlose Reihen von Mauern, die einen wie leere Gesichter anstarrten. Die Gebäude hatten keine Namen, sondern trugen nur die Aufschriften A, B, C, D. »Ort der verlorenen Identität«, dachte Roger, während er durch ein Labyrinth von Zimmern und Korridoren zum Saal der Nervenkranken in Haus D fuhr, geführt von einer Gestalt im weißen Kittel, die die Türen vor ihm öffnete und hinter ihm schloß.

Als er in seinem Rollstuhl durch einen riesigen Saal mit endlosen Bettenreihen fuhr, hatte er den Eindruck, als habe er Wogen von gequälten Gesichtern vor sich, die auf ihn zukamen, wieder zurückwichen und sich teilten wie das Rote Meer, um ihn durchzulassen. Dann kam endlich die letzte verschlossene Tür. Als sie sich öffnete, fuhr er mutig, aber mit einem sonderbaren Gefühl in der Magengegend hinein und hörte, wie sie hinter ihm zugeschlossen wurde. Er war zum erstenmal in einer Anstalt für Nervenkranke und fühlte sich unsicher und verlegen. Daß ein blaugrüner Vogel mit heiserem Krächzen an ihm vorbeischoß, war nicht gerade dazu angetan, seine Nervosität zu mildern.

»Chico, sei still! Siehst du nicht, daß wir Besuch bekommen haben? Bitte, entschuldigen Sie, Reverend Arnett! Sie sind doch Mr. Arnett? Eine Bekannte schrieb mir, daß Sie zu mir kommen würden.«

Roger blickte von dem fröhlichen Papagei, der sich jetzt auf das Kopfende des Bettes gesetzt hatte, zu dem Mädchen mit den fesselnden, lebhaften Gesichtszügen, dem schwarzen Haar und den klaren, aber unruhigen Augen. Roger hätte fast laut aufgelacht. Es sollte schwer sein, zu solch einem munteren jungen Menschenkind Kontakt zu finden?

»Ja, ich bin Roger Arnett, und ich habe mich darauf gefreut, Sie kennenzulernen. Wir beide müssen doch eine Menge gemeinsam haben: die gleichen schwierigen Probleme der

Querschnittslähmung und, wie ich sehe, den gleichen Lebenshunger — trotz allem!«

»Ja«, erwiderte Vivian, jetzt etwas gezwungen lächelnd. »Eins haben wir aber nicht gemeinsam: Freiheit!«

Roger folgte ihrem Blick zu dem Käfig des Papageien, dessen Tür offenstand, und blickte dann schnell wieder in ihr Gesicht. Die dunklen Augen waren jetzt nur noch voller Unruhe. Alles Strahlende war aus ihnen gewichen. Wie lange war sie wohl schon innerhalb dieser vier erstickenden Wände ans Bett gefesselt, ausgestoßen von einer Gesellschaft, die einen ziemlich normal reagierenden Menschen einfach für geistig gestört erklärt hatte? Er vermutete stark, daß sie nicht mehr »geisteskrank« war als er, vielleicht noch weniger! Auch er hatte sich in jenen ersten hoffnungslosen Tagen nach seinem Unfall das Leben nehmen wollen, und wahrscheinlich mit viel weniger Grund als dieses lebhafte junge Menschenkind, das gespürt hatte, welche unmögliche Last es für eine große Familie mit geringem Einkommen war.

Er rechnete schnell nach. Sie war vierzehn gewesen, als sie 1941 verunglückte, vor gut dreizehn Jahren. Wie viele davon hatte sie in diesem Käfig hier zugebracht, wo man sie wie eine Geisteskranke behandelte? Und wie hatte sie es fertiggebracht, geistig gesund zu bleiben? Vivian hob die Hand, und der Vogel verließ seinen Platz, schwirrte mehrmals um ihren Kopf herum und setzte sich dann vorsichtig auf ihren ausgestreckten Finger. Die dunklen Augen strahlten wieder auf. Das Lächeln wurde warm und natürlich.

»Chico!« sagte sie fröhlich. »Wissen Sie, was das Wort bedeutet? ›Kleiner Junge‹!«

Und plötzlich verstand Roger, daß dieser lebhafte Vogel ihr geholfen hatte, geistig gesund zu bleiben, indem er sie aus den beiden Gefängnissen befreite, in denen sie gefangen war: Wenn sie die Tür seines Käfigs öffnete, öffnete sie damit ihr eigenes verschlossenes Zimmer. Und wenn ihn seine Flügel emportrugen, war ihr, als werde ihr eigener, kraftloser Körper frei.

Der Gedanke, Vivian helfen zu müssen, ließ Roger nicht mehr los. Sie war – wie Carl Selby – das Opfer einer Gesellschaft, die es trotz all ihrer psychologischen und sozialen Erkenntnisse noch nicht gelernt hatte, einen Unterschied zwischen den körperlich Behinderten und den geistig Behinderten zu machen. Daß Vivian unter großem seelischen Druck einmal versucht hatte, sich das Leben zu nehmen, war kein Grund, sie nun für alle Zeiten in eine Zelle einzusperren, wo sie zwangsläufig verdummen mußte. Roger war entschlossen, den Fehler der Gesellschaft zu korrigieren.

Er versuchte es auf vielerlei Art. Er bemühte sich, Vivians Familie dafür zu interessieren, daß sie sie aus der Anstalt herausholte. Aber ihr Vater war nicht in der Lage, sie zu ernähren, und ihre Stiefmutter hatte noch sieben andere Kinder zu versorgen.

Als Roger erfuhr, daß Vivian einen Intelligenzquotienten von 164 hatte, setzte er sich mit dem Arzt in Verbindung, der sie behandelt hatte, und mit dem Richter, von dem sie eingeliefert worden war.

»Warum halten Sie sie eigentlich fest?« fragte er einen nach dem anderen. Aber er merkte schon sehr bald, daß es nicht einfach sein würde, etwas für sie zu tun. Einer der Psychologen der Anstalt unterstützte ihn sehr. Roger meinte, Vivian müsse beruflich ausgebildet werden, aber die Anstalt war nur auf handwerkliche Ausbildung eingerichtet. Da er wußte, daß sie Talent zum Schreiben hatte, versuchte er sie zu schriftstellerischer Tätigkeit zu ermutigen. Zuletzt ging er zum Berufsausbildungs-Zentrum.

»Holen Sie sie für ein halbes Jahr aus der Anstalt!« sagten sie. »Dann wollen wir versuchen, etwas für sie zu tun.«

Holen Sie sie heraus! Das war leichter gesagt als getan. Es hatte nicht einmal zwei Wochen erfordert, sie einzuweisen. Aber es sollte fünf Jahre dauern, sie herauszuholen.

Im März wurde Roger plötzlich krank und mußte nach einem Anfall schwerer Atemnot auf schnellstem Wege ins Krankenhaus gebracht werden. Er lag dort fünf Tage in der urologischen Abteilung, ohne daß die Ärzte herausfinden konnten, was ihm eigentlich fehlte. Aber dieser für ihn schmerzliche Zeitverlust wurde für einen anderen Menschen zu unermeßlichem Gewinn. Roger lag neben einem Querschnittsgelähmten, der seit drei Jahren im Krankenhaus war. Medizinisch gesehen, hatte Sam fast die gleichen Schwierigkeiten und die gleiche Leistungsfähigkeit wie Roger, aber er hatte nicht die gleiche Einstellung zu seinem Schicksal. Er begrüßte Roger mit verbissener Genugtuung.

»Sie hat es also auch erwischt! Wie ist es passiert?«

»Durch einen Autounfall!« Roger erzählte bereitwillig die Einzelheiten. »Und wie sind Sie dazu gekommen?«

»Meine Frau hat auf mich geschossen.« Sam lächelte zynisch. »Ich lag im Bett und schlief. Kein Unfall etwa! Sie wollte mich umbringen. Noch einmal Glück gehabt! ... Verdammtes Pech!«

Roger zeigte das erwartete Mitgefühl, aber nicht ohne einen Schuß Optimismus. »Wie gut, daß Sie noch so jung waren, als es passierte«, sagte er. »Da werden Sie sich leichter umstellen können. Sie kommen doch sicher bald hier raus?«

Der junge Mann blickte finster. »Was heißt rauskommen! Ich weiß, daß ich erst einmal hier festsitze. Und was hat es denn für einen Zweck fortzugehen? Die ich kenne, sind alle wiedergekommen – wie Sie!« In die gelangweilten Augen trat ein Funke von Neugier.

»Wie lange werden Sie diesmal hierbleiben?«

»Ich hoffe, nicht lange! Ich habe keine Zeit. Es gibt zu viel zu tun.«

»Zu tun? Was denn?«

Roger erzählte, und Sam staunte und fragte immer mehr.

»Wie? Sie stehen morgens auf, ziehen sich selbst an und machen all diese widerlichen Verrichtungen allein? ... Sie haben einen guten Job, ernähren Ihre Familie, fahren mit dem Auto zur Arbeit und nehmen abends noch Unterricht – um Himmels willen, Mann, wie machen Sie das?«

Roger stand ihm Rede und Antwort, und als er sich nach fünf Tagen fertig machte, um nach Hause zu gehen, schaute Sam zu, wie er sich anzog. Er verfolgte jeden Handgriff mit beinahe fieberhaftem Interesse.

»Wenn Sie das können, kann ich es auch!« sagte er dann leise, aber sehr bestimmt.

Als Roger zehn Tage später zu einer Nachuntersuchung ins Krankenhaus kam und nach Sam fragte, war dieser nach Hause entlassen worden.

Im August mußte Roger mit einem tiefliegenden, schmerzhaften Druckgeschwür wieder ins Krankenhaus. Wahrscheinlich hatte er sich wegen der Arbeitsüberlastung nicht genug kontrolliert. Er hatte neben seinem Beruf und seinen gewohnten Besuchen bei den Körperbehinderten nicht nur den ganzen Juli hindurch sonntags in der Glenwood Church gepredigt, sondern auch noch das Feriensemester an der Universität besucht und eine gute Gladiolenernte herangezogen und verkauft. Das Geschwür war das Aufflackern seines alten Leidens: Druckbrand an der rechten Hüfte.

Diesmal war die Lage sehr ernst. Aber in den letzten Jahren hatte man in der Medizin auf dem Gebiete der Querschnittslähmung viel hinzugelernt.

»Wir werden eine verhältnismäßig einfache Operation vornehmen«, sagte der Chirurg zu Roger und LaVerna. »Wenn keine Komplikationen eintreten, wird sie nicht allzulange dauern.«

Roger wurde eines Morgens sehr früh in den Operationssaal gefahren, und der Chirurg fand viel Narbengewebe, Reste eines ausgedehnten Dekubitus vom Jahre 1940, die entfernt werden mußten.

»Und es stimmt wirklich, daß Sie an dieser Stelle noch nie operiert worden sind?« fragte der Arzt ungläubig, nachdem ihm Roger schon einmal mit einem Nein geantwortet hatte.

Als sich die Operation immer länger hinzog, litt Roger Qualen – nicht für sich, sondern für LaVerna. Warum hatte er nicht darauf bestanden, daß sie nach Hause ging? Aber er wagte es nicht, ihr sagen zu lassen, sie solle gehen. Dann würde sie vielleicht noch ängstlicher werden. Und wer weiß? Vielleicht war es wirklich – soweit? Aber nein! Es konnte jetzt nicht zu Ende sein! Gerade jetzt, wo sein Leben anfing, reich und erfüllt zu werden.

LaVerna wartete und wartete. Sechs Stunden vergingen. Sie war außer sich vor Angst. Die Ärzte mußten irgend etwas Gefährliches entdeckt haben, vielleicht etwas Bösartiges. Der Nachmittag verging, und noch immer hatte sie nichts anderes erfahren als die wenigen Worte einer Schwester:

»Es tut mir leid, ich kann Ihnen noch nichts sagen. Er ist noch im Frischoperiertenzimmer.«

So lebte er wenigstens noch! Sie wartete bis acht Uhr abends. Länger konnte sie die beiden Kinder von elf und zwölf Jahren nicht mehr allein lassen. Sie bat, mit dem Chirurgen sprechen zu dürfen. Aber weder seine Art noch seine Worte waren beruhigend. Als früherer Militärarzt war er gewöhnt, Tatsachen unverblümt festzustellen.

»Sie glauben doch nicht wirklich, daß er das überlebt?« fragte er kurz.

LaVerna stockte der Atem. Schreck und Empörung über den Ernst der Frage machten ihre Stimme ruhig.

»O doch, Herr Doktor, das glaube ich bestimmt!«

Er schüttelte den Kopf. »Es tut mir leid«, sagte er weicher. Sie sah, daß er unter seiner Schroffheit eine tiefe Sorge verbarg. »Er hat schon zu viel durchgemacht. Ich wüßte nicht, wie er es diesmal wieder schaffen könnte.«

LaVerna fuhr nach Hause, brachte die Kinder zu Bett und machte noch die Gladiolen fertig, die am nächsten Tag auf den Markt gebracht werden sollten. Dann legte sie sich hin und starrte schlaflos ins Dunkle.

Roger blieb zum größten Erstaunen seiner Ärzte am Leben. Aber die Zeit nach der Operation verlief durchaus nicht befriedigend. Innerhalb einer Woche hatte sich fast das ganze restliche Fleisch an der Hüfte entzündet. »Wir werden hier etwas tun müssen«, sagte Dr. Berry, der Hauptchirurg. »Wahrscheinlich müssen wir eine Dickdarmfistel anlegen.«

Roger hätte gern protestiert. Seit seinem Unfall hatte er sich immer wieder gegen diesen Eingriff gewehrt. Aber da er wußte, daß er zwischen sicherem Tod und der Möglichkeit zu leben zu wählen hatte, nickte er nur schwach. Diesmal führte Dr. Berry die Operation selbst durch. Nach zwei Wochen funktionierte alles soweit normal, daß Dr. Berry nun noch eine Hauttransplantation vorzunehmen beschloß, den dritten größeren Eingriff innerhalb eines Monats, der fast sechs Stunden dauerte.

LaVerna wartete nicht wieder im Krankenhaus. Sie rief alle paar Stunden dort an und fuhr erst hin, als sie wußte, daß die Operation vorüber war.

Der Erfolg dieses dritten Eingriffs blieb lange Zeit zweifelhaft. Das Transplantat wollte an einer Stelle durchaus nicht anheilen. Aber es war ein Wunder, daß Roger die Operation überhaupt überlebt hatte, wie Dr. Berry, ein ebenso bescheidener wie geschickter Chirurg, bereitwillig zugab.

»Gott hielt seinen Arm um uns, Roger!« sagte er mehr als einmal.

Woche um Woche lag Roger im Krankenhaus und wartete ungeduldig auf eine völlige Heilung. Der September verging, es wurde Oktober. Sein Schreibtisch im Forschungszentrum stand leer. Wie lange würden sie ihm seine Stelle offenhalten? Wie lange würde LaVerna allein fertig werden, die Kinder versorgen, gelegentlich in der Schule Vertretungen übernehmen und ihn, trotz seiner Proteste, fast täglich besuchen?

Nachdem wieder ein paar Wochen vergangen waren, hielt er es nicht mehr aus.

»Ich muß versuchen aufzustehen«, sagte er zu Dr. Berry und

sah den Arzt entschlossen an. Dr. Berry schüttelte ebenso entschlossen den Kopf, und eine Minute funkelten sich die beiden Männer an, und der eine versuchte den anderen zum Nachgeben zu zwingen.

»Okay!« sagte der Arzt schließlich ärgerlich. »Sie haben gewonnen. Ich werde Sie täglich zehn Minuten aufstehen lassen.« Aber es dauerte drei Tage, ehe er wiederkam und es anordnete. Dann durfte sich Roger zehn Minuten aufsetzen. Am nächsten Tag waren die Assistenzärzte überrascht, daß die Wundgegend soviel besser aussah. Nach drei Tagen kam Dr. Berry, um sich selbst davon zu überzeugen. Er traute kaum seinen Augen. »Schön!« meinte er gutgelaunt. »Man lernt immer etwas dazu.«

Eines Tages im November rief Roger LaVerna an und verkündete ihr jubelnd:

»Ich komme nach Hause!«

12

Je mehr Erfahrungen Roger sammelte, desto mehr wurde er sich seiner eigenen Fehler bewußt, die zum Teil durch Unwissenheit und Unzulänglichkeit, zum Teil auch durch Übereifer oder falsche Beurteilung verursacht waren.

Paul gehörte zu denen, die er falsch beurteilt, die er unterschätzt hatte. Er war etwa fünfundzwanzig Jahre alt und litt an Muskelschwund. Da Roger wußte, daß diese Krankheit allmählich immer schlimmer wurde, ermutigte er ihn nicht, sich wirtschaftlich selbständig zu machen, obwohl Paul es geschafft hatte, die Oberschule zu besuchen. Wegen vieler neuer Pflichten versäumte er es dann längere Zeit, Paul wieder einmal aufzusuchen. Wie staunte er, als er ihn sechs Monate später bei einer Halbtagsbeschäftigung in einem Büro wiederfand!

Ebenso große Fehler machte Roger, indem er zu viel von einem Menschen erwartete. Er meinte, jeder, der sich das Rückgrat brach, müsse ebensogut wie er selbst — wenn nicht noch besser — mit seiner Behinderung fertig werden. So forderte er den einundzwanzigjährigen Raymond, der zwei Jahre vorher einen Unfall erlitten hatte, auf, ein Handwerk zu lernen oder sich eine Stelle in einem Büro zu suchen. Aber Raymond ging nicht darauf ein. Als er zwei Jahre später an einer Infektion starb, wußte Roger, daß er bei ihm versagt hatte.

Sein größter Fehler aber war wohl sein Übereifer. Er war so sehr darauf bedacht, recht viele Kontakte aufzunehmen, daß seine persönliche Beziehung zu den Menschen, die er aufsuchte, oftmals litt. Sie wurden »Fälle« für ihn. So war es bei Laura, einer zwanzigjährigen Patientin mit Gehirnlähmung. Sie schien sich nie zu freuen, wenn er zu ihr kam, und erst viel später verstand er, warum. Er hatte sich von seinem Amt her verpflichtet gefühlt, sie zu besuchen, nicht als um sie besorgter Freund.

Sein Übereifer zeigte sich auch auf religiösem Gebiet. Da er in der ersten Zeit sehr bemüht war, die Rolle eines tüchtigen Geistlichen zu spielen, entfremdete er sich manche Menschen, denen er ganz besonders gern geholfen hätte. Chris Thompson, ein einsamer Junggeselle von fünfundsiebzig Jahren, hatte sich immer herzlich über seine Besuche gefreut, bis Roger ihn eines Tages aufforderte, in die Kirche zu gehen. Von da an betrachtete er ihn mißtrauisch wie einen Reisevertreter.

Aber auch Schüchternheit konnte verkehrt sein. Als ein Kranker, den er häufig besucht hatte, starb, sagte seine Frau:

»Als Sie ihn das letzte Mal besuchten, wußte er, daß er bald sterben müßte. Seit mehreren Monaten war er in tiefer geistlicher Not gewesen und hatte den glühenden Wunsch gehabt, mit einem Geistlichen zu sprechen. Aber irgendwie brachte er es nicht fertig, die Schranken fallen zu lassen, als Sie bei ihm waren.«

Es dauerte viele Jahre, bis Roger das Problem, wie weit man in solchen Fällen den Geistlichen zu Worte kommen lassen soll, für sich befriedigend lösen konnte. Ein Buch von Paul Tournier brachte endlich Klarheit in sein Denken. Tournier schrieb, das wirksamste Zeugnis des Pfarrers liege weniger in seiner konventionellen Rolle als Geistlicher als in seinem Leben und Handeln, als ein um andere besorgter Mensch. Sein Glaube werde nicht durch Worte am besten übermittelt, sondern durch die Liebe zu seinen Gemeindemitgliedern, durch seine persönliche Hingabe und durch die Ausstrahlungen seiner eigenen Persönlichkeit. Für Roger bedeutete das, daß er nur er selbst zu sein brauchte.

Der Mensch, bei dem Roger am stärksten versagt zu haben glaubte, war Faye, die Körperbehinderte in seinem eigenen Hause.

Zu dieser Erkenntnis kam er, als er für einen seiner Universitätskurse über die Erziehung körperlich und geistig behinderter Kinder die Krankengeschichte einer Schülerin schreiben mußte, in der einige entsprechende Probleme zu finden waren. Nach reiflicher Überlegung beschloß Roger, Fayes Geschichte niederzuschreiben. Wenn es ein emotional »gestörtes« Kind gab, dann war sie es! Und der Himmel wußte, wieviel Grund sie dazu hatte. Hier konnte er nicht nur eine Beobachtungsstudie aus erster Hand darüber vorlegen, »Wie es bei einem Menschen zu ›emotionalen Störungen‹ kommen kann«, sondern sich vielleicht selbst über die Probleme des Kindes Klarheit verschaffen.

In seiner Einleitung schrieb er dann auch: »Das Wunderbare dabei ist, daß ich meine Tochter noch mehr liebe, seit ich diesen Bericht geschrieben habe.«

Während er einen Überblick darüber gab, welche furchtbaren seelischen Erschütterungen das Kind erlebt hatte – von Vater und Mutter verworfen, ganze Tage lang allein eingesperrt, von der Großmutter im Stich gelassen, von Fremden adoptiert, von Kinderlähmung befallen und im Gesicht schwer entstellt –, und diese Erlebnisse mit seinen neuen psychologischen Erkenntnissen verglich, begann er nicht nur zu verstehen, warum Faye so und so reagiert hatte, sondern auch mit ihr zu fühlen und zu leiden. Er und LaVerna lernten vieles begreifen, was sie an Faye irritiert und überrascht hatte: Daß sie Butterbrote unter ihren Kleidern im Schlafzimmer versteckte, war ein Zeichen von Unsicherheit gewesen, und dadurch, daß sie ihre Pflegemutter ärgerte, wo sie konnte, hatte sie ihre eigene Mutter strafen wollen, die sie vernachlässigt und dann verlassen hatte.

Roger erkannte zu seinem Schmerz, wie oft er bei diesem so schwer belasteten Kind versagt hatte, besonders in der ersten Zeit, als sie noch die ermutigende Liebe eines Vaters gebraucht hätte. Damals war er zu sehr mit seinen eigenen Problemen beschäftigt gewesen, um sich verständnisvoll mit ihren Schwierigkeiten zu befassen. Kein Wunder, daß sie mit Eifersucht, Feindschaft und passivem Widerstand reagiert hatte!

Und zu all dem noch das Trauma der physischen Benachteiligung! Roger und LaVerna hatten das Entsetzen in ihrem Gesicht wohl gesehen, als sie Schulbilder mit nach Hause brachte.

»Mutter!« – Wie hatte der Aufschrei LaVerna ins Herz geschnitten! – »Ich wußte nicht, daß ich *so* aussehe!«

»Eine ausgezeichnete Analyse und Darstellung einer außerordentlich gut dokumentierten Untersuchung«, hatte der Professor unter Rogers Arbeit geschrieben. Aber für ihn lag der Hauptwert darin, daß sie ein reinigendes, demütigendes Erlebnis gewesen war. Keiner der Hunderte von behinderten Menschen, die er in den kommenden Jahren besuchen würde, war nach dem, was er hier gelernt hatte, nur ein »Patient«, ein »Fall« oder ein »Insasse« eines Pflegeheims für ihn. Jeder einzelne war eine Person!

Seine Magister-Arbeit schrieb Roger über eine soziometrische Untersuchung der Schule für Taube in Flint.

Es hatte Roger schon immer sehr interessiert, die Schwierigkeiten der verschiedenen Körperbehinderten zu vergleichen. So hatte er für seine Examensarbeit an der Wayne-Universität eine Umfrage veranstaltet, um festzustellen, welche Behinderung dem Durchschnittsbürger am schwerwiegendsten erscheint. Etwa hundert Leute waren gebeten worden, fünf Körperbehinderungen der Reihe nach in eine Liste einzutragen. Die Ergebnisse in Prozenten waren überraschend: Blindheit – 100; Taubheit – 69; spastische Lähmung – 65; Epilepsie – 59; Herzschäden – 35; Geistesschwäche – 34; vierfache Amputation – 30; totale Lähmung – 26 und Querschnittslähmung – 25! Nur fünfundzwanzig von hundert Menschen hielten die Lähmung von der Taille abwärts für eine größere Behinderung! Die meisten Befragten wußten natürlich kaum, was Querschnittslähmung war, und kannten noch weniger die Schwierigkeiten, die sie mit sich brachte.

Infolge dieser Schwierigkeiten, seiner ganztägigen Stellung, seiner Sonntagsgottesdienste in Glenwood und seiner täglichen Besuche bei Körperbehinderten dauerte es vier Jahre, bis Roger sein Examen machen konnte. Er wurde 1955 in der Methodistenkirche zum Diakon und 1957 zum Kirchenältesten ordiniert. Im gleichen Jahr erhielt er von der Wayne State University sein Diplom für die Arbeit mit körperlich und geistig Behinderten.

Im Herbst zog er sich infolge von Überanstrengung einen Abszeß an der linken Hüfte zu, der bei seiner Einlieferung ins Krankenhaus so groß war wie eine Pampelmuse. Glücklicherweise war Dr. Berry wieder sein Chirurg.

»Sie wissen, woher Geschwüre kommen«, sagte er streng zu seinem Patienten. »Entweder daher, daß man aufgibt, oder daher, daß man sich überanstrengt. Bei Ihnen kommen sie nicht vom Aufgeben.«

»Ich weiß, ich bin selbst daran schuld«, erwiderte Roger. »Es gibt leider immer so viel zu tun.«

»Nun, lassen wir's gut sein. Sehr viel Querschnittsgelähmte bekommen die Geschwüre auch vom Stillsitzen. Ich denke, es gibt nur eine ganz gewöhnliche Abszeßoperation!«

Roger grinste. »Das haben Sie letztes Mal auch gesagt, wissen Sie noch?«

Als er auf dem Operationstisch lag, das Gesicht nach unten, unterhielt er sich aufgeräumt mit dem Anästhesisten, der alle fünf Minuten seinen Blutdruck messen mußte. Alles war vorbereitet, falls er eine Bluttransfusion brauchte. Nach etwa zwei Stunden begann Rogers Blutdruck zu sinken. Er sah alles nur noch verschwommen und merkte, wie ihm der kalte Schweiß ausbrach. »Ich — friere«, konnte er gerade noch zu dem Anästhesisten sagen, dann verlor er das Bewußtsein.

Als er wieder zu sich kam, sah er rings um sich herum nur Füße. Er versuchte sie zu zählen, festzustellen, wem sie gehörten, aber sie liefen hin und her, tanzten und wirbelten durch die Luft wie die Füße von Derwischen. Er hörte Stimmen, weit weg, gedämpft, dann unangenehm laut und nahe, und wußte, daß sie über ihn sprachen.

»... dachte bestimmt, daß er gestorben sei ... überhaupt keinen Blutdruck mehr ... erholt sich wieder ... jetzt hat er die Augen aufgemacht ... er lebt wenigstens noch ...«

Roger wollte etwas sagen, doch die Anstrengung war zu groß. Er blieb bis zum Ende der Operation zwar bei Bewußtsein, aber in einem Zustand von Teilnahmslosigkeit.

Als er am nächsten Tag die Augen öffnete, sah er Dr. Berry an seinem Bett stehen. Der Arzt schüttelte den Kopf in einer Mischung von Staunen, Bewunderung und – war es Ehrfurcht?

Glücklicherweise hatte LaVerna erst, nachdem das Schlimmste vorüber war, erfahren, wie sehr sie in Gefahr gewesen war, ihn zu verlieren.

Das nächste Mal hatte sie nicht das Glück. Es war der 30. Dezember 1957, ein fahler, grauer Wintertag, der gut zu dem sterbenden Jahr paßte. Roger kränkelte schon seit einiger Zeit und konnte die Speisen nicht richtig verdauen. Er fühlte sich elend, ohne daß ein rechter Grund dafür vorzuliegen schien. Sorgfältig hatte er jeden Tag jeden Zentimeter seines Körpers nach geröteten Stellen abgesucht, häufig die Stellung gewechselt und streng Diät gehalten. Aber da er keine Schmerzen fühlte, konnten sich natürlich auch innerlich an vielen Stellen Gefahrenherde entwickeln. Nur durch Zufall entdeckte er einen harten Tumor an seiner rechten Seite.

»Ja, ich fühle es«, sagte Dr. Robb, sein Hausarzt. »Es ist in der Nierengegend. Setzen Sie sich sofort mit dem Universitätskrankenhaus in Verbindung!«

Roger sagte LaVerna nicht, was er vermutete: daß der Tumor bösartig war und schließlich und endlich der Augenblick da war, vor dem sie sich fast fünfundzwanzig Jahre lang gefürchtet hatten. Das war auch gar nicht nötig! Worte, die Dr.

Arnold vor langer Zeit einmal gesagt hatte, klangen ihr in den Ohren: »Was Ihnen einmal zu schaffen machen wird, Roger, sind die Nieren! Sie sind die Achillesverse aller Querschnittsgelähmten.« Und sie wußte, daß Roger nur äußerlich heiter und optimistisch war. Wenn er dachte, sie sähe ihn nicht an, waren seine Lippen fest zusammengepreßt und seine sonst so strahlenden Augen glanzlos. Er gab ihr diesmal auch viel genauere Anweisungen »für alle Fälle« und sagte ihr sogar, was für Vorkehrungen sie zu seiner Beerdigung treffen solle.

Am Neujahrstag, einen Tag vor seiner Einlieferung ins Krankenhaus, erreichte LaVernas Verzweiflung den Höhepunkt. Sie war in die Küche gegangen, um das Frühstück herzurichten, als plötzlich ein so heftiger Schmerz sie überfiel, daß sie einfach nicht mehr weitermachen konnte. Sie stellte sich ans Küchenfenster und starrte in den grauesten, leersten Himmel, den sie je gesehen hatte.

Fast dreiundzwanzig Jahre waren sie nun zusammen gewesen. Noch zwei Jahre, und sie hätten ihre Silberhochzeit feiern können. Wie leer lag jetzt die Zukunft vor ihr! Den Kopf ans Fenster gelehnt, schloß sie die Augen und versuchte zu beten.

»O Gott, laß diesen Kelch an mir vorübergehen! Aber wenn ich ihn trinken muß – hilf mir!«

Sie öffnete die Augen. Die Welt schien plötzlich von Helligkeit überflutet zu sein. Sie strömte durch das Fenster und füllte den Raum wie mit Sonnenlicht. Doch das Fenster lag nach Westen, und die Sonne war untergegangen. Aber ganz gleich, woher das Licht kam, es strahlte Hoffnung und Zuversicht aus.

»Wie wird es mit dem Frühstück, Liebling?« rief Roger ermunternd. »Ich höre gar nicht, daß du dich bewegst. Beeil dich mal!«

»Es kommt schon!« erwiderte sie zuversichtlich.

»Da bin ich wieder, Doktor! Ein schlechter Groschen kommt immer zurück ... Sie wissen schon.« Das Lächeln auf Rogers Gesicht glich eher einer Grimasse. In ihm war nichts als Auflehnung. Er *konnte* jetzt nicht sterben! Er hatte gerade erst angefangen zu lernen, wie man leben muß. Fünfundzwanzig Jahre lang hatte er versucht, *trotz* seines Handikaps zu etwas nütze zu sein. Und jetzt, wo er die überwältigende Entdekkung gemacht hatte, daß er *wegen* dieses Handikaps anderen noch nützlicher sein konnte, sollte er nicht einmal die Chance haben, es zu versuchen? Er hatte die »köstliche Perle« gefunden, hatte alles, was er besaß, verkauft, um sie bezahlen zu können, und als er gerade die Hand nach ihr ausstreckte, sollte sie ihm entrissen werden?

Mehrere Tage lang wurde er genau untersucht, und es sah aus, als bestätigte sich sein Verdacht, daß der Tumor bösartig war. Inzwischen hatte er Zeit zum Grübeln. Was sollte aus LaVerna und den Kindern werden, gerade jetzt, wo sie ihn am meisten brauchten? Wer würde sich um die fünfundsiebzig oder mehr Körperbehinderten kümmern, die er betreute? Nicht, daß er sich für unentbehrlich hielt; aber er kannte niemanden, der sein Amt hier hätte übernehmen können.

Am 6. Januar wurde er in den Operationssaal gefahren, überzeugt, daß es diesmal wirklich »das Ende« war, aber durchaus nicht ergeben!

Er kam wieder heraus, vertrauensvoll und zielbewußter als bisher – ohne seine rechte Niere, in der sich ein Stein entwickelt hatte, der halb so groß war wie ein Fußball. Am 18. Januar wurde er nach Hause entlassen, und drei Tage später saß er wieder an seinem Schreibtisch im Forschungszentrum.

Im Herbst 1958 mußte er erneut für zwei Wochen ins Krankenhaus und im Juli 1959 für zehn Tage – aber nicht unter so bedrohlichen Umständen.

»Ob er wohl zurückkommt?« fragten sich seine Kollegen jedesmal, wenn sein Schreibtisch plötzlich leer stand. Und dann hieß es auf einmal: »Roger ist wieder da!« Sein Rollstuhl fuhr wieder wie der Wind durch die Korridore, und sein strahlendes Lächeln schien den Alltag zu verklären.

Roger machte vollen Gebrauch von der Gnadenfrist, die ihm geschenkt worden war. Aber obwohl er ebenso hart arbeitete und ebenso viele Besuche machte wie vorher, merkte er, daß etwas anders geworden war: Sein Handikap war nicht mehr sein Widersacher, sondern sein Bundesgenosse. Er fühlte auch nicht mehr den Drang, sich immer vielseitiger ausbilden zu müssen. Seine Aufgabe als Geistlicher lag nicht im Tun oder Reden, sondern im Sein! Und sein Handikap war ein wesentlicher und wichtiger Teil dieses Seins. Er war nicht mehr geteilt, halb tot und halb lebendig.

»Das Auge kann aber nicht zur Hand sagen: Ich bedarf deiner nicht, oder wiederum der Kopf zu den Füßen: Ich bedarf euer nicht; sondern vielmehr die Glieder des Leibes, die die schwächsten zu sein scheinen – die gelähmten? – sind die nötigsten.«

Diese Worte des Apostels Paulus aus dem ersten Korintherbrief paßten plötzlich erstaunlich gut auf seine Situation. Zum erstenmal in seinem Leben fühlte sich Roger als ein »heiler Mensch«.

13

Im Januar 1958 machte Roger eine kurze Reise, die sein Leben völlig verändern sollte.

»Würden Sie die Coles einmal mit uns besuchen?« fragte ein Mitglied der Gemeinde in Belville. »Sie wohnen jetzt im Pflegeheim in Northville, zwanzig Meilen von hier.«

Es war Rogers erster Besuch in einem solchen Heim.

»Mr. Arnett«, sagte Mrs. Cole bittend, als sie sich verabschiedeten, »würden Sie uns einmal eine Andacht halten? Wir hatten seit fünf Wochen keinen Gottesdienst. Von den Pfarrern aus Northville kann offenbar keiner kommen.«

»O ja!« erwiderte Roger, ein wenig geschmeichelt. »Wie wäre es mit nächsten Sonntag, nachmittags um vier Uhr?«

Er erfuhr, daß sich etwa hundert Menschen im Heim befanden, daß Gesangbücher da waren und daß eine Frau zum Klavierspielen anwesend sein werde.

Er bereitete sich sorgfältig auf den Gottesdienst vor und kam kurz vor vier Uhr mit LaVerna im Heim an. Im Gesellschaftsraum, einer großen Diele neben dem Speisesaal, waren zwölf Personen: Mr. und Mrs. Cole, neun Frauen und ein Mann. Sie saßen in Gruppen zu zweien und dreien längs der Wände, weit voneinander entfernt; zwei außer Sicht hinter einer spanischen Wand. Von der Ecke des Zimmers aus, in der Roger in seinem Rollstuhl saß, trennten ihn etwa viereinhalb Meter vom nächsten Mitglied seiner kleinen Gemeinde und mindestens sechs Meter von dem am weitesten entfernt sitzenden.

Nur die Gesichter seiner beiden Freunde zeigten Anteilnahme.

Noch nie war Roger eine halbe Stunde so lang vorgekommen. LaVerna ging es ebenso; denn sie mußte die Klavierspielerin ersetzen, die krank geworden war.

»Es fiel mir schon schwer genug zu spielen, nachdem ich jahrelang kein Klavier angerührt hatte«, sagte sie später. »Und nun noch diese steinernen Gesichter!«

Roger konnte nicht helfen, da er kein Sänger war. Etwa vier von den Anwesenden gaben schwache Töne von sich, die größtenteils von den Geräuschen hin- und herlaufender Besucher erstickt wurden. In der Küche klapperten die Angestellten mit dem Geschirr und unterhielten sich laut, während sie das Abendbrot herrichteten. Am Ende des Flurs waren Rundfunk- und Fernsehgeräte in voller Lautstärke angestellt, und mindestens dreimal läutete das Telefon, und irgend jemand rannte durch die Diele, um den Anruf entgegenzunehmen. Ein Wärter kam durchgelaufen, um sich eine Flasche Coca-Cola aus dem Automaten zu holen. Kein Wunder, daß kein Pfarrer hier einen Gottesdienst halten möchte, dachte Roger ärgerlich. Das Licht war schlecht. Seine Kehle wurde trokken, und seine Stimme klang wie ein Krächzen. In seinem Kopf herrschte völlige Leere. Aber irgendwie schaffte er die Andacht. Er beugte den Kopf und murmelte einen Segensspruch.

»Das war bestimmt das letzte Mal!« dachte er erleichtert. »Sie werden sicherlich nicht noch einmal so etwas erleben wollen.«

Aber zu seinem Erstaunen kamen drei der Anwesenden zu ihm, dankten ihm und baten ihn, am nächsten Sonntag wiederzukommen.

Und zu seinem noch größeren Erstaunen hörte er sich antworten: »Nun – ja, wenn Sie mich wirklich haben wollen?«

LaVerna sprach während der Heimfahrt fast kein Wort. Er wußte, daß sie bekümmert war. In den nächsten Tagen betete er viel. Konnte er diese zusätzliche Last noch auf sich nehmen? Konnte er es, ohne die fünfundsiebzig Körperbehinderten zu vernachlässigen, die bereits auf seiner Besuchsliste standen?

Sein gesunder Menschenverstand verneinte alle diese Fragen. Aber es drängte ihn etwas, weiterzumachen. Wenn andere Pfarrer für diese Arbeit keine Zeit fanden, bestand eine wirkliche Notlage. Er wollte Seelsorger für die Körperbehinderten sein. Davon gab es eine Fülle in diesem Pflegeheim! Einige der hundert Pfleglinge waren noch verhältnismäßig jung. Er hatte einen Mann bemerkt, jünger als er selbst, der ebenso querschnittsgelähmt war und dessen trostloser Blick ihn bis ins Innerste erschüttert hatte.

»Ohne Gottes Gnade und die Hilfe meiner prächtigen Eltern würde ich auch so aussehen«, hatte er gedacht.

Die ganze Woche lang kämpfte er mit sich. Er wußte, daß es eine ganz neue Art von Seelsorge war, die hier auf ihn wartete. Predigen war nur ein kleiner Teil der Arbeit eines Pfarrers. Wenn er diese neue Aufgabe übernahm, bedeutete das, daß er in das Leben von hundert Menschen verwickelt wurde und deren Schmerzen, Freuden, Verzweiflung und Einsamkeit teilen mußte. Wie *konnte* er das? Aber wenn sie ihn brauchten und es einen Dienst gab, den er ihnen tun konnte, wie konnte er es *nicht?*

Er brachte fast den ganzen nächsten Samstag damit zu, die Menschen im Heim zu besuchen, mit ihnen zu sprechen, vor allem aber, ihnen zuzuhören. Er kam sich wie ein Fremder in einem fremden Land vor. Sie empfingen ihn höflich, schienen aber daran zu zweifeln, daß er sich wirklich für sie interessierte. Es waren schon andere Pfarrer dagewesen und nicht wiedergekommen. Viele Patienten waren zu schwer geisteskrank, um zu reagieren. Aber Roger spürte, daß sie nach einer persönlichen, engen Gemeinschaft hungerten. Als er an diesem Tag wieder fortging, wußte er, wie er sich entscheiden mußte.

Der zweite Gottesdienst war besser. Fünfzehn Personen nahmen teil. Er fühlte sich weniger gehemmt, und seine Zuhörer waren freundlicher. Es gab die gleichen Störungen, aber es kümmerte ihn weniger. Die Heim-Pianistin spielte fest, laut und zuversichtlich. Es kamen mehr Leute, um ihm zu danken, und sie baten ihn, wiederzukommen. Damit begann eine lange Reihe solcher Gottesdienste in Eastlawn.

Vier Monate später siedelten das Ehepaar Coles und drei andere Heiminsassen ins Bancroft-Heim über, das im Westen von Detroit neu eröffnet worden war. Als sie Roger baten, sie dort zu besuchen, konnte er es ihnen nicht abschlagen, ebensowenig wie anderen neu hinzugekommenen Heimbewohnern. Bald besuchte er jeden einzelnen im Heim. Schließlich erklärte er sich auf wiederholtes dringendes Bitten bereit, jeden dritten Samstagabend einen Gottesdienst zu halten.

Aber auch das war erst ein Anfang. Die Zeit für solch ein besonderes Seelsorgeamt war gekommen. In ganz Detroit schossen Heime für Alte, Körperbehinderte und Genesende wie Pilze aus dem Boden. Hotels wurden umgebaut, neue Gebäude errichtet, alte renoviert. Aber im allgemeinen dachte man nicht viel an die geistlichen Bedürfnisse der Bewohner. Die Pfarrer im Ort, die schon stark überlastet waren, hatten wenig Zeit für solche Besuche. Sobald Roger einmal mit dieser Arbeit angefangen hatte, geriet er immer tiefer hinein.

Wie die Coles, so siedelten auch andere Heimbewohner in andere Heime über, wo er sie dann besuchte, und diese Kontakte führten unweigerlich wieder zu neuen Beziehungen. Schließlich wurde aus dem Besuch im Eastlawn-Pflegeheim ein seelsorgerlicher Dienst, der achtzehn Pflegeheime und mehrere Krankenhäuser umfaßte, so daß Roger monatlich wenigstens zweieinhalbtausend Menschen besuchte.

Im Jahre 1958 war jedoch kaum an eine solche Ausweitung zu denken. Und ehe es dazu kam, mußte er noch sehr viele Enttäuschungen durchmachen.

Al Hartoog verließ 1959 Glenwood, und zwischen dem neuen Pfarrer und Roger entstanden schon sehr bald Spannungen, die immer unerträglicher wurden. Vielleicht waren die Verhältnisse schuld an dem Konflikt. Hartoog hatte Roger gewählt und ihm Gelegenheit gegeben, sich auszubilden. Er war selbst ungeheuer interessiert an der Seelsorge für Körperbehinderte, und da er selbstlos und hilfsbereit war, dachte er überhaupt nicht an irgendwelchen Konkurrenzkampf. Er und Roger waren wie der Kopf und die Hände des gleichen Körpers, die miteinander arbeiteten. Es war verständlich, daß in dem neuen Verhältnis zwischen völlig verschiedenartigen, aber gleich starken Persönlichkeiten Spannungen entstanden. Roger war bei den Leuten von Glenwood bekannt und beliebt. Immer freundlich, Anteil nehmend an jedem einzelnen und wegen seiner eigenen Körperbehinderung ein Gegenstand des Mitgefühls und des Interesses, hatte er seit fünf Jahren sein besonderes seelsorgerliches Amt bei ihnen ausgeübt und sich einen Platz in ihren Herzen erobert. Da Kopf und Hände nicht mehr richtig zusammenarbeiteten, herrschte bald nervöse Spannung in der ganzen Gemeinde. Das Tragischste war, daß die führenden Kirchenmänner den wirklichen Sachverhalt mißverstanden und völlig voreingenommen waren. Es war ein Verhängnis, das beinahe einen mit großer Liebe und Hingabe aufgebauten Dienst zerstört hätte.

Roger, der zu sehr verletzt und bestürzt war, um sich gegen unwahre Beschuldigungen zu verteidigen oder Mißverständnisse zu klären, nahm alles schweigend hin. Seine unzähligen Freunde in Glenwood taten das aber nicht und vergrößerten zweifellos durch ihre freimütig geäußerte Loyalität die Spannung.

Roger erfüllte weiterhin treu die ihm übertragenen Aufgaben. Er half bei den Morgengottesdiensten, besuchte die Körperbehinderten und übte während der wenigen freien Stunden, die ihm abends, samstags und sonntags noch blieben, in immer mehr Heimen und Krankenhäusern eine neue Art von Seelsorge aus. Aber in ihm tobte ein erbitterter Kampf, ebenso hart wie die Kämpfe in den ersten Jahren nach seinem Unfall. Damals war er mehr als einmal versucht gewesen, seinem physischen Leben ein Ende zu machen. Jetzt kämpfte er gegen die noch größere Versuchung, seinem Leben als Geistlicher ein Ende zu machen. Er war so sicher gewesen, daß er von Gott berufen war, den Fluch seines Handikaps in einen Segen zu verwandeln; daß er seine besondere Erfahrung und sein besonderes Leid nutzen könnte, um im Dienst der Kirche anderen zu helfen. War das alles eine Täuschung? Nichts wäre leichter gewesen, als das Ganze aufzugeben; täglich seine acht Stunden in seinem angenehmen, gutbezahlten Job zu arbeiten und dann entweder zu Hause zu bleiben oder ein paar Leute zu besuchen, von denen er wußte, daß sie seine Gesellschaft schätzten — viel leichter, als sein Wrack von einem Körper jeden wachen Augenblick für eine Organisation zu beanspruchen und einzusetzen, die seinen Dienst für mehr als unnütz zu halten schien.

Aber wenn er der Versuchung beinahe nicht mehr widerstehen konnte, dachte er an die Coles, die so dankbar waren für einen Gottesdienst, auch unter schwierigen Umständen; oder an Eddie, der sich verbissen, aber erfolgreich seine neue Rampe hinaufarbeitete; oder an Vivian Wakeford, die ihren Kopf andächtig über den Abendmahlskelch neigte ...

Vivian war nicht mehr in der Nervenklinik. Nach fünf Jahren Papierkrieg, ständigen Verhandlungen und Rechtsmanövern war sie schließlich mit ihrem Papagei Chico in eins der Pflegeheime in der Nähe von Detroit verlegt worden. Vivian, die schon in der Enge der geschlossenen Anstalt niemals mutlos und verzagt gewesen war, war in dieser freieren Atmosphäre ein Bild strahlenden Glücks.

»Denken Sie nur, hier im Heim ist ein junger Radio-Amateur!« begrüßte sie Roger eines Tages fast übermütig. »Er will mir zeigen, wie ich es anstellen muß, um mich mit Menschen in der ganzen Welt zu unterhalten.«

Nein! Solange es Fälle wie Eddie und Vivian gab, durfte er nicht mutlos werden, zumal seine Arbeit in dieser Zeit der Dürre auch auf manchen anderen Gebieten erfreuliche Fortschritte machte.

Da Roger gemerkt hatte, wie gern die Bewohner von Pflegeheimen Kirchenlieder hörten oder Choräle mitsangen, hatte er sich schon immer gewünscht, jemanden zu finden, der ihn zu seinen Andachten begleitete und Klavier spielte. Da lernte er im September 1959 Jim Alward kennen.

Während der Mittagspause trafen im Forschungszentrum oft einige Männer — unter ihnen Roger — zum »Kriegsspiel« zusammen, einer Art von Schach, bei der die Gegner blind spielen. Jeder sieht nur sein eigenes Brett, während ein Schiedsrichter, der beide Bretter sehen kann, auf einem dritten den Verlauf des Spiels festhält. Die Turniere, bei denen es oft sehr laut und heftig zuging, dauerten manchmal mehrere Tage und lockten Zuschauer aus dem ganzen Betrieb an, die dabeistanden und ihr Frühstück aßen. Zu ihnen gehörte auch Jim Alward, der seit Juni in Willow Run arbeitete.

Nach tagelangem Spiel zwischen Roger und Dave, beide sehr gute Spieler und heftige Rivalen, gelang es Dave schließlich, Rogers König und Bauern in eine Ecke zu drängen. Dann begann Dave, mit seinem König an der Spitze vorzurücken. Die Erregung hatte ihren Höhepunkt erreicht. Während jeder der Spieler seinen Zug ausrief, antwortete der Schiedsrichter mit Ja oder Nein. Roger zog einen Bauern.

»Ja!« rief der Schiedsrichter und fügte begeistert hinzu: »Schachmatt!«

Nachdem sich der Sturm gelegt hatte, ging Jim auf Roger zu, um ihm zu gratulieren.

»Gut gemacht! Übrigens: Ich habe etwas entdeckt. Sie sind Geistlicher.«

»Woher wissen Sie das?«

»Ich war am Sonntag in Belleville in der Kirche. Da waren Sie hinten auf dem Programm als ordinierter Pfarrer angeführt.«

Roger sah den jungen Mann prüfend an.

»Sie interessieren sich für kirchliche Arbeit?«

»Ein wenig! Aber nicht auf ihrem Gebiet. Ich liebe die Musik.«

Die blauen Augen leuchteten auf. »Was für welche?«

»Klavier, Orgel –«

Roger konnte seine Erregung kaum noch zurückhalten.

»Würden Sie wohl auch in ein Krankenhaus gehen und Choräle spielen?«

»Nun – ja, ich denke schon!«

So begann eine Freundschaft, die viele Jahre lang bestehen sollte.

Nach einiger Zeit kam Roger der Gedanke, bei seinen Gottesdiensten ein Tonbandgerät zu benutzen. Er kaufte eins, und es wurden Aufnahmen gemacht, bei denen Jim Klavier spielte, der Chor von Glenwood sang und Rogers Sohn Dick das Gerät bediente. Bald zeigte es sich, daß auch Jim gut mit dem Tonbandgerät umgehen konnte. Da er sich sehr für das ganze Projekt interessierte, kaufte er ein besseres Mikrophon und übernahm dann selbst die Bedienung des Geräts. Indem er einen zweiten großen Lautsprecher aufstellte, konnte er die Lautstärke so regeln, daß die Gemeinde das Gefühl hatte, als singe sie mit einer großen Schar zusammen. So wenig kirchenmäßig die Umgebung oft in den Heimen war, in denen Roger seine Andachten hielt – in Speisesälen, Behandlungsräumen, Fluren und Wohnzimmern –, durch die Wiedergabe seiner Tonbandaufnahmen wurde eine Atmosphäre wirklicher Andacht und Anbetung geschaffen.

»Ich hatte das Gefühl, in der Kirche zu sein«, sagte mehr als ein Heimbewohner zu ihm.

In diesen Jahren gab es auch bei Roger zu Hause manche Spannungen, die durch die beiden Kinder verursacht wurden. Ronnie, ein hübscher, allgemein beliebter, fröhlicher Junge, hatte ohne große Anstrengung die Oberschule absolviert und 1959 sein Schlußexamen gemacht. Obwohl er die Fähigkeit dazu gehabt hätte, ging er nicht aufs College. Er interessierte sich auch nicht sehr für Glaubensdinge, ja schien sich sogar darüber zu ärgern, daß er immer in die Kirche gehen sollte. Er war zunächst noch zu jung, um irgendeinen Job zu bekommen, und ging dann, als er das Mindestalter erreicht hatte, zur Marine. Seine Eltern schätzte er sehr, bezeichnete Roger als »prima« und »ganz große Klasse« und seine Mutter als die »geduldigste Frau, die er je kennengelernt hat«. Aber sie waren ihm zu ruhig und zu seriös. Es gab zwangsläufig viele Konflikte.

Wo habe ich etwas falsch gemacht? fragte sich Roger. Indem ich ihn zu hart arbeiten ließ? Als sie das Gladiolengeschäft endlich aufgegeben hatten, war es für den Jungen zu spät gewesen, Fußballspieler zu werden, wie er es sich immer gewünscht hatte. Hatte er ihn zu sehr für sich in Anspruch genommen? Ronnie hatte ihn meist bereitwillig bei seinen Besuchen begleitet, ihm die Treppen hinauf- und hinuntergeholfen und Rampen gebaut. Aber Roger kannte auch Zeiten, wo ihm das alles lästig gewesen war. War er in seinem leidenschaftlichen Drang, andern zu helfen, zu viele Abende und Wochenenden von zu Hause fort gewesen, wenn ihn vielleicht seine Familienmitglieder ebenso gebraucht hätten? Roger wußte es nicht. Äußerlich heiter, aber innerlich enttäuscht, sahen er und LaVerna ihren Jungen ziehen, schmuck und vergnügt in seiner neuen Uniform. Aber sie wußten alle drei, daß er froh war, fortgehen zu können.

Auf LaVernas Schultern lag die Hauptlast von Fayes Unglück und Kummer. Durch Faye erlebte sie die Qualen ihrer eigenen Jugend noch einmal: immer zu wissen, daß man einen Körperfehler hat; zu fühlen, daß man »anders« ist; andere Mädchen um die Aufmerksamkeit ihrer Freunde zu beneiden und zu glauben, daß die Jungen, die sich für sie interessierten, Hintergedanken dabei hätten. LaVerna ertrug Fayes Launen, ihren Ärger und sogar ihren offenen Widerstand mit Geduld. Wenn sie sah, wie Faye ihr verzerrtes Gesichtchen zu verstecken suchte, indem sie es beim Sprechen oder Lachen mit der Hand bedeckte, dann jammerte es LaVerna, und sie sehnte sich danach, in ein besseres Verhältnis zu ihrer Tochter zu kommen, mit der sie doch so viel gemeinsam hatte. Faye wollte kein Mitleid. Vielleicht hatte sie das von Roger gelernt.

»Ich benehme mich wie ein Baby, wenn ich bedenke, was er durchgemacht hat«, schalt sie sich manchmal selbst.

Sie hatten mehrere Ärzte gefragt, ob ihr nicht durch eine Plastik zu helfen wäre. Als sie dann sechzehn wurde, war die Zeit für eine solche Operation gekommen. Danach war die Verunstaltung ihres Gesichts längst nicht mehr so auffällig, und sie wurde ein anderer Mensch, fröhlicher und weniger launenhaft. Aber sie blieb immer noch für sich und war dem anderen Geschlecht gegenüber argwöhnisch. Als während ihres letzten Oberschuljahres ein Junge sie bat, mit ihm auszugehen, schlug sie es ihm fünfmal ab, um zu prüfen, ob er es aufrichtig meinte. Beim sechsten Mal ging sie mit.

»Ich hätte dich auch nicht noch einmal aufgefordert«, sagte er offen zu ihr.

Wenn Rogers Schwierigkeiten und Enttäuschungen nicht so groß gewesen wären, hätte LaVerna jetzt ihr Leben als voll befriedigend empfunden. 1958 nahm sie in den Willow-Run-Laboratorien, wo Roger arbeitete, eine Stelle an, für die sie sich dank ihrer pädagogischen Ausbildung und ihrer Büroerfahrung ausgezeichnet eignete. Es war eine interessante und verantwortliche Tätigkeit: LaVerna war Sekretärin des Chefs der publizistischen Abteilung. Sie mußte alle Bewerber um Bürostellen testen, neuen Angestellten in ihrem »Schreibmaschinen-Park« Instruktionen erteilen, sie versuchsweise an verschiedenen Stellen einsetzen, wenn die regulären Angestellten krank oder im Urlaub waren, und sie für Dauerstellungen vorbereiten. Ihr Gehalt entsprach der Verantwortlichkeit ihrer Stellung. Sie brauchte nicht mehr zwischen Margarine und Butter zu wählen, wenn sie einkaufte, und auch nicht mehr bis zur Erschöpfung Gladiolen zu sortieren.

Und im Februar 1960 kam ein Tag der Freude, an dem ihr bewußt wurde, daß das Leben ihr nahezu vollkommene Erfüllung gebracht hatte.

»Mr. und Mrs. Roger Arnett aus Belleville feierten am

Sonntagnachmittag im Heim seiner Eltern, Mr. und Mrs. James Arnett, ihren 25. Hochzeitstag«, lautete die Notiz in der Zeitung.

Fünfundzwanzig Jahre! Sie hatten vielleicht fünf gemeinsame Jahre erwartet und auf zehn gehofft; fünfzehn waren ihnen wie ein Wunder erschienen und jedes Jahr darüber hinaus wie ein unfaßbarer Traum. Denn vier Jahre vor seiner Hochzeit hatten immerhin einige der bedeutendsten Ärzte der damaligen Zeit Roger Arnett nicht einmal mehr ein Jahr gegeben!

»Das ist unser Leben!« dachte LaVerna, als die mehr als hundert Gäste aus Corunna, Owosso und umliegenden Städten durch das Haus strömten, Geschenke und Glückwünsche überbrachten, sich ins Gästebuch eintrugen und von dem riesengroßen, vierstöckigen, mit Zuckerguß überzogenen Kuchen aßen. Es waren Verwandte, Schulkollegen, blinde und taube Bekannte, Schüler, Gladiolenzüchter, Gemeindeglieder, Geschäftskollegen, Freunde an Krücken und Freunde in Rollstühlen.

Roger und LaVerna hatten wohl in keinem Augenblick während der fünfundzwanzig Jahre ihrer Ehe soviel Grund zur Dankbarkeit und Zufriedenheit gehabt. Sie waren wirtschaftlich gesichert. Jetzt war die Zeit gekommen, wo sie sich das Leben etwas leichter machen konnten. LaVerna lächelte im stillen etwas wehmütig und resigniert vor sich hin. Roger die Hände in den Schoß legen und es sich leicht machen? Er steuerte bewußt und in vollem Tempo auf die anstrengendste, aber interessanteste Periode seines Lebens zu.

Es war nicht verwunderlich, daß sein Körper die allzu großen Strapazen nicht aushielt. Am 28. August, direkt nach dem Sonntagsgottesdienst in Glenwood, mußte er plötzlich ins Universitäts-Krankenhaus gebracht werden. Die Ärzte, die eine Epididymitis diagnostizierten, legten ihn in den neunzehnbettigen Saal der urologischen Abteilung.

Roger war zunächst unglücklich über die unerwünschte Ruhepause. Aber wie er schon oft staunend hatte feststellen müssen, wurde das, was für ihn selbst ein Hindernis zu sein schien, für einen anderen zum Segen.

Während der Untersuchungs- und Behandlungszeit wurde Roger mit Jim, einem angehenden jungen Arzt, bekannt. Eines Abends kam Jim mit bekümmertem Gesicht zu ihm.

»Ich weiß, Sie interessieren sich für die Körperbehinderten«, sagte er. »Da ist in einem Saal weiter hinten ein junger Mann, Frank, erst einundzwanzig Jahre alt, der vor ein paar Monaten furchtbar verunglückt ist. Ich wünschte, Sie würden einmal mit ihm sprechen.«

Voll Mitgefühl hörte Roger von Jim die Geschichte des Unfalls: Frank, der in einer kleinen Stadt in Michigan wohnte, war mit drei Freunden in ein Drive-in-Theater gefahren. Nach der Vorführung waren sie in ein Lokal essen gegangen und hatten sich gegen zwei Uhr morgens auf den Heimweg gemacht. Frank hatte sich hinten auf dem Sitz zusammengerollt, um zu schlafen, da er am nächsten Morgen früh zum Dienst mußte. Ein Reifen war geplatzt und das Auto gegen einen Baum gerast. Die beiden, die vorn saßen, waren auf der Stelle tot gewesen. Frank hatte das Rückgrat gebrochen. Obwohl er vorsichtig mit einem Krankenwagen abtransportiert und später auch operiert worden war, sah es nicht so aus, als ob er je wieder laufen könnte ...

»Und jetzt ist er auf dem Tiefpunkt der Verzweiflung angelangt«, sagte Roger verstehend. »Ich möchte ihn gern einmal besuchen, Jim.«

Die Schwierigkeit war nur, daß Frank in der Isolierstation lag, weil er Bazillenträger war. Niemand durfte in sein Zimmer, schon gar nicht ein anderer Patient, der den gefürchteten Bazillus im ganzen Krankenhaus hätte verbreiten können.

Am nächsten Tag wurde Roger bis zum Abklingen seiner Infektion nach Hause entlassen. Er sollte am Donnerstag darauf zu weiteren Untersuchungen zurückkommen. Der Gedanke an Frank Aymer ließ ihn auch zu Hause nicht los. Wie konnte er ihn am besten erreichen? Plötzlich kam ihm ein Gedanke. Er sagte aber LaVerna nichts von seinem Plan, weil er fürchtete, sie zu beunruhigen. Als er am Donnerstag ins Krankenhaus ging, bat er, in das Zimmer des jungen Mannes gelegt zu werden.

»Es tut uns leid, das ist unmöglich. Mr. Aymer ist auf der Isolierstation.«

»Das weiß ich. Ich möchte trotzdem zu ihm gelegt werden.«

Die Schwester, die an sich für alle schwierigen und dringenden Fälle zuständig war, sah ihn verwirrt an.

»Das – das muß Ihr behandelnder Arzt entscheiden«, sagte sie schließlich.

»Dann melden Sie mich bitte bei ihm!«

Der Arzt, der Rogers Absicht verstand und guthieß, gab ihm die Erlaubnis.

Am gleichen Nachmittag kam Franks Mutter, die hundert Meilen entfernt wohnte, um ihn zu besuchen. Als sie den Kittel angezogen hatte, den alle Besucher der Isolierstation tragen mußten, und in Franks Zimmer trat, sah sie zu ihrem Erstaunen ein zweites Bett und ein lächelndes, seltsam bekanntes Gesicht.

»Mrs. Aymer? Ich bin Roger Arnett. Ich hoffe, Sie haben nichts dagegen, daß ich mich zu Ihrem Sohn habe legen lassen. Wir kennen uns erst ab heute.«

»Arnett?« wiederholte sie verwundert. Ihre Augen wanderten von seinem Gesicht zum Rollstuhl, erst ungläubig, dann plötzlich strahlend vor Freude. »Oh, Sie sind der Gladiolen-Mann! Wenn Sie wüßten, wie ich gehofft und gebetet habe, Sie zu finden!«

Emily Aymer war eines Sonntags im Jahre 1945 zu einer Gladiolenschau bei den Arnetts in Corunna gewesen. Es hatte tiefen Eindruck auf sie gemacht, daß ein Mann im Rollstuhl ein Geschäft führen, heiraten, Kinder adoptieren und trotz aller Schwierigkeiten so glücklich sein konnte. Als die Hoffnungen und Ziele ihres einzigen Sohnes so plötzlich durch die

Querschnittslähmung zerschlagen worden waren, hatte sie an Roger denken müssen. Wenn doch Frank ihn kennenlernen und mit ihm sprechen könnte! Jetzt fand sie ihn hier. Welch eine wunderbare Gebetserhörung!

Im folgenden Jahr erfuhr Roger, daß Frank zur Oberschule zurückgegangen war, die er nicht bis zu Ende besucht hatte, und im nächsten Herbst in einem College in Bay City anfangen wollte. Er fuhr sein eigenes Auto, und es bestand sogar Hoffnung, daß er eines Tages wieder laufen konnte.

Den Dienst als Seelsorger aufgeben? Sich durch die Kritik von ein paar Bürokraten um die Gelegenheit bringen lassen, im Bunde mit Gott kostbare menschliche Wesen zu rehabilitieren? Nicht um die Welt!

Im Frühjahr 1961 wurde ihm von der Methodistenkirche die Stellung eines Pastors für die Körperbehinderten des Ann-Arbor-Distrikts angeboten.

Seine Bekannten und Freunde in Glenwood waren traurig und glücklich zugleich. »Wie schade, daß wir dich verlieren!« ... »Welch eine schöne Gelegenheit für dich!« ... »Das ist doch genau das, worauf du gewartet hast!« ... »Was wird aus uns, wenn du fortgehst?« ...

Sie nahmen natürlich an, daß es eine ganztägige Stellung mit entsprechender Besoldung sei. Er verriet ihnen nicht, daß er nichts bekam als einen Titel und den gleichen winzigen Betrag, den sie selbst ihm zahlten; daß dies nur eine höfliche Art war, ihn aus einer schwierigen Situation zu entfernen ... Es war viel besser, wenn sie es nicht wußten.

14

Schon vor langer Zeit hatte Roger eine Reihe von »Regeln für Körperbehinderte« aufgestellt. Die elfte und letzte hieß: »Hab Sinn für Humor!«

Er hätte noch hinzufügen können: »Bring es fertig, über dein eigenes Handikap zu lachen und Scherze darüber gleichmütig hinzunehmen!«

Al Hartoog kannte Roger gut genug, um solche Scherze zu wagen.

Als Roger eines Tages Hartoogs neue Kirche besuchte, sah er einen Leichenbestatter mit einem Wagen voll Blumen heranfahren.

»Das scheint ein freundlicher Mann zu sein«, sagte Roger zu Hartoog. »Ich kenne ihn gar nicht, und er winkt mir trotzdem zu.«

»Er denkt vielleicht, du bist ein potentieller Kunde«, gab Hartoog ohne Zögern zurück.

Roger selbst ließ nie eine Gelegenheit vorübergehen, sich über sich selbst lustig zu machen. Eines Tages fragte ihn ein Mitarbeiter im Forschungszentrum:

»Wie geht es dir heute?«

»Nicht so besonders!« erwiderte Roger und zog ein mißmutiges Gesicht.

»So? Ich finde aber, du siehst recht gut aus!«

»Wie ist das möglich?« erwiderte Roger schlagfertig, »wo doch mein rechter Fuß bereits im Grabe ist.«

Die anderen zehn »Regeln« hatten sich nach Rogers Erfahrung als ebenso richtig erwiesen:

1. Beteilige dich an sportlichen Wettkämpfen! Wenn du aber gegen einen Nicht-Körperbehinderten eingesetzt wirst, sei

darauf gefaßt, daß er gewinnt, und finde dich damit ab! Bei einem so ungleichen Kampf brauchst du nicht »das Gesicht zu wahren«.

2. Iß und trink, was leicht verdaut und vom Körper aufgenommen werden kann, und das mit Maßen! Die Gelangweilten, die Unglücklichen, die Einsamen und die Enttäuschten überessen sich gern.
3. Weise Berufsschwierigkeiten und andere Sorgen von dir, wenn du zu Bett gehst! Ins Bett geht man, um zu schlafen.
4. Mach dich nützlich! Sorge dafür, daß du gebrauchst wirst!
5. Wenn du an ein ewiges Leben glaubst, dann fange jetzt an, es zu leben.
6. Vertraue Gott, den Menschen und dir selbst!
7. Liebe! Je größer das Handikap, um so mehr Liebe muß man geben und empfangen!
8. Halte Disziplin, und sei es nur Selbst-Disziplin! Denn das Spiel des Lebens muß nach Regeln gespielt werden.
9. Schließ dich an! Menschen müssen eingefügt sein: in eine Familie, in einen Bekanntenkreis, in eine soziale Umwelt.
10. Sei schöpferisch! Die Fähigkeit, etwas zu schaffen, ist das eine, was wir bestimmt mit Gott gemeinsam haben. Nichts gewährt größere Befriedigung als das, was man selbst erdacht und verwirklicht hat.

Für seine sich immer mehr ausweitende Arbeit in Alters- und Pflegeheimen brauchte Roger eine neue Reihe von »Regeln«. Die »Seelsorge an Körperbehinderten« war ein ganz neues Amt, für das es noch wenig Richtlinien gab. Die Besuchsmethoden, die er sich zu eigen machte, waren zum größten Teil das Ergebnis seiner eigenen Erfahrungen. Was die Menschen in diesen Heimen nötig hatten, war vor allem der persönliche Kontakt: ein freundlicher Gruß, ein gutes Wort, ein Lächeln, ein Händedruck und ein aufmerksames Ohr. Manchmal half er körperbehinderten Männern beim Anziehen. Wenn ihre Arme gelähmt oder sie blind waren, fütterte er sie. Er spielte auch Briefträger, besorgte Papier, Marken und Karten und schrieb für viele, die ihre Arme nicht gebrauchen konnten, Briefe nach Diktat.

Die erste Voraussetzung für seinen Dienst war natürlich, daß er jedem einzelnen, den er besuchte, aufrichtiges Interesse entgegenbrachte. Die Fähigkeit der Einfühlung, die mehr war als Mitgefühl, brauchte er sich nicht erst zu erwerben. Er besaß sie in vollem Maße. Mit der zweiten Voraussetzung, soviel wie möglich über die Menschen zu wissen, die er besuchte, war es schon schwieriger.

Die Heimbewohner stellten einen Querschnitt durch die Gesellschaft dar. Es gab Reiche und Arme, Ältere und Jüngere, Lehrer und Schüler, Ärzte und Patienten, Geistliche und Laien, Gläubige und Ungläubige, Amerikaner und Ausländer, Glückliche und Unglückliche, körperlich und geistig Behinderte. Die meisten von ihnen waren einsam. Schon nach kurzer Zeit kam Roger zu der Überzeugung, daß jeder einzelne einsam war. Wie sollte er einen Kontakt zu diesen Hunderten von besonderen und verschiedenartigen Personen herstellen, das »Sesam öffne dich!« finden, das allmählich die Schranken niederlegte und zu einer freundschaftlichen und hilfreichen Beziehung führte?

Mit der Zeit fand er viele Wege. Da hatte zum Beispiel eine Frau Blumen oder Blattpflanzen in ihrem Zimmer. Sie würde sich immer über ein paar lobende Worte freuen. Wenn sie mehrere Pflanzen hatte, liebte sie wahrscheinlich die Natur, und er konnte mit ihr über Gartenarbeit sprechen. Dabei durfte er natürlich auf keinen Fall bei seiner eigenen Vorliebe für Gladiolen hängenbleiben, sondern mußte sie von ihrem Garten erzählen lassen.

Wenn er in ein ihm noch neues Zimmer kam, sah er sich um, ob jemand handarbeitete. Einige Frauen nähten, machten Puppen oder Halsketten. Viele Männer waren mit Leder- oder Metallarbeiten beschäftigt. Ein paar schlichte, aber ehrlich anerkennende Worte ließen oft trübe Augen aufleuchten und mürrische Gesichter freundlich werden.

Aufmerksames Zuhören war immer ein »Sesam öffne dich«; denn die einsamen Menschen sehnten sich verzweifelt danach, sich jemandem mitzuteilen. Viele sprachen gern über ihre Kinder und Enkel oder, wenn sie unverheiratet waren, über Nichten und Neffen, deren Briefe und Fotos sie Roger zeigten. Sein Gebet am Schluß des Besuches konnte dann viel persönlicher sein. Andere wollten ihre Sorgen und ihren Kummer erzählen und waren erlöst und zu einem erfreulicheren Austausch bereit, wenn sie sich hatten mitteilen können. Viele waren schon seit Monaten in einem Heim, ohne von einem Geistlichen oder einem Mitglied ihrer Kirche besucht worden zu sein. Andere waren aus anderen Städten oder Staaten gekommen, und die örtlichen Gemeinden wußten nichts von ihnen. Deshalb war solch eine Anstaltsseelsorge so ungeheuer nötig und wurde so dankbar aufgenommen.

Oft war der Rollstuhl ein Mittel, Verbindungen anzuknüpfen. Die Heime waren voll von Rollstühlen. Sie standen leer in den Zimmern, fuhren in Korridoren umher, waren aufgereiht vor Fernsehapparaten, trieben sich einsam in Ecken herum, um der Woge geschäftiger, gesunder Menschen zu entgehen. Ein neuer Rollstuhl fesselte das Interesse der anderen Rollstuhlbesitzer. Was war Roger zugestoßen? So? Ach, schrecklich! »Bei mir war es anders. Möchten Sie es hören?«

Der Rollstuhl hatte noch andere Vorteile. Ältere Leute, Kranke oder Körperbehinderte saßen oder lagen meist in Stühlen oder Betten. Wenn Roger in ein Zimmer kam, war er sofort mit ihnen »auf einer Stufe«. Sie brauchten ihn nicht als Gast zu behandeln, nach einem Stuhl zu laufen oder ihm auf dem Bett ein wenig Platz zu machen. Und er brauchte sich nicht zu bücken, um ihre Hände zu ergreifen und ihnen in die Augen zu sehen, um den Arm um magere, gebeugte Schultern zu legen und so zu sprechen, daß auch Schwerhörige ihn verstehen konnten. »Eine Stimme und eine Hand sind das, was diese Menschen am besten kennen«, sagte einmal eine Schwester in einem Pflegeheim, das er besuchte.

Für die Tauben, eine der einsamsten Gruppen, gab es nicht einmal die Stimme. Roger machte sich oft Vorwürfe, daß er nicht die Zeichensprache lernte, um sich mit ihnen »unterhalten« zu können. Es gab auch noch andere Behinderungen, die eine normale Verständigung ausschlossen. Manche hatten einen Schlaganfall erlitten und konnten nur mühsam sprechen. Da lernte Roger Fragen stellen, die nur mit Ja oder Nein, also mit einer leichten Kopfbewegung, beantwortet zu werden brauchten.

Auch die Sprache konnte ein Hindernis für die Verständigung sein. In einem Heim waren viele gebürtige Polen. Eines Tages baten sie Roger, ihnen einen polnischen Priester zu schicken. Sie sehnten sich nach jemandem, der ihre eigene Sprache sprechen konnte. Glücklicherweise kannte Roger solch einen Priester in einer benachbarten Gemeinde. Er rief ihn an, und bald kam der polnischsprechende Geistliche regelmäßig.

Zuerst war Roger bei seinen Besuchen immer nervös und unruhig. Er glaubte, er müsse einen guten Eindruck auf jeden, den er besuchte, machen und es sei seine Schuld, wenn ihm das nicht gelang. Er war gehemmt und befangen, wenn er beten sollte. Aber allmählich, im Laufe der Monate und Jahre, wuchs mit der Erfahrung auch die innere Ruhe und Sicherheit, und die »Regeln«, die er für den Seelsorger in Pflegeheimen angebracht fand, waren zum großen Teil sehr einfach:

Wenn jemand rechtsseitig gelähmt ist, reiche ihm die linke Hand zur Begrüßung!

Wenn du es mit einem blinden Menschen zu tun hast, mach dir den Tastsinn zunutze! (»Oh, jetzt weiß ich, wer Sie sind!«)

Erinnere dich an alle früheren Begegnungen!

Wenn jemand eine durch Arthritis verkrüppelte Hand hat, berühre sie nur ganz leicht!

Wenn du dich mit Tauben oder Schwerhörigen unterhältst, sieh sie an und sprich deutlich! Benutze manchmal einen Block und einen Bleistift!

Sprich nicht über *deine* Probleme, wenn man dich nicht danach fragt; und wenn man es tut, antworte so kurz wie möglich!

Geh auf persönliche Interessen des Besuchten ein und zeige Anerkennung für bestimmte Dinge: eine schöne Blume, eine Handarbeit oder ein Bild!

Besuche die Heimbewohner, wenn sie in ein Krankenhaus gehen müssen!

Bete, wenn ein Bedürfnis da ist, aber erzwinge es nicht! Du wirst allmählich merken, wann und wo ein Gebet erwünscht ist.

Grüße das Personal und sei freundlich zu den Schwestern und Pflegern!

Höre dir die besonderen Nöte der Menschen an. Und wenn du ihnen zu helfen versprichst, halte immer Wort!

Wenn jemand, den du besuchen möchtest, schläft, wecke ihn! (Zuerst tat Roger das ungern. Aber nachdem er bei seinem nächsten Besuch einige Male tüchtig gescholten worden war, lernte er es. Gewöhnlich schliefen die Leute nicht, weil sie krank oder müde waren, sondern aus Langeweile.)

Wenn irgend möglich, verabschiede dich dann, wenn ein Lächeln auf dem Gesicht des Besuchten liegt!

Wenn dir jemand eine Geschichte erzählt, versuche nicht, ihn zu übertrumpfen. Das ist *sein* großer Augenblick! Laß ihn ihm!

Wenn jemand sehr krank oder nicht mehr empfänglich ist für die Welt, wird er manchmal darauf reagieren, wenn du ihm leise über die Stirn streichst.

Die Berührung einer Hand ... Roger hätte nie geglaubt, wieviel sie bedeuten konnte, bis er eines Tages im Bezirkskrankenhaus einen Besuch machte. In einem Zimmer standen vier Betten, und um das eine Bett hinten in der Ecke war ein Vorhang gezogen. Das konnte verschiedene Gründe haben. Manchmal war es der, daß Menschen in ihrer Einsamkeit noch mehr Alleinsein suchen, was sie immer einsamer macht – bis sie völlig für sich sein wollen: ein Circulus vitiosus.

Roger schob den Vorhang beiseite. Die Augenblicke, die nun folgten, würde er nie wieder vergessen.

John war ungefähr sechzehn Jahre alt. Aus der Art seiner Bewegungen schloß Roger, daß er wahrscheinlich von Geburt an einen Gehirnschaden hatte. Offenbar war er der Fürsorge des Kreis-Wohlfahrtsamts überlassen worden und wurde von Zeit zu Zeit in diesem Krankenhaus medizinisch behandelt.

»Hallo, Johnny!« begrüßte ihn Roger. »Wie geht es dir?«

»Hallo«, erwiderte der Junge. »Wer sind Sie?«

»Ich bin Roger. Ich will dich besuchen.«

Johns Stimme wurde flehend.

»Wollen Sie bitte zu mir kommen und mir die Hand geben?«

Als ihm Roger die Hand hinstreckte, ergriff er sie, zog sie an seine Lippen und sagte: »Ich danke Ihnen, Roger. Ich danke Ihnen sehr! Bitte, besuchen Sie mich bald wieder! Bitte!«

Vieles hatte Roger aus den Fehlern seiner eigenen Besucher – Bekannter und Geistlicher – gelernt. Da war der flüchtige Besucher, der ständig verstohlen auf seine Uhr schaute; oder der, der zu lange blieb; oder der, der die ganze Zeit nur über Kirchenprobleme sprach; der Frömmler, der Witzbold, der zu Trübselige und der zu Vergnügte. (»Sie sehen blendend aus, Roger! Sie haben noch nie so gut ausgesehen!« – wenn man wußte, daß man wie ein Toter aussah. Roger zog Dr. Berrys Lieblingsausdruck vor, der zwar etwas stark, aber ehrlich war: »Als Sie diesmal eingeliefert wurden, Roger, sahen Sie aus wie eine aufgewärmte Leiche.«)

Der schlimmste Fehler, den Pfarrer bei ihren Besuchen machten, war, daß sie gute Ratschläge zu geben versuchten. »Als ich vor zehn Jahren mit meinen seelsorgerlichen Besuchen begann«, schrieb er am 30. Januar 1963 in sein Tagebuch, »machte ich den gleichen großen Fehler. Aber allmählich unterließ ich es und fand, daß mein Dienst immer mehr Erfolg hatte. Jetzt höre ich einfach nur zu.

Die größte Hilfe ist Schweigen, ein aktives Schweigen, das heilend auf eine bekümmerte Seele wirkt. Es ist eine Art zu geben, die große Selbstbeherrschung erfordert und zu der viel Feingefühl gehört: ein leiser Händedruck, ein den Arm-um-die-Schulter-Legen, ein warmer, verständnisvoller Blick ... Wie oft habe ich am Ende eines solchen Besuches gehört: ›Es geht mir jetzt besser.‹

›Aber Sie äußern doch Ihr Mitgefühl?‹ wurde ich manchmal gefragt.

›Nein, eigentlich nicht! Mitgefühl ist nicht aufrichtig genug. Es klingt nach einem Hiobströster, einem Menschen, der andern sein Mitgefühl ausdrückt und ihnen dann ihre Fehler vorwirft. Die Menschen, die ich besuche, sind die Opfer von Tragödien, für die es keine endgültigen und vollständigen Erklärungen gibt. Ich kann mir nur erzählen lassen, was sie fühlen, und ihre Zuversicht soweit stärken, daß sie selbst die Lösung für sich finden. Ich habe es gelernt, nicht meine eigene Ehre zu suchen. Die meisten Leute, die ich besuche, kennen nicht einmal meinen Namen. Viele wissen nicht, zu welcher Denomination ich gehöre. Sie wissen nur, daß sie für mich besondere Menschen sind und ich irgendwie ihre Welt so verstehe, wie sie sie verstehen. Ich glaube mit Albert Schweitzer, daß wir alle die Last des Kummers mittragen helfen müssen, die auf der Welt ruht. Und ich versuche das still und liebevoll zu tun.‹«

Im September 1961 mußte Roger wieder einmal ins Krankenhaus.

»Osteomyelitis«, meinte Dr. Berry. »Wir müssen den schlechten Knochen herausnehmen.«

Nach der Operation hörte Roger, wie der Chirurg zu seinem

Assistenten sagte: »Und das ist nicht das letzte Mal, daß wir ihn bei uns sehen.«

Er hatte recht. Nicht ganz drei Wochen später kam Roger wieder, um noch mehr abgestorbene Knochen entfernen zu lassen, und mußte von Ende Oktober bis Mitte Februar im Krankenhaus bleiben, bis das Gewebe endlich wieder geheilt war.

In dieser Zeit kam Ronnie von seiner Marinestation nach Hause, um Bertha Graham zu heiraten, die vier Häuser von den Arnetts entfernt wohnte. Ronnie wollte, daß sein Vater die Trauung in der Krankenhauskapelle vornahm. Am letzten Tag des Jahres stand Roger zum erstenmal seit Monaten auf, fuhr in seinem Rollstuhl in die Kapelle und traute seinen Sohn Ronald und Bertha Graham.

Zuerst war Roger zu krank und auch zu schwach gewesen, um sich Sorge darum zu machen, was aus seiner Seelsorgearbeit wurde. Als aber aus Wochen Monate wurden und er immer noch nicht sitzen oder auf dem Rücken liegen konnte, wurde seine Geduld auf eine harte Probe gestellt. Manchmal tröstete er sich mit einem oder dem anderen seiner zweieinhalbtausend Pfarrkinder, die ähnlich zu leiden hatten wie er. Aber während er an sie dachte, wuchs nicht nur sein Verständnis für sie, sondern auch sein Gefühl der Schuld.

»Sie werden denken, ich habe sie vergessen, sie im Stich gelassen. Herr, wie lange noch? Laß mich doch hier heraus!«

Er wußte aber auch, daß er in seiner eigenen Familie mehr als je gebraucht wurde. LaVerna stand vor schwierigen Problemen mit Faye, die sie nun allein lösen mußte. Roger wäre noch viel unglücklicher gewesen, wenn er gewußt hätte, was seine Frau außerdem noch alles durchzumachen hatte.

Zwei Wochen nach seiner Hochzeit war Ronnie für eine Fahrt seines Schiffes nach Kuba eingeteilt worden. Am Abend – es war ein Donnerstag – rief Bertha, seine Frau, ihre Mutter an, die ja nicht weit von den Arnetts wohnte, und erzählte ihr, daß kurz nach Auslaufen des Schiffes Militärpolizisten in ihre Wohnung gekommen seien und gesagt hätten, Ronnie sei nicht auf dem Schiff. Er sei ohne Urlaub abwesend, was sie aber nicht glauben könne. LaVerna, die die Nachricht von Berthas Mutter erfuhr, war außer sich vor Angst. Am Samstag, als sie Roger besuchte, hatte sie noch nichts Neues gehört. Da sie sah, wie unglücklich Roger über den langsamen Verlauf seiner Genesung war, beschloß sie, ihm nichts von ihrer Sorge zu sagen. Als sie am Sonntag wieder ins Krankenhaus kam, ging es ihm etwas besser, und sie rollten sein Bett auf seinen Wunsch in die kleine Kapelle, damit er am Gottesdienst teilnehmen konnte. Dort standen am Altar noch die weißen Chrysanthemen von Ronnies Hochzeit. Schon fast verwelkt, strömten sie einen starken Duft aus, und es war LaVerna, als habe sich die kleine Kapelle in eine Leichenhalle verwandelt.

Immer noch trug sie die Last allein. An diesem Abend verlor sie die letzte Hoffnung auf einen guten Ausgang. Wenn er doch noch auf dem Schiff gewesen wäre, hätte es Bertha inzwischen bestimmt erfahren und ihre Mutter angerufen. Todmüde und traurig ging sie zu Bett. Sie war überzeugt, daß Ronnie nicht mehr am Leben war. Daß er ohne Urlaub das Schiff verlassen oder sich nicht zurückgemeldet hatte, glaubte sie auf gar keinen Fall. Ronnie hatte ihr erzählt, daß es in der Hafenstadt dunkle Elemente gab. Er war sicher einem Verbrechen zum Opfer gefallen.

Am nächsten Morgen um sieben läutete das Telefon. Es war Berthas Mutter.

»Bertha hat gestern abend angerufen«, sagte sie. »Es ist alles in Ordnung. Es war nur ein Irrtum, vielleicht ein schlechter Scherz. Ronnie war auf dem Schiff.«

»Und da hast du mich nicht sofort verständigt«, rief LaVerna fast weinend.

»Ja, aber – es war immerhin schon zehn –«

Als Folge dieses aufregenden Erlebnisses bekam LaVerna

nervöse Kopfschmerzen, die viele Jahre lang immer wieder auftraten.

»Du hättest es mir sagen sollen!« schalt Roger. »Wozu ist ein Ehemann da? Wage es nicht, mir je wieder schlimme Nachrichten vorzuenthalten, auch wenn ich auf dem Sterbebett liege!«

Es war kein Wunder, daß LaVernas Kopfschmerzen anhielten. Immer wieder wurde sie so in Angst und Sorge versetzt, daß ein Mensch mit weniger Mut und Gottvertrauen daran zerbrochen wäre. Das »Sterbebett« war keine Phrase, sondern eine harte Wirklichkeit, die jeden Augenblick eintreten konnte. Jedesmal wenn Roger ins Krankenhaus ging und sie ihm lächelnd Lebewohl sagte, hämmerte es in ihren Ohren: »Vielleicht kommt er nicht wieder!«

Diesmal kam er wieder, aber schwächer als sonst. Nach kurzer Ruhepause machte er Mitte März schon wieder Besuche und verbrachte neun Zehntel seiner Freizeit mit dieser »Nebenbeschäftigung«, die viel anstrengender war als die acht Stunden, die er täglich im Forschungszentrum zubrachte. Manchmal versuchte LaVerna, ihn zu schonen. Als Al Hartoog eines Tages anrief und fragte, ob Roger in seiner etwa vierzig Meilen entfernten Kirche predigen könne, damit er und seine Frau einen dringend nötigen Urlaubstag nehmen könnten, sagte sie erst zögernd – da sie wußte, daß Roger sofort zugesagt hätte: »Er dürfte es eigentlich noch nicht«, dann mutiger: »Er ist wirklich noch nicht kräftig genug«, und schließlich mit Bestimmtheit: »Nein, ich fürchte, es geht nicht.« Und natürlich verstand Al Hartoog das.

Aber Roger verstand es nicht! Er war aufgebracht, als sie es ihm ein paar Wochen später erzählte.

Mit den Sorgen um Faye war es inzwischen nicht besser geworden. Da sie keine Lust hatte, aufs College zu gehen, lernte sie Schönheitspflege. Wahrscheinlich wählte sie diesen Beruf, weil sie sich ihres entstellten Gesichtes wegen so lange gehemmt gefühlt hatte. Selbst die plastische Operation, nach der sie wieder glücklich und selbstbewußt geworden war, hatte offenbar die tiefen Narben der Unsicherheit nicht tilgen können. Und vielleicht hatte sie auch deshalb während ihres letzten Jahres in der Oberschule mit dem treuen Ken gebrochen.

Jetzt lehnte sie sich gegen jede Kontrolle auf, blieb die halbe Nacht aus oder auch die ganze und hielt das für ihr Recht. Es gab viele Auseinandersetzungen. Plötzlich, nach Monaten der Spannung, war das Problem gelöst. Faye und Ken versöhnten sich wieder, verlobten sich und wurden im Juni 1963 von Roger getraut. Jim Alward spielte die Orgel, und Dick führte seine Schwester zum Altar.

Nachdem das junge Paar nach Kalifornien abgereist war, wo Kens Marine-Corps stationiert war, fühlten sich Roger und LaVerna seltsam allein. Noch seltsamer kam es ihnen vor, daß sie ihren Jahresurlaub nur noch für sich zu planen hatten. Da Roger unter Ferien etwas anderes verstand, als ruhig zu Hause zu bleiben, fuhren sie in diesem Sommer in der ersten Woche an der Nordseite des Lake Superior entlang, besuchten dann Ronnie und Bertha in Norfolk und machten auf der Heimfahrt in Nashville halt. Dort suchte Roger die Hauptgeschäftsstelle der Methodistenkirche auf, um Interesse für einen Film zu wecken, in dem dargestellt wurde, was ein Seelsorger für die Körperbehinderten tun kann.

Es war nicht sein erster Versuch, seine Kirche dafür zu interessieren. Im vergangenen Jahr hatte er einen Kursus über das Thema »Körperbehinderte in der Kirche« besucht und den Film mitgenommen, den Bud Mente gedreht hatte. Er war von den leitenden Kirchenmännern, die an dem Kursus teilnahmen, mit Begeisterung aufgenommen worden. Die Fernseh-, Rundfunk- und Filmkommission hatte ein Tonband dazu gemacht, und der Film war dann von der Missionsgesellschaft als Material für den Kursus benutzt worden. Unglücklicherweise war er in sechzehn statt in vierundzwanzig Bildern pro Sekunde aufgenommen und konnte daher nicht überall vorgeführt werden. Aber Roger hatte schon Pläne für einen neuen Film, und die Besprechungen in Nashville machten ihm Mut.

Die Reise hatte so wenig Schwierigkeiten mit sich gebracht, daß Roger und LaVerna schon bald an eine längere dachten. Als die Nachricht eintraf, daß Faye ein Baby erwartete, war auch klar, wohin sie führen würde.

15

Während der ersten fünf Jahre seines seelsorgerlichen Dienstes an den Körperbehinderten des Bezirks vergrößerte sich Rogers Arbeitsfeld in unglaublichem Maße. Er besuchte regelmäßig fünfzehn Heime und mehrere Stationen im Wayne County General Hospital. In drei Heimen hielt er Gottesdienste und besuchte viele einzelne Menschen in ihren Familien.

Hin und wieder schrieb er Erlebnisse, die ihn besonders beeindruckt hatten, in sein Tagebuch. Aber meist war er abends zu müde dazu. Gelegentlich einmal erwähnte er persönliche Probleme und Enttäuschungen.

»Ich muß anfangen, etwas langsamer zu treten«, schrieb er am 3. August 1961. »Mein Körper kann nicht mehr soviel leisten. Das Druckgeschwür an der linken Hüfte braucht mehr Bettruhe, wenn es ausheilen soll. Aber wie kann ich ruhen, wenn so viel zu tun ist, wenn so viele Leute einen Seelsorger brauchen und kein anderer da ist, um sie zu besuchen? Niemand weiß, wieviel Kraft es mich kostet, manchmal zwanzigmal am Tage ins Auto ein- und wieder auszusteigen und den Rollstuhl hinein- und herauszuheben. Es gibt so wenige, die das anerkennen. Ganz bestimmt nicht die führenden Persönlichkeiten der Kirche! Meiner Ansicht nach unterstützen sie auch die Arbeit finanziell nicht genug. Aber ich muß meinen Dienst weiter tun, solange Gott mir die Kraft schenkt.«

Da es in vielen der Heime, die er besuchte, und auch im Wayne County General Hospital mit seinen siebentausend Patienten keine Weihnachtsfeier gab, startete er sein Apfel-Projekt. Er fand in der Nachbarschaft einen Obstgarten, wo er die Äpfel zum Großhandelspreis kaufen konnte. Zum Weihnachtsfest gab er dann jedem, den er das Jahr über besucht hatte, einen Apfel und eine Weihnachtskarte. Für manche waren das die einzigen Geschenke, die sie erhielten.

Ohne seine vielen begeisterten Helfer und Helferinnen wäre die Arbeit unmöglich gewesen. Da waren die Hopemans und die Mentes, die großzügig ihren Beitrag zu einem Fonds leisteten, der vom Bezirk verwaltet wurde und Geld für notwendige Dinge zur Verfügung stellte. Da war Addie, eine frühere Lehrerin, die oft Heime besuchte, in die Roger der Treppen wegen nicht gehen konnte, und die viele der zweihundert Decken gemacht hatte, die er verteilte. Da waren Art und sein Sohn Jim, die häufig mit Roger herumfuhren und ihm Weihnachtsäpfel ausliefern halfen. Da waren Jim Alward mit seiner Musik und Doris, Rogers Sekretärin von der Glenwood-Gemeinde, die auch nach seinem Ausscheiden seine Korrespondenz und seine Berichte mit der Maschine schrieb und die zweitausendfünfhundert Weihnachtskarten fertig machte.

Als sie eines Abends im Dezember mit Roger Äpfel in einem Pflegeheim verteilte, fragte eine alte Dame neugierig:

»Haben Sie einen Obstgarten?«

»Nein«, erwiderte Roger.

»Woher kommen dann diese schönen Äpfel?«

»Ich habe sie gekauft.«

»Von ihrem eigenen Geld?«

Als Roger nickte, wandte sie sich an Doris und sagte:

»Er muß ein wunderbarer Mann sein. Und den haben Sie bekommen?«

»O nein!« antwortete Doris schnell. »Ich bin nur seine Sekretärin. Er hat eine sehr liebe Frau.«

Die alte Dame sah sie lange an. »Junge Frau«, sagte sie dann streng, »Sie sollten lieber kündigen! Wer so hoch von seinem Chef denkt wie Sie, sollte nicht seine Sekretärin sein.«

Nur wenige ihrer Erlebnisse in den Pflegeheimen waren so mit Humor gewürzt wie dieses. Da Doris sehr empfindsam war, hatte sie reichlich Gelegenheit, mit den Weinenden zu weinen.

Kurz vor Weihnachten spendete eine Gemeindegruppe Geld, Doris sollte für ein Heim, in dem meist Wohlfahrtsempfänger lebten, Süßigkeiten kaufen. Als sie die Päckchen am Heiligen Abend verteilte, war sie die einzige Besucherin im Heim, und nur ein kleiner Tannenbaum in der Diele verriet, daß Weihnachten war. Sie wünschte allen »Fröhliche Weihnacht« und fuhr dann niedergeschlagen nach Hause. Sie mußte an die Worte von Al Hartoog denken: »Es ist eine Hölle, alt und krank zu sein.« Da sie meinte, sie habe nicht die rechte Weihnachtsstimmung, wollte sie auch nicht zur Christvesper gehen. Sie mußte an ihr eigenes schweres, einsames Leben denken, an den plötzlichen Tod ihres Mannes, an den Verlust ihres einzigen kleinen Mädchens, an den Kampf, drei kleine Jungen großzuziehen. Da war ihr auf einmal, als höre sie eine Stimme sagen: »Du hast die rechte Weihnachtsstimmung! Es wird nicht von dir erwartet, daß du glücklich bist, sondern daß du etwas für andere tust.«

Durch Doris hörte Barbara, die zur Bethel-Baptistengemeinde in Southgate gehörte, von Rogers Arbeit. Barbara hatte schon lange nach einer Gelegenheit Ausschau gehalten, ihre fünfzehn bis zwanzig Oberschüler bei irgendeinem Hilfsprogramm einzuschalten. Sie fragte bei Roger an, und er erwiderte prompt:

»Könnten Sie nächsten Samstagnachmittag ins Bancroft-Heim kommen und dort singen?«

Sie kamen, und sie kamen auch öfter; nicht nur, um zu singen, sondern um den Heimbewohnern auf alle mögliche Art zu helfen: sie aus ihren Zimmern heraus- und wieder ins Zimmer zurückzufahren; Unsichere zu führen; ihre Gesangbücher an der richtigen Stelle aufzuschlagen und heruntergefallene Gegenstände aufzuheben. Die alten Leute waren beglückt. Oft behaupteten sie, das Lied in ihrem Gesangbuch nicht zu finden, um nur ja bedient zu werden. Eine alte Frau stellte einen Jungen stolz als ihren Enkel vor.

»Ich wäre bald gestorben«, sagte dieser später. Aber er widersprach ihr nicht, um sie nicht zu verletzen.

Für viele der jungen Leute war der Dienst im Pflegeheim ein eindrucksvolles Erlebnis.

1963 ging ein langgehegter Wunsch für Roger in Erfüllung. Ralph Ridenour, ein führender Laie in der Methodistenkirche, der ebenfalls im Forschungszentrum angestellt war und alle fotografischen Arbeiten für seine Abteilung machte, erklärte sich bereit, im Bancroft-Heim einen Film von Rogers Arbeit zu drehen. Eines Samstags in der ersten Novemberhälfte begleitete er Roger bei seinen Besuchen und machte einige Aufnahmen. In der folgenden Woche entwarf er Pläne für die Dreharbeiten und die Regie eines Tonfilms mit vierundzwanzig Bildern pro Sekunde. Der Anstaltsleiter erteilte seine Genehmigung, und Jim Alward war bereit, die Tonaufnahmen zu übernehmen. Zweck des Projektes war, im Bild darzustellen, wie notwendig Geistliche und Laien für den Dienst an den Menschen in Heimen und Krankenhäusern gebraucht wurden. Ralph Ridenour schrieb das Drehbuch, und Roger spielte die gewohnte Rolle als Besucher und Leiter des regelmäßigen Samstagabend-Gottesdienstes.

Es war der Abend nach der Ermordung Präsident Kennedys. Alle brauchten beruhigenden Zuspruch und besonderen Trost. Die Anwesenheit von Gästen aus der Belleviller Gemeinde verstärkte das Gefühl der Zusammengehörigkeit. Alles verlief in der gewohnten Form: Während die Gottesdienstbesucher hereinkamen, wurden Tonbandaufnahmen gespielt, dann folgte die zwanglose Einleitung mit Begrüßungen und Glückwünschen zum Geburtstag und schließlich der eigentliche Gottesdienst mit Gemeindegesang, einem auf Tonband aufgenommenen Chorlied, einer kurzen Ansprache und dem Segen.

Trotz Rogers Bemühungen um einen ruhigen, würdigen Verlauf gab es die üblichen Störungen: Einer von den Alten kam herein und sagte mit wehleidiger Stimme: »Ich möchte aber *dort* sitzen!« Oder es mußte jemand zur Toilette und zurückgebracht werden. Einige schnarchten oder murmelten geistesabwesend vor sich hin. Aber das gehörte ja zum wahrheitsgetreuen Bild der besonderen Nöte und Schwierigkeiten dieser Menschen! Jeder von ihnen hatte genügend Zeit, um das Lied im Gesangbuch aufzuschlagen oder sich aufschlagen zu lassen. Wie gewöhnlich wollte Barbara, eine blinde und schwerhörige alte Dame, ganz in der Nähe von Roger sitzen, und während gesungen wurde, fuhr er einmal zu ihr hin und hielt einen Augenblick ihre Hand, damit sie spürte, daß er da war.

Der Film wurde ein voller Erfolg, von dem nicht nur seine drei Produzenten, sondern alle Teilnehmer begeistert waren. Als er im Behandlungsraum des Bancroft-Heims vorgeführt wurde, rief eine Heimbewohnerin, die sich erkannte, entzückt: »Oh, davon muß ich ein Dutzend Abzüge haben!«

Für Roger hatte jedoch das Projekt gerade erst begonnen. Der nächste Schritt war, die führenden Männer seiner Denomination dafür zu interessieren, daß sie den Film an so vielen Orten wie möglich vorführten. Nur so konnte er die Menschen informieren und belehren.

16

Roger hatte eine Abneigung gegen Stufen, Stufen in allen öffentlichen Gebäuden und besonders in Kirchen. Sie wirkten auf ihn, wie seit Generationen die Schilder »Nur für Weiße!« auf Farbige wirken mußten: Sie weckten Gefühle der Minderwertigkeit, des Grolls und der Auflehnung. Stufen waren ein Zeichen der Segregation.

»Wenn Gottesdienstbesucher eines Sonntags ihre Kirche von einer zweieinhalb Meter hohen Mauer umgeben finden würden«, so schrieb er einmal, »dann würden sie ein lautes Geschrei erheben. Diese Mauer wäre nicht übersteigbarer, als es eine Stufe von zwölf Zentimeter Höhe für Kirchenbesucher in Rollstühlen ist.«

Er zitierte dann Charles E. Caniff, den Querschnittsgelähmten, den Amerika zum »Körperbehinderten des Jahres« für 1960 ernannt hatte:

»Denen von uns, die nur begrenzt beweglich sind, verwehren bauliche Hindernisse den Zutritt zu den Gebäuden, die wir betreten müßten, um zu arbeiten, zu wählen, anzubeten, zu lernen, zu spielen oder uns auch nur eine Briefmarke zu kaufen. Um unsere Bürgerpflichten erfüllen zu können, müssen wir oft diese Hindernisse umgehen, indem wir durch die Hintertür hereinkommen, wo Waren abgeladen werden; müssen uns unseren Weg durch Kohlenkeller, Vorratsräume und Heizkeller suchen, um einen Warenaufzug zu finden, in dem unser Rollstuhl Platz hat. Bauliche Hindernisse haben uns zu Hintertür-Bürgern gemacht.«

Das war nicht nur für einige oder für einige Hunderte ein Problem. Es betraf Millionen. Fünf Millionen im Land hatten Herzleiden, 250 000 mußten im Rollstuhl sitzen, 200 000 trugen Beinschienen, 139 000 hatten künstliche Beine und für 16 500 000 Männer und Frauen über fünfundsechzig Jahre wäre ein leichterer Zutritt zu öffentlichen Gebäuden eine Wohltat gewesen.

Für Roger war eine Treppenflucht vor einer Kirche oder einem anderen öffentlichen Gebäude gleichbedeutend mit einem Schild: »Körperbehinderte, bleibt draußen!«

Er richtete zwei Eingaben an die General Conference der Methodistenkirche, die 1964 in Pittsburgh tagte. In der einen schlug er vor, daß jede Kirche mit dreihundert oder mehr Mitgliedern eine Auffahrt und / oder einen Aufzug haben solle. In der anderen empfahl er, daß jede Kirche, die nach dem Januar 1966 gebaut werde, wenigstens einen Eingang zu ebener Erde ohne Stufen haben solle. Keine der beiden Eingaben gelangte in den Sitzungssaal der Konferenz.

Aber von einer anderen Seite kam etwas, was ihn sehr ermutigte.

Im September 1964 veröffentlichte die *Commercial Appeal* von Memphis, Tennessee, einen Artikel, in dem es hieß: »Ein Gedanke, der aus der Freundschaft zwischen einem römisch-katholischen und einem protestantischen Geistlichen erwuchs, wird bald Gestalt annehmen. Es wird ein sorgfältig geplanter Kircheneingang für die Körperbehinderten sein. Der Pfarrer der katholischen St. Peter-Kirche, Bernard Schneider, lernte Pastor Roger Arnett vor fast zwanzig Jahren kennen . . . Während all dieser Zeit konnte Pater Schneider niemals das Anliegen des protestantischen Geistlichen vergessen, daß ›jedes Gebäude einen Eingang für die Körperbehinderten haben sollte.‹«

Mit dem Bau des Eingangs, der fünftausend Dollar kosten werde, solle nun bald begonnen werden. Er solle sich in dem umzäumten Garten zwischen der Kirche und dem Pfarrhaus befinden und dem Baustil des hundert Jahre alten Gebäudes weitgehend angepaßt werden.

»Frohe Weihnachten!« schrieb Bernard Schneider. »Der beiliegende Zeitungsausschnitt erzählt eine Geschichte, die wir beide kennen. Es hat lange gedauert, bis ich mit allem soweit war. Die Neigungsebene ist sehr gut. Es kann sich kein Eis darauf bilden. Die Tür öffnet sich automatisch.

Denken Sie an mich in Ihren Gebeten! Pater Bernard.«

Das war das schönste Weihnachtsgeschenk für Roger und machte ihn noch glücklicher als die hohen Ehrungen, die man ihm in diesem Jahr erwies.

Einsamkeit war das große Leiden bei den Bewohnern aller Heime, die Roger besuchte, der ärmlicheren und der besten. Sie verursachte viel mehr Unglück als körperliche Leiden.

»Eine Krankheit«, nannte sie Dr. Leslie Weatherhead, »etwas, was es nicht geben sollte, etwas Böses.«

Ein anderer Schriftsteller nannte sie »eines der großen sozialen Übel unserer Tage«.

Roger hörte immer wieder: »O ja, ich bin gut aufgehoben hier, aber – so allein!« ... »Bitte, kommen Sie doch bald wieder!« ... »Es ist das erstemal seit Jahren, daß jemand seinen Arm um meine Schultern gelegt hat.« ... »Ich habe einen Schmerz – hier!« (die Hand deutete nach dem Kopf). Aber Roger wußte, es war kein körperlicher Schmerz. Es war ganz einfach – Einsamkeit.

Warum? Sie waren alle gut versorgt und von vielen Menschen umgeben, Menschen, die sich in der gleichen Lage befanden und oft von früher her die gleichen Interessen hatten. Die Gesellschaft hatte sich überboten in ihrer Fürsorge für die Alten, die Kranken und die Körperbehinderten. Sie hatte viel Geborgenheit, viel ärztliche Behandlung, viele Nahrungsmittel und viele Rehabilitationsmöglichkeiten zur Verfügung gestellt – alles, nur nicht das, was am nötigsten gebraucht wurde: Liebe und persönliche Teilnahme. In Psychologie gut beschlagen, sah die Gesellschaft die Trennung eines Kindes von seinen wenn auch noch so unwürdigen Eltern als seelische

Schädigung an, schaute aber wohlgefällig auf eine ähnlich schädliche Entwurzelung: die Absonderung der Alten und Hilflosen von ihrer Familie, ihrer Kirche, ihren Freunden – von all den normalen Beziehungen, die Geborgenheit und Zufriedenheit gewährt hatten. Kein Wunder, daß Einsamkeit das Ergebnis war! Und Einsamkeit – Verlust der Beziehung – war eine seelische Krankheit, keine körperliche. Sie konnte nicht durch soziale Dienststellen geheilt werden, wie gut organisiert sie auch sein mochten, sondern nur durch Menschen mit geistlichem Interesse.

Es war erstaunlich, was ein wenig Interesse ausmacht. 1963 luden ein paar der Gemeindegruppen in Belleville etwa fünfundzwanzig Frauen zu einem Dinner ein. Diese Frauen wohnten seit vielen Jahren im Gebäude A des Wayne County General Hospital, weil es keine andere Unterkunftsmöglichkeit für sie gab. Für einige war diese Einladung seit langer Zeit die erste Gelegenheit, aus der geschlossenen Anstalt herauszukommen, das einzige gesellschaftliche Ereignis, an das sie sich erinnern konnten. Ihre Freude zu sehen, war erschütternd. Wie meist bei solchen Mahlzeiten, die die Kirche spendete, mußten sie mit dem vorliebnehmen, was es gerade gab.

»Wenn wir doch einmal Hähnchen bekommen hätten!« hörte man einen Gast wehmütig vor sich hinsagen.

Im nächsten Jahr, an einem Sonntag im September, lud man eine noch größere Gruppe zum Hähnchen-Essen ein. Aber Roger, der den Anstoß dazu gegeben hatte, war nicht anwesend. Gerade an diesem Nachmittag hatte er die Nachricht bekommen, daß das Bett im Krankenhaus in Flint, auf das er wartete, für ihn bereitstehe. Dort war Dr. Berry jetzt als Chirurg tätig. Mit schwerem Herzen übernahm LaVerna die Rolle der Gastgeberin. Sie versteckte ihre Angst um Roger hinter einem mechanischen Lächeln und höflichen Begrüßungsworten.

Roger hatte seit diesem Sommer an einem immer größer werdenden Druckgeschwür an der rechten Hüfte gelitten.

Anfang September war er nach Flint gefahren, um Dr. Berry aufzusuchen, der von Ann Arbor dorthin gezogen war.

»Ich glaube, diesmal werden Sie es nicht leicht haben, mit dem Operieren. Nach dem letzten Eingriff ist nicht mehr viel Fleisch da.«

»Sie werden sich wundern!« erwiderte Dr. Berry, dessen Gesicht ungewöhnlich ernst war. »Es ist noch eine Menge Fleisch an dem amputierten Bein. Außerdem können wir den Knochen herausnehmen und mit dem Fleisch die Hüfte dekken. Aber – es wird keine leichte Sache sein!«

Das wußte Roger, und er ging an jenem Sonntagnachmittag ohne Illusionen ins Krankenhaus. Als er dann dort im Bett lag, hatte er das Gefühl, als sei das nun das Ende. Er hatte in den letzten Wochen nur noch mit äußerster Energie weitergearbeitet und fühlte sich jetzt so erschöpft und lebensmüde wie noch nie. Angenommen, er überlebte diese Operation – und er wußte, Dr. Berry bezweifelte es –, was lag dann vor ihm? Mehr Tage, Monate, Jahre eines verbissenen, endlosen Kampfes, nur um am Leben zu bleiben! Mehr Mißverstehen und Kritik von seiten seiner Pfarrkollegen und einer kirchlichen Bürokratie, die die Wichtigkeit des Dienstes, den er zu tun suchte, nicht verstehen konnten! Und der Erfolg? Er hatte ein paar Menschen ein bißchen glücklicher gemacht, ein paar hundert Äpfel mehr ausgeteilt ..., aber das ganze ungeheure Problem der Einsamkeit und Hoffnungslosigkeit der Körperbehinderten war noch kaum berührt.

Er schloß die Augen und legte sich in die Kissen zurück. Versinken ... vergessen ...

Aber es war ihm nicht möglich zu vergessen.

Tage vergingen, und LaVerna hörte nichts von Roger. Am Donnerstag nahm ein Bekannter, der über Flint fuhr, sie dorthin mit. »Ich glaube bestimmt, daß er operiert worden ist«, sagte sie unterwegs zu ihm.

»Dann hätte man es dir doch mitgeteilt!«

»Wenn Roger es ihnen verboten hat, nicht!«

Als sie ihn dann sah, bestätigten sich ihre Befürchtungen. Er war an diesem Morgen operiert worden. Ihr Herz krampfte sich zusammen. Noch nie hatte er so elend ausgesehen. Und das war kein Wunder. Die Operation hatte sich als sehr viel schwerer erwiesen, als der Chirurg es erwartet hatte. Hüftgelenk und -pfanne waren fast völlig zerstört gewesen. Glücklicherweise hatte Dr. Arnold damals das rechte Bein direkt über dem Knie amputiert, so daß genug Fleisch da war, um die tiefe Höhle damit zu decken.

Die Ärzte machten LaVerna keine Hoffnung, daß der Eingriff Erfolg haben werde. Aber da sie schon so oft gedacht hatten, daß Roger nicht mit dem Leben davonkommen werde, verlor LaVerna auch jetzt nicht den Mut.

Die Stelle wollte und wollte jedoch nicht heilen. Roger wußte, daß sie nicht belastet werden durfte, bis der Heilungsprozeß vollständig abgeschlossen war, und das konnte Monate dauern. Etwa vier Wochen nach der Operation war er ungeduldig wie ein gefangener Löwe.

»Wie wäre es denn, wenn ich mich nun einmal setzen würde?« fragte er den Arzt.

Dr. Berry sah ihn streng an.

»Nachdem ich meinen Studenten nun schon jahrelang erzählt habe, daß unter keinen Umständen —« Aber er sagte nicht nein. Kurz darauf meinte er, noch etwas widerstrebend: »Ich komme morgen zu Ihnen. Dann dürfen Sie zehn Minuten sitzen.« Als die zehn Minuten vorüber waren, untersuchte er die Stelle.

»Nun, es sieht nicht so aus, als ob es geschadet hätte. Morgen wiederholen wir es.« In seine Augen trat ein fast ehrfürchtiger Ausdruck. »Roger, ich habe zum erstenmal das Gefühl, daß wir es schaffen werden.«

Das war am Samstag. Am Montag saß Roger zweimal eine halbe Stunde lang.

»Großartig! Die Stelle sieht viel besser aus!« Der Arzt

kratzte sich den Kopf. Dann fuhr er nachdenklich fort: »Vielleicht ist es *doch* selbst für eine größere offene Wunde besser, wenn sie nicht zu sehr geschont wird! Wer weiß denn, ob wir Ärzte immer recht haben?«

Am Dienstag rief Roger LaVerna an und bat sie, mit Dick zu vereinbaren, daß er ihn am nächsten Tag abholen solle. Er wartete auf eine freudige Antwort. Aber nichts kam.

»Nun, du scheinst dich ja riesig zu freuen, daß ich nach Hause kommen will.«

LaVerna atmete schwer. »Oh – natürlich freue ich mich! Es ist wunderbar! Nur – ich war so überrascht. Ich hatte dich noch gar nicht zurückerwartet.«

Roger ahnte nicht, daß sie nach ihrem letzten Besuch am Sonntag der vergangenen Woche an einer schweren Grippe erkrankt war und jetzt noch schwach und zitternd am Telefon saß.

Sie schickte Dick, ihn abzuholen, und irgendwie überstanden sie auch die nächsten paar Wochen, in denen sie beide ans Bett gefesselt waren. Frauen aus der Gemeinde brachten ihnen mittags etwas zu essen, und gegen Abend kam Val, um sie zu betreuen.

Noch vor Erntedank war Roger wieder im Dienst. Aber er war jetzt noch abhängiger von LaVerna, und dieser Gedanke belastete ihn furchtbar. Die Operationswunde näßte ständig, und LaVerna mußte täglich waschen, obwohl er sich so sorgfältig wie möglich verband. Die Verbände mußten mehrere Male am Tag gewechselt und nach dem Waschen geplättet werden, damit die Ränder ganz glatt waren und nicht scheuern konnten. Wenn er von der Arbeit nach Hause kam, mußte er sich sofort ins Bett legen und sich dann von LaVerna bedienen lassen. Zu dem Gefühl der Sorge um LaVerna, der er soviel Extraarbeit machen mußte, kam ein Gefühl der Angst, das eines Sonntags im Januar erschreckende Ausmaße annahm.

Obwohl Roger noch recht schwach war, machte er wieder seine gewohnten Besuche und hatte im Eastlawn-Pflegeheim seinen Abendgottesdienst gehalten. LaVerna erwartete ihn immer zu Hause, wenn er von der Fahrt von zwanzig Meilen zurückkam. Aber an diesem Abend war das Haus dunkel. Er hupte. Keine Antwort. Seine Angst verwandelte sich in Panik. Wenn er jetzt ins Haus ging, was würde er finden? Er fuhr die drei Meilen zu Dick. Val erzählte ihm, daß sie am frühen Nachmittag in der Wohnung gewesen sei, LaVerna aber nicht angetroffen habe. Ein Kuchen habe in der Backröhre gestanden und ein Zettel für »Virginia« auf dem Tisch gelegen. Val setzte sich in ihr Auto und folgte Roger nach Hause. Roger kannte eine Virginia und rief bei ihr an. Ja, ihre Mutter hatte LaVerna gebeten, Clara Celley in Ann Arbor zu besuchen. Der Zettel für Virginia hatte Anweisungen wegen des Kuchens enthalten. Rogers furchtbare Angst verwandelte sich in ebenso unvernünftigen Ärger. Als LaVerna etwas später ahnungslos zurückkam, sagte er ziemlich scharf:

»Wenn du wieder einmal fortgehst, mach bitte einen Zettel an die Garagentür!«

Der Vorfall stimmte ihn nachdenklich. War er wirklich so abhängig von einem anderen Menschen? Und wenn, was würde er im Falle einer wirklichen Krise tun?

Ein paar Monate später erlebte er es. LaVerna mußte elf Tage ins Krankenhaus, um sich einmal gründlich untersuchen zu lassen. Die Aussicht, so lange allein zu bleiben, erschreckte ihn. Faye war jetzt wieder in Michigan und wohnte ein paar Meilen entfernt, hatte aber beide Hände voll zu tun mit zwei kleinen Kindern, so daß Roger sie niemals um Hilfe bitten würde. Val bot ihm immer wieder ihre Hilfe an, aber er wußte, daß auch sie genügend Arbeit hatte.

»Selbstvertrauen gewinnt man am besten, indem man das tut, wovor man Angst hat«, hatte er einmal gelesen.

Er bestand darauf, allein zu bleiben. Es war ein schweres, aber befreiendes Erlebnis. Am ersten Tag nachmittags nach dem Dienst half ihm Val aus dem Auto, machte Abendbrot und sorgte dafür, daß er ins Bett kam. Am nächsten Tag stieg er allein aus dem Auto, machte sich sein Abendessen, ging zu Bett und rief dann Val an, um ihr zu sagen, daß alles in Ordnung sei. Vom dritten Tag an besuchte er LaVerna fast täglich im Krankenhaus, machte seine Heimbesuche wie gewöhnlich und besorgte seinen Haushalt. Nicht, daß er oder irgendein anderer Körperbehinderter jemals ganz unabhängig von der Hilfe anderer sein konnte! Aber das Gefühl der Angst war gewichen.

Das Erlebnis brachte Roger noch einen anderen Gewinn: ein neues Verhältnis zu seiner Tochter. Fayes Sorge um ihn, ihr Bedauern, daß sie ihm jetzt nicht helfen konnte und daß sie ihm und ihrer Mutter so viele Schwierigkeiten gemacht hatte, all das kam in ihren täglichen Telefonanrufen zum Ausdruck. Bald darauf wurde dieses neue Verhältnis noch gefestigt und vertieft, als sie eines Tages mit ihm ins Allen-Park-Pflegeheim ging, um ihm bei der Austeilung des Abendmahls an etwa fünfundzwanzig Heimbewohner zu helfen, ein schlichter Dienst, den sie voll Ehrfurcht und mit einem neuen, echt fraulichen Einfühlungsvermögen tat.

LaVerna erlebte das Wunder, daß sich zwischen ihr und Faye ein wirkliches Mutter-Tochter-Verhältnis entwickelte, auf viel prosaischere Weise. Sie hatte kurz nach ihrem Krankenhausaufenthalt Schwierigkeiten mit ihrem Haar bekommen, und einen Tag, nachdem sie bei ihrer Friseuse gewesen war, war es in hoffnungslosem Zustand. Aber das junge Mädchen wollte nichts weiter daran tun. Ratlos rief LaVerna Faye an.

»Natürlich, Mutter! Komm doch gleich heute abend zu mir!«

Während sie bei diesem und folgenden Besuchen fachkundig an die Arbeit ging, spürte LaVerna, wie sie sich immer besser verstanden. Als aber Faye darauf bestand, daß sie jede Woche wiederkommen solle, protestierte sie.

»Mutter«, sagte Faye ernst, »ich möchte gern, daß du weiter

kommst. Wir waren uns noch nie so nahe, wie seit ich dir dein Haar mache. Das möchte ich nicht wieder verlieren.«

Seltsam! dachte LaVerna. Eine einfache Kopfwäsche und Frisur bringen das fertig, was Jahre der Fürsorge und Aufopferung nicht geschafft haben! Und doch auch wieder nicht so seltsam! Denn zu einem wahren menschlichen Verständnis kommt es nur dann, wenn man sowohl empfängt als auch gibt.

Es war eine Lektion, die Roger während seines Dienstes immer mehr lernte. Für jedes Geschenk gab es zwei Geber und zwei Empfänger. Denn der Geber war auch der Empfänger.

Der Film, den Roger, Ralph Ridenour und James Alward gedreht hatten, wurde im Sommer 1964 von den Leitern der Fernseh-, Rundfunk- und Filmkommission der Methodistenkirche angenommen. In der bearbeiteten Fassung lief er acht Minuten. Er erhielt den Titel »Der Besuch« und konnte 1966 gekauft oder geliehen werden. Da er nicht konfessionsgebunden war, hoffte man, daß er von theologischen Schulen, von Kirchen und religiösen Gruppen aller Glaubensrichtungen vorgeführt werden würde, um Geistliche und Laien auf die geistigen Nöte der Körperbehinderten in Pflegeheimen und Krankenhäusern aufmerksam zu machen.

17

Es war ein Samstagmorgen, und Roger stand zeitiger als gewöhnlich auf. Da er im Lauf des Tages in ein bestimmtes Pflegeheim gehen wollte, zog er das Hemd an, das ihm Josephine, eine der dortigen Heimbewohnerinnen, geschenkt hatte. Sie hatte es zwar so genäht, daß es rechts über links geknöpft werden mußte wie eine Frauenbluse, aber er trug es immer, wenn er wußte, daß er sie besuchte.

Um sieben Uhr dreißig war er auf dem Weg zu einem etwa zwanzig Meilen entfernten Heim und kam kurz vor acht Uhr dort an.

Es hatte seinen Grund, daß er so früh dort hinfuhr. Er hatte schon längst gemerkt, daß viele Heimbewohner um diese Tageszeit ein wenig besondere Hilfe brauchten. Da war zum Beispiel Joe, der an vollständiger Lähmung litt. Er hatte sich gerade im Bett umgedreht, und seine Beine lagen verkehrt. Roger legte seine Füße gerade. George, ein Querschnittsgelähmter, spülte seine Blase und konnte noch ein paar geübte Hände brauchen. Als Roger das Zimmer verließ und weiter den Flur hinunterfuhr, hörte er aus einem anderen Zimmer ein eigentümliches Geräusch. Mr. Silvers, der rechtsseitig gelähmt war und nur mühsam sprechen konnte, brauchte offenbar Hilfe. Er versuchte sich im Rollstuhl anzuziehen und kam nicht in seine Hosen. Roger half ihm. Vor allem aber brauchte Mr. Silvers jemand, mit dem er sich unterhalten konnte, jemand, der geduldig wartete, bis er sich verständlich machen konnte.

Bei seinen Besuchen in der Frauenabteilung verteilte Roger drei der etwa zweihundert Decken, die von einer Frauengruppe in Belleville hergestellt und gespendet worden waren. Sie ließen sich auch als Schal, Bettüberwurf oder Zimmerdekoration verwenden. Es war eine Freude, zu sehen, welchen Spaß die Geschenke machten. Da es fast Ende April war, hatte Roger auch noch etwa hundert Exemplare eines Andachtbüchleins mitgebracht, auf die schon sehnsüchtig gewartet wurde.

Nach ungefähr zweieinhalb Stunden, in denen er etwa hundert Menschen besucht hatte, fuhr er in ein fünf Meilen entferntes kleineres Heim, wo er bei einigen ihm gut bekannten Heimbewohnern längere Besuche machte. Da war Lloyd, ein Neunzehnjähriger, der seit vier Jahren querschnittsgelähmt war und sich immer verzweifelt nach Gesellschaft sehnte. Seine schwermütigen Augen leuchteten auf.

»Schach?« bettelte er. »Nur ein Spiel!«

Roger konnte es ihm nicht abschlagen. Er spielte zwanzig Minuten oder noch länger mit dem jungen Mann und tat, als sei er sehr bekümmert, als er von ihm mattgesetzt wurde.

Da war Eddie, der wie gewöhnlich seinen grauen Kopf eifrig über seinen Werktisch beugte und mit seinem immer noch geschickten Gichtfingern an einem kleinen elektrischen Apparat bastelte. Roger blieb stehen und sah ihm zu.

»Feine Sache, Eddie! Ich bewundere jeden, der so gut mit solchen empfindlichen Geräten umzugehen versteht.«

Über das gespannte Gesicht des alten Mannes flog ein Lächeln.

In einem Zimmer traf Roger vier Frauen an, die einen heiteren und freundlichen Eindruck machten. Er kannte sie alle gut. Eine war Baptistin, eine Lutheranerin, eine Katholikin und eine Presbyterianerin. Als er ein kurzes Gebet sprach – er wußte, daß man in diesem Zimmer dankbar dafür war –, beugten sich alle Köpfe, falteten sich alle Hände, auch die, die den Rosenkranz hielten.

Es war früh am Nachmittag, als er dieses Heim verließ. Nachdem er sein Lunch – ein belegtes Brot, einen Apfel und Milch – im Auto verzehrt hatte, fuhr er fünfzehn Meilen zu einem Heim, in dem fast die Hälfte der Bewohner Neger waren.

Als er in den langen, engen Flur hineinfuhr, sah er eine Reihe Männer nebeneinander an der Wand sitzen. Einige sahen fern, einige schliefen, ein paar sprachen leise miteinander; die meisten saßen nur da. Sie sahen aus wie Treibgut, das eine Welle an den Strand gespült hatte, die schon lange wieder zurückgeflutet war.

»Hallo, Kameraden!« rief Roger und winkte ihnen zu.

Da kam Leben in die Reihe. Gelangweilte Gesichter strahlten plötzlich. Ein Mann im Rollstuhl fuhr zu ihm hin und begann, ihm von seinem Kummer zu erzählen. Ein anderer, Jack, begrüßte ihn mit seinem gewohnten festen Händedruck, ein strahlendes Lächeln auf dem dunklen Gesicht.

Auch in diesem Heim fand Roger alte Bekannte.

Josephine war wie gewöhnlich eifrig an ihrer Nähmaschine beschäftigt.

»Da ist ja auch unsere fleißige Josephine! Was nähen Sie denn heute?«

»Eine Bluse für meine Enkelin, Mr. Roger!« Die Augen in dem dunklen Gesicht glänzten. »Ich sehe, Sie haben das Hemd an, das ich für Sie gemacht habe.«

»Aber ja! Ich trage es gern! Sie sind eine tüchtige Näherin, Josephine.«

John war ganz durcheinander. Er winkte Roger in sein Zimmer und sah sich mißtrauisch nach den übrigen Mitbewohnern um, ehe er ihm flüsternd seine Kümmernisse anvertraute: Er wisse genau, daß von seinen Habseligkeiten etwas fehle. Und es sei so laut hier, er könne gar nicht schlafen, und er fühle sich einfach nicht wohl und wolle gern in ein anderes Heim. Wenn ihn doch seine Schwester einmal besuchen könnte ...

Roger, der sehr wohl wußte, wie leicht ein einsamer Mensch dazu neigt, zu brüten und sich dies und jenes einzubilden, hörte ihm teilnehmend zu.

»Ja, John, ich werde versuchen, etwas für dich zu tun. Deine Schwester rufe ich heute noch an. Das verspreche ich dir.«

Er nahm die winzige Gabe, die ihm Mrs. Jones, eine frühere Missionarin, immer »für Ihre Arbeit« gab, und legte sie sorgfältig für den Bezirks-Fonds zurück.

Nachdem er die neunzig Heimbewohner besucht hatte, war es schon spät am Nachmittag, und er war müde. Aber da war noch ein Heim, nicht ganz drei Meilen entfernt.

Hans schaute aus dem Fenster und sah ihn kommen. Er lief zum Auto hinaus, half Roger in seinen Rollstuhl und schob ihn die Rampe hinauf und in den Flur. Der große, freundliche Mann war etwa fünfunddreißig Jahre alt und hatte einen Nervenzusammenbruch gehabt.

»Vielen Dank, Hans! Ich bin heute allein und weiß nicht, wie ich ohne dich fertig geworden wäre.«

»Ja, ist schon gut! Ich bin hier, wenn Sie fortfahren.«

Roger brachte Franz das Briefmarkenalbum, das er ihm versprochen hatte, und blieb längere Zeit bei dem fünfundzwanzigjährigen Richard, einem großen, hageren Mann, der häufig Anfälle bekam und während eines Krankenhausaufenthaltes seiner Mutter hier untergebracht war. Es gehörte viel gutes Zureden dazu, den Ausdruck der Angst und Unsicherheit aus Richards Augen zu verbannen. In der Frauenstation bewunderte Roger Mrs. Grays Begonie und kaufte ein großes, parfümiertes künstliches Gänseblümchen von Mrs. Carsons, das er in seinen Schrank hängen sollte. Von Mrs. Maddocks nahm er dankbar zwei leuchtend rote künstliche Rosen als Geschenk entgegen, an denen sie viele Stunden mit liebevoller Sorgfalt gearbeitet haben mußte. »Für Ihre Frau, Roger!« Er schrieb sich vom schwarzen Brett im Speisesaal die Namen der Hausbewohner ab, die in diesem Monat Geburtstag hatten, damit Addie jedem einen persönlichen Gruß schicken konnte.

Hans wartete an der Tür, als er das Heim verließ, und Roger war dankbar für seine Hilfe. Er freute sich auch, als er nach zehn Stunden endlich wieder zu Hause war und LaVerna ihm entgegenkam.

Sein Tagewerk hatte ihm alle Kraft genommen. Er war todmüde. Aber das Gefühl war ihm nicht neu. Er hatte es immer häufiger. Sein Körper war wie eine Maschine, deren Leistungsfähigkeit schon seit langem erschöpft war und die langsam, aber sicher aufhörte zu laufen. Wie lange würde es noch dauern, bis er nur noch drei Heime ..., zwei Heime ..., ein Heim besuchen konnte? Und was dann? Wer würde mit Leuten wie Lloyd Schach spielen und Menschen wie Richard beruhigen? Nicht, daß er sich für ganz unentbehrlich hielt. Das nicht! Aber es schien so wenig Menschen zu geben, die sich wirklich um andere sorgten ...

Es war Zeit für den Sportbericht. Aus Gewohnheit drehte er das Radio über seinem Bett an. Aber die schnell und abgehackt gesprochenen Worte drangen kaum in sein Bewußtsein ein. Baseball-Ergebnisse, Gewinner des letzten Golfturniers, der nächste Schwergewichtsmeister-Kampf ... alles schien ihm unwichtig neben den Fragen, die ihn quälten: Wie lange noch? ... Was dann? ...

Aber plötzlich horchte er auf.

»Bei der College-Leichtathletik-Veranstaltung in Ann Arbor wurde heute schwer gekämpft. Beim Lauf über eine Meile ...«

Roger hörte sich den Bericht begierig bis zu Ende an. Wie sich die Zeiten geändert hatten! Als er noch lief, hatte man nie gehört, daß jemand eine Meile in vier Minuten schaffte. Jetzt brachen College-Studenten, ja sogar Oberschüler die alten Rekorde.

Ein-Meilen-Lauf! Das Wort weckte längst vergessene Erinnerungen.

»Da fing es an!« dachte er und erlebte den ersten Lauf im Olympia-Stadion noch einmal, fühlte die Schmerzen in seinen Gelenken und Muskeln, die furchtbare Qual in seinen Lungen ... Wie hatten sie die Veranstaltung damals genannt?

Einen Hindernislauf! Er lachte laut. Er lief ihn noch – mit der Zeit, mit dem Tod, mit der Gleichgültigkeit anderer Menschen. Wie lange konnte er noch weiterlaufen? Und was dann? Das braucht er nicht zu wissen – damals nicht und jetzt auch nicht.

Ein Strom von neuer Kraft flutete plötzlich durch seinen müden Körper. Ein Hindernislauf ... wo man lief und lief, bis man einfach nicht mehr konnte, und dann doch noch ein Stück weiterlief!